Quatuor d'hommes de désir

Études Psychanalytiques

Collection dirigée par Alain Brun et Joël Bernat

La collection *Etudes Psychanalytiques* veut proposer un pas de côté et non de plus, en invitant tous ceux que la praxis (théorie et pratique) pousse à écrire, ce, « hors chapelle », « hors école », dans la psychanalyse.

Dernières parutions

Raymond ARON, *Traces du désir, Proximité de l'abîme*, 2016.
Elisabeth LECLERC-RAZAVET, *L'inconscient sort de la bouche des enfants*, 2016.
Jean-Marie BOYER, *Psychanalyse et architecture. Un regard insolite sur Louis Kahn et Le Corbusier*, 2016.
Claude BRUERE-DAWSON et Marie-Laure ROMAN, *Le psychodrame psychanalytique. Une méthode et une praxis aux confins de l'acte analytique*, 2016
Philippe COLLINET, *Je est un autre*, 2016.
Joseph ROUZEL (dir.), *Psychanalyse et écriture, Rencontre avec Pascal Quignard*, 2015.
Élisabeth LECLERC-RAZAVET, Georges HABERBERG, Dominique WINTREBERT, *L'enfant et la féminité de sa mère*, 2015.
Laurent SOULAYROL, *Les* Mémoires d'une aliénée *d'Hersilie Rouy. Vers de nouvelles perspectives*, 2015.
Peggy DAVAIN-BERGEOT, *La question de Dieu en psychanalyse. Naissance et mort de Dieu*, 2015.
Claude-Raphaël SAMAMA, *Le Spirituel et la psychanalyse*, 2015.
Jean GODEBSKI, *Le tout dernier enseignement de Lacan. Un renouvellement de la clinique* ?, 2015.
Daniel LYSEK (dir.), *Les maux du corps sur le divan. Perspective psychosomatique,* 2015.
J. GAVELLO, *Freud, l'inavouable secret*, 2015.
Lucien TENENBAUM, *D'autres psychotiques que moi. Images de la psychose ordinaire en thérapie (et ailleurs)*, 2015.
Catherine BRONNIMANN, *La robe de psyché. Essai de lien entre psychanalyse et vêtement*, 2015.

Stoïan STOÏANOFF-NENOFF

QUATUOR D'HOMMES DE DESIR

Ludwig Wittgenstein, Sigmund Freud, Alain Badiou et Alain de Libéra

L'Harmattan

Du même auteur

Management de l'âme …, éd. L'Harmattan, 2015.

Freudaines, « Études psychanalytiques », éd. L'Harmattan, 2014.

Lacâneries, « Les impliqués », éd. L'Harmattan, 2014.

Pour une clinique du réel, Lacan et ses didacti(c)hiens Forum de IFRAS/L'Harmattan, 1998.

Qu'en dira-t-on ? Une lecture du Livre XII du Séminaire de Jacques Lacan, Forum de IFRAS/L'Harmattan, 1996.

Transmission de la psychanalyse, Forum de IFRAS/PUN, 1992

5-7, rue de l'École-Polytechnique ; 75005 Paris
http://www.harmattan.fr
diffusion.harmattan@wanadoo.fr
ISBN : 978-2-343-09212-6
EAN : 9782343092126

À Aurélie Muller, fleur messine,

(selon son vœu)

REMERCIEMENTS

Qu'un hommage renouvelé soit ici rendu à Christiane Riboni, docteur en linguistique, qui a bien voulu relire le manuscrit de *Quatuor* ... et suggérer de précieuses modifications.

ABRÉVIATIONS

5ψ = Freud S., *Cinq psychanalyses.*

AdS III = De Libera : *Archéologie du sujet*, t. III.

AϕW = Badiou : *l'Antiphilosophie de Wittgenstein.*

C&R = Karl Popper : *Conjectures et réfutation.*

CCw = Christiane Chauviré **:** *Ludwig Wittgenstein.*

E&E II = Badiou : *L'Être et l'Événement II.*

E815 = Lacan J., *Écrits,* p.815.

F.p.c. = *Freud parties carrées.*

F-auto = Feyerabend Paul : *Tuer le temps*, une autobiographie.

G.A. = Heidegger : *Gesamtaugabe.*

G.W. V = Freud S. : *Gesammelte Werke,* tome V.

H&L = *L'Homme aux Loups.*

I.A. = Intelligence artificielle.

J&T = Janik & Toulmin**.**

L01 = Lacan J., *Le Séminaire*, livre I.

LDM = Badiou : *Logiques du Monde.*

LDS = Karl Popper : *La logique de la découverte scientifique*

PUF = Presses Universitaires de France.

QB = Marty Éric: *Une querelle avec Alain Badiou philosophe.*

R.S.I. = *Le Réel, le Symbolique, l'Imaginaire.*

S&Z = Heidegger : *Sein und Zeit.*

SF-S_aF_e = Correspondance: Sigmund Freud-Sandor Ferenczi.

TLP 4.014 = Wittgenstein : *Tractatus logico-philosophicus,* section 4.014

WWB3 = William W. Bartley III.

Ψmed = *Psychologie médicale.*

INTRODUCTION

Ce qui vient, le livre que je commence, se composera de quatre mini-monographies qui concerneront – tels qu'ils se présentent à mon regard- deux anciens, un contemporain et un jeunot, et donc dans l'ordre : Freud, Wittgenstein, Badiou et Libera. Il se trouve qu'au fil du temps j'ai réuni à propos de chacun d'eux une somme considérable de documents et que j'ai mis des heures et des heures à les lire, compilation en quelque sorte qui n'est pas loisible a priori, ne serait-ce que sur le plan de la documentation, à un quelconque chercheur, qui s'intéresserait au sens de leurs œuvres et, par ricochet, de leurs vies, notamment leur implication dans l'altérité, gageure qui viserait à « rassembler un grand nombre de faits, à première vue tout à fait désordonnés et disparates, en un arrangement éclairant ».

Passé le caractère d'improbabilité que comporte -à son départ- un tel projet, se pose la question de son sens. Cela nous conduit à un questionnement tous azimuts, et c'est pourquoi le texte par lequel s'ouvre ce volume interrogera en priorité la décision du sens, pour autant que ce qui est dit comporte toujours une part d'inconscient. Loin de proposer une dissertation sur ce qu'est le sens, et comment on le saisit au quotidien, chose qui nous mènerait à interroger l'ensemble de ceux qui se sont investis dans la sémiologie, la sémantique et l'herméneutique en général, mon propos survolera ces disciplines pour donner quelques exemples relatifs à la dynamique du sens.

À la radio, ce matin il est question des futures métropoles qui surgiront en Europe, mais surtout dans l'Hexagone, et les décisions qui seront prises orienteront les vies et les comportements de milliers de gens. Les politiques ont parfois la propriété de forcer le sens des choses, et donc de poser des interdits (*Gesperrt ! Verboten !),* qu'ils suivent ou pas en cela quelque idéologue ou quelque philosophe, bien entendu.

Un sens, cela suppose une genèse (substitution d'un signifiant à un autre signifiant, proposera Jacques Lacan), une directionalité (*aim, skopos*), un point de départ et parfois une extension, un but (*goal, telos*), un point d'arrivée. Il y a aussi des retournements de sens (*Umkehrung*, boustrophédon) mais aussi des évanouissements (*aphanisis*), des pertes de sens, sans compter les confluences, les synergies et les nœuds verbaux susceptibles d'infléchir le sens, selon des dynamiques où interviennent des bassins d'attraction, des confluences, des subductions, des captures et des barrages qui déterminent le sens ou le non-sens (destruction, abolition du sens) du processus factuel ou intellectuel en marche.

Chacun des protagonistes de cet essai se trouve pris dans un dédale : d'offres, d'ouvertures, de projets, ou au contraire de refus de sens, selon des affinités, les projets et des buts qui ont pu varier au cours de leur existence, déterminant à chaque fois une logique (consciente ou inconsciente, assumée ou pas), déductible selon la modélisation de leur énonciation : un *fiat*, une croyance, une déclaration de sexe ou carrément une théorie (théorie du 'militant fidèle' chez Badiou par exemple, toujours prêt à montrer les dents dès lors que les poules en sont dépourvues). Selon leur dilection (chacun avançant ses sources et auteurs préférés, voire ses maîtres-à-penser) et leur degré prudence, ils viendront nous proposer leur recette ou règle de vie, parfois leur martingale (voir le pari de Pascal, par exemple). À juxtaposer ainsi des opinions contradictoires (voire sacrilèges), je m'expose à mon tour à des retours de bâton, même (et surtout) si je me réclame de quelque humanisme conciliant.

'Quatuor' en raison de mon implication dans le quadriparti et aussi de la probabilité que mes lecteurs puissent découvrir un lien entre mes quatre souffre-douleur et une affinité commune de l'ordre d'un groupe de Klein.

L'exposé du sens des doctrines respectives de mes quatre désirants sera précédé d'un texte, où il est question de la décision du sens, telle qu'elle est abordée aujourd'hui par l'intelligence artificielle.

A) L'INCONSCIENT : UN CIRCUIT DE DÉCISION[1]

Introduction

Peut-on appliquer l'intelligence artificielle aux théories du psychisme disponibles à ce jour ? Le couperet de la réponse est cinglant : une telle application ne saurait être mise en œuvre qu'à partir d'une théorie formalisée et réduite à quelque forme algorithmique susceptible d'un traitement informatique. Donc, pour l'instant, une telle théorie formalisée du psychisme, et notamment de la mémoire, n'étant pas disponible, nous ne pouvons faire moins que de proposer un programme de recherches portant sur les conditions d'une telle formalisation.

Il se trouve que l'abord du psychisme par la voie de l'intelligence artificielle a surtout donné lieu à des tentatives à partir de théories psychanalytiques, et celle de Freud tout particulièrement. Des travaux récents prêtent à Freud, notamment dans son *Esquisse pour une psychologie scientifique*, une méthodologie cognitiviste (Pribram, 1986), voire une intuition de ce que l'on a pu construire depuis au titre d'une théorie des neurones formels (Maruani, 1989).

Le projet que nous allons proposer, aussi utopique qu'il puisse paraître, se distingue notoirement des tentatives qui n'ont pas manqué dans le passé, mais qui ne s'intéressaient qu'à des logiciels constitués d'interprétations (censées être

[1] Paru in : Cuvelier A. et coll., *Psychisme et intelligence artificielle*, P.U.N., 1991, p.115-131.

celles d'un analyste) portant sur un discours donné. De tels logiciels dialogiques, assez primitifs au demeurant, ne permettent aucunement de tester la validité d'une théorie au regard d'une autre et surtout ne s'occupent pas de savoir comment un sujet utilise son discours inconscient pour prendre en compte le refoulé, ce qui — selon Freud — devrait conduire à la formulation consciente d'un jugement (Charraud, 1989). C'est cet aspect a priori cognitif des choses qui nous retiendra, mais avant d'en venir au modèle du "losange de décision" (Ohayon, 1990), qu'on trouve dans les systèmes experts et qui doit aboutir à un choix (et donc à une décision concernant un certain problème), il nous appartient de dire l'ensemble des présupposés qu'il y a lieu de formaliser.

Cette tentative considérera donc l'inconscient, en tant qu'intégrale des effets produits sur le corps d'un sujet du fait qu'il parle, comme un circuit de décision utilisable pour réduire certains conflits et donc certains symptômes, aux fins de régulation de son économie psychique.

Notre hypothèse sera que le ça (le *Es* $ freudien) est assimilable à un automate syntaxique, sorte de moteur inférentiel, dont l'agent est l'affect intelligence et dont le fonctionnement est itératif selon le modèle de la pulsion de mort. Ce que ce dispositif brasse sera constitué par l'ensemble des marques inconscientes produites par les interactions originaires de l'organisme vivant avec son milieu, qui, chez les humains parlants, se traduisent habituellement en signifiants, pour constituer le fondement de cette mémoire singulière que Freud nomme l'Inconscient. C'est donc par une sorte d'abus de langage que nous confondons ici, sous l'appellation de circuit de décision, le produit de l'interaction de deux niveaux d'analyse, ceux du ça et de l'inconscient. C'est du transfert, et donc du couplage de deux circuits de décision, que nous attendons des solutions, qui seront de l'ordre d'un ajustement des formations signifiantes idéales mises en jeu dans ces circuits.

Il s'agit, par conséquent, de concevoir un outil purement analogique susceptible de reproduire et d'évaluer ces effets de la parole à un niveau strictement corporel, et non pas d'un substitut du psychisme, au sens où il serait plus performant, effets de la parole, pour autant que la psychanalyse viserait à favoriser l'accès d'un sujet à la parole, à une parole qui vaudrait comme acte de reconnaissance.

Nous pensons indiquer ainsi l'ampleur de la tâche à effectuer qui se propose aux chercheurs engagés dans cette voie. Faute de pouvoir répondre d'avance à la question « est-ce que ça va marcher ? », nous nous contenterions de proposer une sorte de modèle d'enseignement des théories freudiennes de l'âme, de la *Seele*, si possible clair, élégant et fécond. Qu'on veuille bien toutefois nous pardonner l'allure de catalogue de réquisits que prendra parfois cet exposé, et le caractère souvent abrupt de nos transitions.

1°. Conditions générales d'un abord de l'inconscient freudien par l'Intelligence Artificielle (I.A.)

Sur le plan analytique, nous nous inspirerons des « retombées » du programme de recherche proposé par Jacques Lacan dans son discours de Rome en 1953 (Lacan 1966) et dans sa conférence (inédite) de cette même année, intitulée « *Le symbolique, l'imaginaire et le réel* », programme qui ne propose rien moins qu'une première littéralisation du dispositif analytique. Ce dispositif, en tant que machine à déchiffrer les opérations de l'Inconscient, est déjà une théorie de l'Inconscient, dont nous nous proposons simplement la transposition en termes d'intelligence artificielle.

Compte tenu du fait que cet inconscient est dit "structuré comme un langage", un programme de recherche concernant la construction de ce que nous appellerons "les logiciels freudiens" tiendra compte évidemment des avancées dans des champs où cette transposition ou encore cette modélisation ont déjà été tentées, notamment sur le plan linguistique, et qui seront censées formaliser les actes de la parole.

Nous ferons état, par exemple, de la théorie des opérations énonciatives (Culioli, 1982 a et b) à laquelle, pour des raisons de proximité théorique, nous emprunterons les notions de dicible (*lektov*), de marqueurs prosodiques ou de famille d'énoncés paraphrastiques, sans pouvoir, pour le moment, insister davantage.

Sur un plan plus philosophique et toujours dans le domaine extra-psychanalytique, nous avons été séduit par les notions de vérité, d'événement et de généricité, telles qu'elles sont maniées par Alain Badiou (Badiou, 1988) et dont il tente la formalisation. Nous ferons référence à plusieurs reprises à Henri Atlan (Atlan, 1979) qui témoigne de son intérêt à la fois pour l'intelligence artificielle et pour l'inconscient freudien.

Sur le plan épistémologique, nous avons apprécié la clarté de l'exposé de Jean-Claude Milner (Milner, 1989) à propos de l'option cognitiviste prise par l'école de Cambridge, sous l'impulsion de Chomsky, dans les années 50, et à propos de l'ordre de nécessité requis par le ou les dispositifs génératifs proposés. Nous allons largement puiser ici dans son ouvrage. C'est ainsi qu'il écrit :

> « Plus récemment /…/, en faisant sien le programme cognitiviste, Chomsky et avec lui l'école de Cambridge ont adopté la proposition suivante : une idée a la structure d'une information codée dans un ordinateur. »

En réalité, une première hypothèse conditionne ce point de départ, à savoir que le langage est un organe. Nous pouvons faire nôtre cette hypothèse pour autant que le langage soit investi libidinalement.

Mais notre algorithme de résolution doit pouvoir fonctionner même si une telle érogénéisation du langage n'est pas obtenue. Par ailleurs, le programme chomskyen admet que la pensée est un traitement de l'information. Ce traitement de l'information devra être une manipulation de symboles. Et, puisque les ordinateurs accomplissent des manipulations de symboles selon les règles qui leur fixent les logiciels :

> « Le fonctionnement de la pensée est donc censément homogène dans sa structure au fonctionnement informatique et la base matérielle de la pensée — appelons-la le cerveau — se laisse représenter comme un ordinateur ou un ensemble d'ordinateurs connectés. »

Nous ne partageons pas cette localisation exclusivement cérébrale dans la mesure où nous avons admis que l'intelligence est un affect et qu'en tant que telle elle ne saurait se limiter aux frontières d'un organe.

Enfin, le programme admet que les règles que suivent les ordinateurs sont de nature logique. Milner rappelle qu'une des premières tentatives allant dans ce sens a été constituée par la machine de Turing. Il dit, par exemple, qu' :

> « On peut interpréter la machine de Turing comme un dispositif représentant l'ensemble intégral des procédures innées de l'entendement humain. »

Et il ajoute en note :

> « Selon les termes de Marr, elle est une théorie-ordinateur, dont l'implémentation s'est révélée difficile, sinon impossible, puisqu'elle supposerait un support infini. »

Ceci, à lui seul, suffit à justifier notre silence concernant la nature du support en cause dans notre propre programme.

Une brillante transposition des possibilités de cette machine à la cure psychanalytique a été présentée par Alain van Bellinghen (Bellinghen, 1986 et 1989) dont nous admettons ici les grandes lignes, pour en développer les présupposés.

Mais nous ne récusons point pour autant les objections a priori qui ont pu être formulées par certains (Searle, 1990, Gueniffey, 1985). Ainsi Marceau Felden (Felden, 1987) écrit :

> « D'abord, rien n'indique que la structure du cerveau ou celle de l'univers s'apparentent, de près ou de loin, à celle d'une machine informatiquc ou d'un réseau électronique. »

En ce qui concerne les savoirs impliqués par la compréhension des messages circulant au sein du dispositif, nous pouvons tout de même les supposer réductibles à quelque système-expert, alors que l'incompatibilité entre la liberté humaine et un quelconque déterminisme nous semble bien constituer la difficulté majeure de toutes ces tentatives de rendre compte du comportement humain par des modèles de type mécanique, d'autant que, comme le rappelle Felden (p.119):

> « Dans le cas de l'homme, les 46 chromosomes qu'il possède ne peuvent pas être entièrement responsables de l'extraordinaire multiplicité de ses comportements intellectuels, psychologiques, sociologiques ou physiques, donc du choix, parmi d'innombrables possibilités, d'un référentiel culturel. Le milieu y joue un rôle essentiel. »

Tout comme Milner, Marceau Felden met en question plus fondamentalement "tout discours sur l'intelligence", et poursuit :

> « L'histoire de l'intelligence est étroitement liée aux relations entre le vivant et le milieu. Le support biologique est-il indispensable ? Cela reste à démontrer. »

Nous avons à tenir compte de ce que l'histoire de l'intelligence artificielle a été émaillée à la fois d'erreurs fructueuses et de profonds revirements. Du côté des erreurs nous, pouvons citer J.-P. Haton et M.-C. Haton (Haton. 1989) lorsqu'ils écrivent :

> « Les premiers échecs en traduction automatique ont mis en évidence que ni la traduction mot à mot ni l'analyse gramma-

ticale de la structure de la phrase ne sont suffisantes pour comprendre le langage naturel : il faut en réalité mettre en jeu un processus de raisonnements faisant intervenir des informations et des connaissances nombreuses et variées sur la langue, le contexte, les interlocuteurs, etc.»

Certains revirements récents ont ainsi retenti jusqu'au journalisme grand public. C'est ainsi que Christian Delacampagne (Delacampagne, 1990) relate la sorte de répudiation de ses propres propositions antérieures dont témoigne Hilary Putnam, en matière d'intelligence artificielle :

« L'esprit, disait Putnam dans les années 60, est d'abord une machine qui manipule des signes. /.../. C'est cette thèse /.../ que Putnam remet aujourd'hui en question. Et c'est à cette remise en cause qu'est consacrée la plus grande partie de *Représentation et Réalité.* /... / Putnam est simplement convaincu que, sur la nature ultime de la pensée, on ne peut atteindre de solution définitive. »

Sa bévue n'est peut-être autre que celle qui tient à un glissement du sens du terme heuristique. En effet, si l'on admet la définition que nous en donne Monique Linard (Linard, 1990), on peut penser que serait heuristique tout savoir-faire intuitif dérivé de l'expérience et inspiré par le Saint Esprit.

À côté de certains auteurs (Winograd, 1986) qui se montrent très tempérés en matière d'espoir enthousiaste, d'autres, au contraire, pensent que les ordinateurs à venir parviendront à cette qualité éminemment subjective qu'est la compréhension du sens. C'est à mi-distance de ces deux positions que nous tenterons de trouver notre bien.

2°. Pour un logiciel freudien

Freud tentait de lire le texte de l'inconscient par le biais du texte du rêve. D'autres, après lui, ont fait l'hypothèse d'un inconscient structuré comme un langage (Lacan, 1966). Les opérations fondamentales que Freud décrit et qui seraient celles de l'inconscient (à savoir la condensation et le déplacement) sont supposées opérer sur un texte. Le présent exposé explore la métaphore du clavier. Bien que cette métaphore n'épuise pas notre projet, c'est donc d'abord par référence à un logiciel pensé en fonction d'un traitement de texte que nous examinerons les opérations que Freud lui-même décrypte au niveau de l'inconscient.

Le texte de l'inconscient, le texte apparent du rêve par exemple, se présente comme un texte censuré. Quelque chose a été coupé et envoyé dans la poubelle. Ainsi, certaines parties de ce texte inconscient seront soit définitivement inaccessibles et donc cachées, soit au contraire temporairement soustraites à une lecture consciente et, par conséquent, indisponibles ou inconscientes au sens de Freud, encore qu'elles soient susceptibles d'être réévoquées lorsqu'on appuie sur la touche adéquate. [Agencés selon le modèle de l'hypertexte, ces éléments cachés ne sont disponibles, restaurables, contextuables, que dans certaines conditions de transfert, et donc par intermittence].

Dans un premier temps, nous nous proposons de construire le ou les logiciels freudiens capables de lire le "menu" affiché par l'inconscient d'un individu, pour autant que ce menu serait codé par un lot de marques, qui pourrait ou constituer un code privé ou être emprunté à tout un ensemble de codes sociaux, dont nous retrouverons les traces dans le texte tel qu'il est dit. Une telle division des codes en "privés" ou "sociaux" est mentionnée par Henri Atlan (Atlan, 1979) de façon à rendre compte de leur conflit, mais rien dans son texte n'indique (ni n'exclut) que les significations conflictuelles qui perturbent le circuit de l'information résultent d'actes de parole :

> « L'état de crise (paroxystique ou prolongé) serait caractérisé par un écartement sémantique entre les différents niveaux d'organisation : non seulement les significations de l'information ne sont pas les mêmes aux différents niveaux,

> mais il n'y a plus de possibilité de codage-décodage d'une signification à l'autre /... /. Dans l'organisation sociale en crise, le code de l'individu serait incompréhensible et intraduisible pour le code social, et vice versa. »

Difficile à démêler parmi les actes de parole chez l'adulte, le réseau de codes est plus accessible chez l'enfant, notamment au travers de ses productions graphiques, ses pictogrammes (Aulagnier, 1975). Comme sur une disquette destinée au traitement de texte, nous avons donc à lire au niveau du pictogramme (ou du discours de l'adulte, et notamment au niveau de la crise hystérique), une sorte de trame, de répertoire, de *disc manager* freudien, susceptible de nous indiquer les différentes sortes d'opérations et types de textes auxquels nous pouvons avoir accès. À la suite de « *L'homme machinal* » d'André Green (Green, 1982), Michèle Montrelay, dans un texte récent (Montrelay, 1987), adopte également un point de vue très nettement programmatique en ce qui concerne l'inconscient freudien lorsqu'elle écrit (p.136) :

> « Il existerait /... / une mémoire qui programme notre corps, notre affectivité, nos symptômes, notre comportement, notre façon d'être, — et qui la programme silencieusement /... /. Et l'espoir de Freud, c'est qu'il va pouvoir faire parler ce qui se parle, silencieusement, à travers le corps /... /. Or /... / il s'aperçoit que cette mémoire ne peut que très partiellement passer dans le champ de la représentation. »[2]

Certes, il y a un irreprésentable, c'est ce que Freud nommait "la pulsion sexuelle dans sa totalité". En réalité, il pourrait s'agir d'un problème de structure, tel, par exemple, celui que note Henri Atlan (Atlan, 1979), surtout lorsqu'il s'agit de systèmes naturels "organisés hiérarchiquement, en plusieurs niveaux d'intégration". Au niveau de ce qu'Atlan

---

[2] À l'heure actuelle (juin 2015) il est clair que ces propos anticipent sur ce qu'on commence à aborder aujourd'hui de relatif à la mémoire corporelle, notamment les 'évènements' ayant eu lieu in *utero*, et dans les suites immédiates de l'accouchement.

nomme des boîtes noires de chaque niveau d'organisation, tout se passe pour lui comme si un balancement de compréhension et d'ignorance ne permettait de se représenter le détail de l'organisation à un niveau qu'en oubliant les passages d'un niveau à l'autre, et, inversement, de ne se représenter l'organisation globale qu'en oubliant ces détails.

Par conséquent, Freud dresse d'abord l'inventaire de l'ensemble des coupures, adjonctions, déplacements, effacements, dont le texte inconscient est le lieu, texte dont l'intelligibilité doit être construite de façon à ce que le sujet lui-même puisse y avoir accès. Car ce qu'il avait découvert en premier c'est que le texte de l'inconscient se présente comme un texte modifié, dans lequel il convient de remarquer certaines anomalies dues principalement au panachage de textes d'époques diverses.

C'est ainsi qu'il appelle surdétermination la coexistence de textes de formats différents. Qu'il les ait définis en fonction de la métaphore rectrice qui les caractérise, qu'il les ait nommés successivement oral, anal, génital, etc. traduit simplement les styles constitutifs de ce panachage. Ces formats servent de cadre à des textes qui eux-mêmes ont été codés localement, certaines parties se trouvant soulignées en gras ou mises en italique et donc affectées de « codes affectifs spéciaux ».

Un tel texte, pour autant qu'il ait subi diverses modifications, ne prend sa portée, et donc son efficace, qu'à la condition qu'il soit lu à haute et intelligible voix. On pose sa voix comme on pose son corps, et la voix à elle seule dit mieux la nécessité de localiser et donc de construire son corps, que ne le fait un François d'Assise faisant le vœu de reconstruire une Église. Seule donc cette énonciation à voix haute correspondra au texte « édité » sur l'écran, qui devra montrer la présence de traces singulières, produites généralement par des marqueurs prosodiques. Notons que sur le plan linguistique la théorie de ce genre de marqueurs reste à faire.

Puisque nous avons supposé que la cure met en jeu deux « circuits de décision », voyons comment la production, en séance, par l'un d'eux, d'un "texte" ainsi marqué, retentit dans chacun des deux systèmes. Côté analysant, dès lors qu'une modulation singulière de la voix interviendra à des moments inopinés, sans rapport avec le reste du texte, passée l'étrangeté vécue, on pourra se douter que cette modulation est l'indice d'un texte tiré de la mémoire inconsciente, et donc d'un format différent, qui se trouve inséré et comporte un code, dont il s'agira de déterminer la nature et l'époque à laquelle il a eu cours.

Côté analyste, motus, puisque seul l'analysant saura dire quel est le souvenir approprié à la marque temporelle et, par voie de conséquence, saura reconstruire la position énonciative qui correspondait au dire ainsi inséré. Lorsqu'il s'agit de pointer au sein d'un texte l'endroit où quelque chose a disparu, a été censuré, il n'est pas toujours expédient de vouloir à tout prix boucher le trou, au besoin en lui restituant le fragment manquant. Il est souvent préférable de s'inquiéter de la fonction précise que cette élision tient dans le discours. D'ailleurs, à partir du *lekton*, du "dicible" susceptible de s'y loger, il y a lieu parfois de construire la famille paraphrastique des énoncés susceptibles d'en dériver et qui ont été écartés par la censure. Une telle famille est une classe d'équivalence constituée d'occurrences modulées obtenues à partir de règles permettant de passer d'un agencement à l'autre, dont voici un exemple :

> « Faute d'avoir illustré mon propos... : (1) je me suis vu traité comme un malpropre, (2) je me suis vu traiter comme un malpropre, (3) je me suis fait traiter comme un malpropre,

(4) j'ai été traité comme un malpropre, (5) on m'a traité comme un malpropre ».[3]

À titre d'exercice, veuillez décider quelle est selon vous, parmi ces cinq occurrences, la plus inavouable et qui serait de nature à provoquer la rature de la série complète des suites énonciatives ci-dessus. Ces exemples pourraient également servir à illustrer le rapport de l'intelligence à l'affect.

3°. Le conflit freudien : une incompatibilité de codes

Ce que Freud interprétait en termes de conflit devra être traduit en termes d'incompatibilité de codes. Cette incompatibilité est flagrante au niveau biologique, mais elle est tout aussi patente au niveau des codes sociaux. Toutefois, nous avons ici à tenir compte d'une troisième donnée qui est celle de l'incompatibilité des codes privés (qui participent à l'émergence du sujet) avec les codes qui, par la suite, viendront se surimposer sur cette batterie de marqueurs (ou signifiants) primordiaux constitutifs du sujet.

De même que sur le plan de la métaphore du clavier la compatibilité de deux textes produits par des machines de conceptions différentes (Apple, Microsoft etc.) ne pourra être obtenue qu'au moyen de l'effacement d'un certain nombre de codes, de même l'entente, la compréhension, la communication même partielle entre individus, ne pourront intervenir que par le biais de tels ajustements.

Il existe une autre homologie qu'il s'agirait également de tester, qui est celle qui sépare cette logique du dire de celle qui régit les ensembles moléculaires responsables du code

---

[3] Tout récemment, Isabelle Simatos, dans son texte : « Les types nominaux » (*Langue française*, n°185, mars 2015) insiste sur les variations persécutives impliquées par ce 'me'.

génétique. Or, on sait d'ores et déjà que ces ensembles moléculaires se regroupent pour constituer des alphabets, dont l'agencement conduit à ce codage biogénétique dont la grammaire et la syntaxe sont celles d'un langage.

4°. Le formatage primordial

Revenons au problème posé par l'existence d'un code privé (d'une "langue fondamentale") et par celui du formatage primordial, pour autant que l'exclusion et la détermination initiales qu'il suppose soient susceptibles de rater. À défaut d'un ancrage précis du sujet dans les signifiants d'une langue naturelle susceptibles d'érotisation, il est difficile de compter que son narcissisme corporel puisse se constituer, à partir de ceci : qu'il n'y a pas de narcissisme, et donc d'érotisation du corps propre, hors de l'aliénation à certaines significations primordiales. Comme signifiant de ces dernières, Freud nous propose le Phallus, la signification sexuelle, susceptible d'effacer, d'invalider toute autre signification. Le narcissisme corporel est donc avant tout une phallicisation du corps dans son "entier".

Aucune technique corporelle ne saurait, hors d'un nouage langagier, instaurer ce narcissisme lorsqu'il est in-constitué. L'indistinction, le caractère non constitué de ce déterminant absent ne parviennent même pas à garantir à l'intéressé un minimum de répétition nécessaire au tracé d'une tabulation, d'un référent, d'une chaîne, par rapport auxquels un terme pourra se déterminer comme inclus ou comme exclu. Insitué et insituable, ce sujet serait ainsi rendu incapable d'assurer une réponse du genre "présent" et se trouverait voué à reprendre en écho toute forme de question qui lui parviendrait.

En réalité, un tel degré d'indistinction n'est qu'une pure hypothèse d'école, et ce à quoi on a affaire ce sont des modes d'ancrage partiels, qui médiatisent les relations du sujet à son corps, en lieu et place des mécanismes bruts qui lui assurent une certaine homéostase biologique.

Ce que dans ce contexte l'on nomme blessure narcissique ne peut être que la zone d'ombre, d'imprécision dans le codage, dont l'individu se fait le support, en raison du brouillage des codes qui a été son lot à tel moment essentiel de son parcours. Là où la machine textuelle refuse de lire le support, le jugeant défectueux, et avertit que la réitération des ordres de lecture risque de détériorer sérieusement les messages, l'individu vivant donne les mêmes signes de détresse sans qu'il puisse se faire clairement entendre.

À propos de brouillage des codes, Norbert Wiener (Wiener, 1954) rapporte une conversation entre le Dr Benoît Mandelbrot, de Paris, et le Pr. Jakobson, de Harvard, pour noter qu'ils :

> « considèrent la communication comme un jeu joué en association par les deux interlocuteurs contre les forces de confusion représentées par les difficultés ordinaires de communication /…/. Littéralement, la théorie du jeu de von Neumann, /…/ concerne une équipe qui cherche délibérément à faire passer le message et une autre équipe qui recourra à n'importe quelle stratégie pour brouiller le message. »

Quant à ces stratégies de brouillage des traces, il en est une série qu'Edgar Poe propose dans sa nouvelle : « La lettre volée » et que Lacan (Lacan, 1966) n'a pas manqué de relever. Mais par-delà l'intersubjectivité que suppose le jeu, c'est l'équivocité du message qui, ici, nous intéresse.

On peut dire que le *lekton*, en tant qu'il centre le message, est susceptible de tenir lieu de ces « objets-pour-penser-avec » dont parle Seymour Papert (Papert, 1980). Nous pouvons dire avec lui (p. 145) que, pour les enfants, le contact avec le *lekton* (Logo) :

> « par une recherche de l'erreur comme au fractionnement des procédures vient progressivement à bout du travail de sape des forces de résistance opposées à la lecture. Dans ce qui

> précède, nous nous sommes gardés de faire la moindre hypothèse sur la nature du support sur lequel s'effectuera l'inscription. Nous nous contentons de ne le prendre en compte qu'à partir du moment où il est collectivement plongé dans un bain de langage ambiant. »

Tout ce dont nous pouvons faire état, c'est des traces enregistrées qui ont déjà cet effet de bougé, de tremblé, qui les rend ambiguës à la lecture, d'où la faculté d'user de codes de substitution. Pour emprunter une métaphore biochimique : l'isotopie, le stéréo-isomorphisme du lecteur et de la trace permet de leurrer la structure, qui se laissera lire par une structure du même genre.

Pour ce qu'il en est du rendu informatique de ces flous, nous n'avons pas de soucis à nous faire puisqu'il existe (Atlan, 1979) un large éventail de procédés pour traduire les propriétés d'instabilité de certains systèmes d'équations. Ainsi, ce seront, par exemple, la théorie des bifurcations et des catastrophes de René Thom, la théorie du bruit organisationnel d'Henri Atlan ou encore l'ordre par fluctuations de Prigogine, la thermodynamique en réseaux de Katchalsky.

Lorsqu'on décide, comme Freud, que ces flous sont des parties de discours indistinctes, auxquelles d'autres plus explicites ne demandent qu'à être substituées, on s'aperçoit que certains termes restent invariants dans cette substitution. En ce point entre en jeu ce que Pavlov indique comme possibilité de leurrer le vivant, qui est à la base de sa technique de conditionnement. Ici le signe est porté à la dignité de signifiant, autrement dit d'élément qui vaut à divers niveaux, et ceci en vertu de ses propriétés de trait unaire, ou encore de joker, joker qui nomme du même nom des entités susceptibles dès lors d'être classées sous la même rubrique. On constate que le réel y trouve son compte et qu'il joue le jeu, pourvu qu'on lui offre une structure idoine.

Entre l'indétermination ouverte par le flou du cerne et l'excès de spécificité du pur signe, s'engendre l'espace d'un transfert nécessaire à la "levée" (*Aufhebung*) des codes, espace exigible après-coup, si on veut les rendre compatibles avec d'autres codes venus opérer dans un temps ultérieur. Lever un code équivaut à réduire une métaphore, à condition que le réel qui s'y abrite soit versé au compte de quelque autre niveau, de quelque autre répertoire, sous peine de le voir "émerger" sous forme d'une dénégation, d'une erreur logique, ou pire : sous celle d'une hantise.

5°. Le transfert : un opérateur de levée des codes

Aborder le problème posé par la cure analytique nous impose de lui assigner un but minimal, qui est de procurer au sujet en analyse une mouvance qu'il revendique et qu'entravent les inhibitions et les symptômes dont il est porteur. Ceci implique un but intermédiaire, à savoir l'instauration d'une relative compatibilité des codes, seule susceptible de réduire ces entraves symptomatiques. Ce qui est en cause n'est certes pas la légitimité des fixations qui constituent l'individu à chaque étape de sa formation et de son devenir. La question est de savoir jusqu'où doit aller la déstabilisation des codes qui sont à l'origine de ces fixations, de ces idéalités signifiantes, en fonction des limites propres de la cure, telle que Freud la pratique. Il ne semble pas inutile de rappeler la série des significations autour desquelles tourne le travail d'interprétation de Freud, qui sont celles de la filiation, du sexe, de la vie et de la mort. L'invalidation des codes sera donc pour nous une affaire de transfert, de transfert de signification. La lettre n° 52 de Freud à Fliess (Freud, 1956) en témoigne. Seul le transfert est capable de traduire un style en un autre, ou plutôt de passer d'un style à un discours, c'est-à-dire d'un code privé à un code social. Le discours, c'est ce qui s'ordonne d'un lien social, au sens où ce lien précise d'où s'émet le discours et à qui il s'adresse.

À titre d'exemple, le discours universitaire part d'un savoir, S2, et s'adresse à des "enseignés », à des objets 'a', aux fins qu'ils puissent le restituer sous forme de vérité d'évangile.

Le discours psychanalytique, lui, part de l'informalisable, 'a', et s'adresse à une sorte d'automate syntaxique, $, de façon à lui faire produire du signifiant, S_I, à partir de l'insignifiant, 'a'.

L'amour de transfert sera "utilisé" dans le sens d'un commutateur d'adresse et donc comme un commutateur de discours.

Le temps du regard est, en effet, le temps premier du transfert, temps d'une aliénation fondamentale. C'est à l'aune de ce regard premier [de cette empreinte, de cette prénumérisation] que s'effectue pour chacun le balayage de l'espace, qui se trouve ainsi quadrillé sur le modèle périodique qu'appelle une tabulation. *Tabula*[4], tableau, c'est aussi le lieu où s'inscrit la carte du Tendre (ou l'œil du cyclone pour les météorologues), fondant ainsi, par le biais de l'écrit, l'espace de la représentation. Il nous faudra examiner ici le rapport entre l'instauration de cette limite, de ce cerne essentiel du formatage primordial, et le nom propre.

Une telle question n'est pas absolument étrangère aux préoccupations de Freud, et c'est à défaut d'avoir pu donner au problème posé sa véritable dimension qu'il erre du côté de la métapsychologie, où il cherche à définir trois *drives* différents, ceux du ça, du moi et du Surmoi.

---

[4] On verra qu'en la circonstance Wittgenstein use du terme d'*Urbild*.

6°. L'organigramme de la cure et la traversée du losange de décision

Il ne nous paraît pas excessif de proposer un organigramme de la cure qui ne préjugerait en rien de ceux déjà avancés ici ou là, et se contenterait de poser qu'il y a des modes d'entrée en analyse (F1), des modes de travail analytique (F2) et des modes de sortie (F3), encore que les fausses sorties et les sorties prématurées soient pratiquement la règle. Il y aurait lieu de faire état des modifications subjectives qui, chez un individu donné, accompagnent ces transitions, dont le recensement reste difficile. Disons simplement que chacune de ces trois étapes, F1, F2 et F3, met en jeu certaines compatibilités, faute de quoi elles ne sont pas franchies. Pour rester très schématique, passé le barrage F1 (de l'entrée effective en analyse), l'essentiel de F2 (et donc du travail analytique) consiste en une (ou plusieurs) boucle(s) destinée(s) à passer en revue une série de valeurs pouvant correspondre à une certaine satisfaction attendue (*delta* : δ). Celle-ci se trouve codée et donc entachée de tout un ensemble de conditions (*sigma* : Σ) qui devront être satisfaites pour que l'équation de la cure puisse trouver sa ou ses solutions.

Ce parcours consisterait à évaluer la satisfaction optimale et le prix (en effacement de codes ou en levée d'équivoques) dont il faudra s'acquitter pour l'obtention de cette satisfaction. Or, si cette satisfaction est purement fantasmatique, il est clair que la terminaison de la cure (dont la théorie reste à faire) ne pourra être obtenue que par un certain forçage de ce fantasme, et donc par une traversée du losange de décision qui — dans notre diagramme programmatique — en tient lieu. On ne considérera la phase finale de la cure (F3) comme atteinte que lorsqu'au sein de notre losange de décision se sera produite une satisfaction delta, δ, obéissant à la condition sigma (Σ), qui lui est imposée.

C'est ainsi qu'on pourra écrire :

$\Sigma h \Rightarrow (< \delta_0$ pour l'hystérique (ou δ_0 n'est autre que la valeur de la satisfaction qui annule le désir de l'Autre et sature le besoin) ;

$\Sigma_0 \Rightarrow \delta >>> \delta_0$ pour l'obsessionnel ;

$\Sigma p \Rightarrow (= \delta_0$ pour le paranoïaque.

Ceci tend à traduire l'adage selon lequel l'hystérique se cherche un désir insatisfait, l'obsessionnel un désir impossible, alors que le paranoïaque reste serf d'une norme absolue.

En tout cas, tant que la condition (ou l'ensemble des conditions) Σ n'est pas satisfaite, la cure se rompt ou se poursuit au moyen d'un certain nombre de boucles supplémentaires. Ici l'analyste n'a d'autre choix que de soutenir l'enjeu que constitue cette condition Σ, jusqu'à ce que, envisagée autrement, elle vienne à être effectivement satisfaite.

Afin d'éviter la répétition à l'infini d'une situation où manifestement l'analysant jouit du statu quo sans se soucier du lendemain, l'analyste est conduit à introduire des clauses supplémentaires, au cas où il aurait eu l'imprudence de les omettre en F1, au moment de l'entrée en analyse. Ceci équivaut à introduire un compteur dans notre organigramme ou, si l'on préfère la terminologie énergétiste, un système dissipatif (Prigogine, 1980). Au taux 'a' de rémunération prévu, chaque tour de boucle équivaut à une certaine perte.

7°. Le *Thinking* : une intelligence art-et-ficelle

Ce qui précède nous donne l'ordre de difficulté qu'on rencontre si l'on veut construire un logiciel utilisable pour simuler le fonctionnement de l'inconscient freudien. Cela nous permet de prendre la mesure des problèmes qui restent à élaborer, ou qui l'ont été, sans que la majorité des praticiens les ait pris en compte. Par ailleurs, nous avons mis l'accent sur la genèse de la subjectivité, sans pour autant prétendre qu'elle puisse s'effectuer sans failles, bien au contraire[5].

Les orientations que nous venons de donner bénéficient, sur le plan de leur clarté, de la valeur pédagogique de la métaphore du clavier, mais elles ne doivent pas nous leurrer sur leurs insuffisances, notamment en ce qui concerne la possibilité de construire à partir d'elles un ou des modèles [digitalisés] de la folie.

Outre que nous ne savons que très imparfaitement comment s'élaborent et se transmettent les codes sociaux, il y a un paramètre qui reste inexploré : c'est la qualité du support sur lequel s'effectuent les inscriptions des codes, et donc la nature des obstacles à l'encodage, notamment les incompatibilités, dont le rôle pourrait être déterminant pour ce qu'il en est de l'éclosion d'une folie.

Bien des mécanismes sont en fait requis pour expliquer l'éclosion d'une folie. Une folie, dit-on, se construit sur trois générations. Peut-être est-ce vrai en raison du rejet d'une de ces quatre significations primordiales pointées par Freud, qui sont à la racine de la subjectivité, et qui est celle de la filiation, filiation dont la transmission requiert des conditions spéciales.

Le Nom-du-Père, en tant que signifiant de la filiation, mais aussi en tant qu'émergence spécifique aux usagers des langues naturelles, est à même de 'formater' un individu, sur les plans perceptif, moteur, cognitif et déontique. Mais on doit avouer que son opération ou plutôt les coups de force logiques qui sous-tendent sa mise en jeu sont d'une com-

---

5 Une étape, telle celle que constitue le « stade du miroir » lacanien, conditionne à la fois le formatage d'une identité du sujet ainsi que son accès à l'altérité d'autrui.

plexité supérieure à celle que nous avons laissé entendre de par l'usage que nous avons fait de la métaphore du clavier.

Conclusions

À défaut d'être en mesure d'aplanir toutes les difficultés que soulève le fonctionnement de l'inconscient, la métaphore du clavier peut nous faciliter la mise en valeur de certains problèmes posés par le maniement de la lettre.

Lacan disait que la lettre c'est du réel. Il a même spéculé un temps sur un réel qui serait orienté, et dont il y aurait lieu de faire clinique. Notons que ce concept de réel orienté existe en physique quantique, puisque voici ce qu'Atlan nous en dit (Atlan, 1979) :

> « La description du réel en tant qu'irréversible, implique que l'on ajoute aux principes d'équivalence (1er principe, relativité) des principes de spécificité (2e principe, l'irréversibilité du temps) qui ont de plus en commun la propriété d'orienter le réel. »

Que le fonctionnement d'un psychisme (voire son destin) puisse dépendre de la place d'un espace vide, d'une simple lettre ou d'une marque prosodique susceptible de le « castrer », c'est-à-dire de l'orienter est un résultat qui, sur le plan d'une théorie laïcisée du psychisme, peut étonner ; qu'il n'en soit pas pour autant en délicatesse avec certaines vues nettement plus métaphysiques surprend davantage.

Notre projet n'en demeure pas moins tributaire de l'existence d'un réel linguistique dont nous avons postulé la prévalence dans la perspective qui est la nôtre, à savoir la conception d'un inconscient comme interface entre corps et langage. D'ailleurs, sans aller jusqu'à prôner la priorité du langagier sur le cognitif, certains travaux récents (Sweetser, 1990, Cooper, 1989) n'excluent pas l'existence d'un isomorphisme entre ces deux modes d'approche du psychique.

Que l’usage de la lettre (fait essentiellement de coupures, d’autogreffes et d’invalidations de codes), inhérent à toute science galiléenne (et donc littérarisée), doive nous dicter une éthique nouvelle, fondée sur un scrupuleux respect de la lettre de l’inconscient, excluant toute tentative d’interprétation qui en forcerait la serrure, c’est là le genre de "tact", de touche de clavier sur le clavecin de l’être, que nous aimerions faire passer, et c’est la tâche que nous assignons au présent essai.

B) WITTGENSTEIN ON MY MIND (LE STATUT DE L'ALTÉRITÉ CHEZ WITTGENSTEIN)

> « Suivre une règle est un jeu de langage déterminé. Comment peut-on le décrire ? Quand disons-nous qu'il a compris la description ? /… / Et je regarderais comme signe de compréhension qu'il répète le geste avec sur le visage une expression de compréhension, et qu'il réagisse de telle ou telle façon dans des cas particuliers »
>
> Ludwig Wittgenstein, Remarques sur les fondements des mathématiques, Éditions Gallimard, 1956, p.331.

Commencé telle une enquête sur ce que Ludwig Wittgenstein dit de l'image, et tout spécialement de l'*Urbild,* ce travail révèle tout un ensemble d'indices de la personnalité de l'auteur du *Tractatus,* tels qu'ils nous sont proposés par bon nombre de ses commentateurs, la plupart interrogatifs devant le phénomène Wittgenstein, de même que d'autres restent perplexes devant l'œuvre d'un James Joyce, par exemple. Or, il est clair que Wittgenstein a un problème avec l'altérité. Sa vie est un cocktail d'apparitions et de retraits, portés par une temporalité singulière, sur fond d'un accès entravé à autrui qui témoigne d'un trouble de l'altérité[6] manifeste. Notre exergue souligne le fait que

---

[6] Une des principales conséquences de ce travail a été de me faire prendre conscience de ce que, un brin de célébrité aidant, je me

Wittgenstein guette sur le visage d'autrui, comme dans un miroir, l'assentiment à ce qu'il propose …comme jeu. Pourtant, entre miroir et subjectivité, il y a un pas !

1°. Élisabeth Rigal et la retouche de l'image[7]

Élisabeth Rigal [E.R.] ouvre le bal avec un texte intitulé « D'une philosophie à l'autre : la retouche de l'image », pour nous : l'image de l'autre chez Ludwig Wittgenstein bien entendu. Son écrit débute avec la phrase : « On lit au § 240 des *Fiches* : 'l'image était la clef ». Elle précise qu'il s'agit là d'un fragment tardif (vers 1947, Wittgenstein étant décédé en avril 1951) qui vient en quelque sorte faire foin des positions qu'il soutenait dans son *Tractatus* et ce dès 1921. Il s'agit d'un conflit entre les termes de *Bild* (image) et d'*Abbild* (reflet, avec ce que porte le préfixe '*ab*' en allemand comme récusation de ce qui le suit et à quoi il s'applique). Élisabeth Rigal entreprend l'élucidation de la *Bildtheorie* de Wittgenstein (à partir du chapitre 4 de l'ouvrage) mais il est clair d'emblée, lorsqu'on veut la suivre, qu'entre la version française[8] et l'allemande du *Tractatus* des approximations ne manquent pas d'apparaître. En 4.01 du *Tractatus* nous lisons par exemple:

> „Der Satz ist ein Bild der Wirklichkeit. Der Satz ist ein Modell der Wirklichkeit, so wie wir sie uns denken."

Ici se trouvent juxtaposés les termes *Bild* et *Modell*, que Klossowski traduit successivement par 'image' et 'transposition' alors que Lacan aurait dit, 'image' puis 'enforme'. Ce

---

trouve en position d'immortaliser le nom de certains de mes contemporains, dont le mérite majeur est de m'avoir aidé à vivre.

7 In *Acta du colloque Wittgenstein* (Collège International de philosophie, juin 1988), T.E.R., 1990, pp.151-174.

8 LW, *Tractatus Logico-philosophicus,*[TT] trad. Pierre Klossowski, nrf Gallimard, 1972. Publié en langue allemande in : *Annalen der Naturphilosophie* en 1921.

qui d'emblée fait problème c'est le terme de *Wirklichkeit,* dès lors qu'on introduit de nos jours la distinction entre les catégories de la réalité d'une part et du Réel de la structure au sens lacanien, d'autre part, distinguo absent chez Freud, à moins qu'on n'aille lui imputer la préscience (dans son *Esquisse...)* de ce qu'on nomme aujourd'hui la théorie des 'neurones formels'.

Passons pour l'instant sur l'usage que fait Wittgenstein du terme d'*Urbild*[9], pour en venir là où E. Rigal nous convoque, à savoir à la distinction entre l'image-portrait et l'image-intentionnelle, ce qu'elle annonce comme suit p.165 où elle affirme que cette différence ne saurait être référée en quelque façon que ce soit :

> « À la distinction initiale du '*Modell*' et de 'l'image' au sens ordinaire, sur laquelle reposait la première instruction de la question de l'image. La seconde philosophie [à dater de 1929] reprendra toutefois cette distinction qu'elle pensera comme une distinction réelle et non plus seulement formelle, mais elle le fera pour interroger plus avant la seule image-portrait. »

Or, Élisabeth Rigal semble minimiser ici l'incidence de l'image-intentionnelle dans les perspectives qu'ouvre l'enseignement de Wittgenstein alors que d'autres commentateurs ont clairement énoncé le pourquoi de ce retrait de l'intérêt qu'un Wittgenstein aurait dû y porter, à savoir son a priori contre tout ce qui n'est pas logifiable. Il est à noter

---

9 Dans *Conjectures et réfutations*, au début de son second chapitre (p.109 n.6), Karl Popper note ceci : « Puisque Wittgenstein a dit de son propre *Tractatus* qu'il était dénué de sens /... / il faisait bien la distinction /.../ entre non-sens révélateur ou intéressant et non-sens dépourvu de valeur et intérêt. Mais ceci n'enlève rien à sa doctrine essentielle, que j'examine ici, à savoir la non-existence des problèmes philosophiques ». Et plus loin, Popper dit (p.111) de Bertrand Russel qu'« il est l'auteur de la classification, étroitement liée à sa célèbre théorie des types, qui est au fondement de la conception wittgensteinienne de la philosophie. »

l'attention croissante que portent les auteurs de nos jours à l'apport de Franz Brentano relatif à la question de l'intuition, ce qui s'oppose au ci-devant éliminativisme wittgensteinien.

Ici ma référence au travail de Mme Rigal prend toute son importance au point exact où surgit le terme d'*Urbild,* en tant qu'il renvoie à la *Bildhaftigheit* [T.E.R. p.95], à la figurabilité. Revenons à ce qu'elle nommait « la première instruction de la question de l'image », de l'image en tant que « modèle et image logique » ce qui nous renvoie au *Tractatus,* en 2.182, où il est dit [E.R. p.156] :

> « Toute image est aussi une image logique ».

Toutefois, entretemps, elle nous propose de considérer la *Bildtheorie* de Wittgenstein [E.R. p.154] comme:

> « Un tremplin à la détermination de l'essence de la proposition par la forme générale de la proposition que l'on trouve en 5.471. C'est dire que la première étape de la démonstration qui permit à Wittgenstein de concevoir le monde comme 'totalité limitée' consista à mettre en évidence les liens secrets existant entre le *Bild* et la 'généralité vraie', c'est-à-dire la généralité du symbolisme. »

Qu'en est-il de ces 'liens secrets' ? S'agirait-il de la mystique par laquelle Wittgenstein entendrait meubler l'absence de *Grund*, de fondement de son existence ? Sont-ce là aussi les mythes qu'un Derrida n'a eu de cesse de déconstruire ? La 'totalité limitée' (qui intervient dans la phrase de Mme Rigal) nous renvoie à la conception lacanienne des « bouts de réel », mais très vite, et ce dans sa seconde manière, Wittgenstein la récusera au profit de la perspective d'un atomisme restauré, où la notion d'*Urbild* se transforme. C'est ce que suggère le passage suivant du texte d'Élisabeth Rigal [E.R. p.155 n.13] :

> « Bien qu'elle n'apparaisse qu'en pointillé dans la rédaction définitive du traité, la notion d'*Urbild* est en fait centrale /.../. C'est, à n'en point douter, ce débat qui constitue le fil

conducteur de l'instruction initiale de la question de l'image. Or l'usage fait par la première philosophie par la notion d'*Urbild* sera dénoncé dès la période du tournant. »

Qu'au terme d'un 'temps pour comprendre' Wittgenstein ait renvoyé au placard sa notion initiale d'*Urbild* témoigne de ce qu'enfin il en a réalisé le sens, phobique, en ce qui le concerne, bien évidemment. Dès lors, nous dit-elle [E.R. p.158] :

> « Il s'agit de souligner dans les propositions d'un quelconque langage /.../, de faire ressortir [d'accoucher ?], le système dans lequel les symboles s'inscrivent, en s'attachant /... / aux prototypes logiques (i.e. les *Urbilder*) qui permettent de les inventer. »

La procréation est-elle comprise parmi ces 'prototypes logiques': *Urbilder,* qu'évoque Wittgenstein ?

2°. Bouveresse passeur de Wittgenstein

Élisabeth Rigal ne nous en dira pas plus ici sur l'*Urbild* mais nous le retrouvons ailleurs sous la forme d'*Ursymbol.* Dans un texte de Jacques Bouveresse intitulé « L'Animal cérémoniel[10] », et au chapitre III 'Wittgenstein et Spengler', on lit ceci (p.86):

> « Ce qui a impressionné Wittgenstein dans le cas de Spengler, comme dans celui de Darwin, de Freud et de Frazer, n'est pas la production d'une théorie vraie ou fausse mais l'aptitude à rassembler un grand nombre de faits, à première vue tout à fait désordonnés et disparates, en un arrangement éclairant. Von Wright remarque que l'idée de ressemblances familiales [*Familienähnlichkeiten)*] « semble » tirer son origine de la notion spenglérienne d'*Ursymbol* qui caractérise chacune des grandes cultures et constitue ce que Wittgenstein /.../ appelle effectivement une ressemblance de famille entre les diverses manifestations d'une culture. 'Le symbole

10 In *Remarques sur le Rameau d'or de Frazer*, [RRF] l'Âge d'Homme, 1982.

primaire lui-même, écrit Spengler, ne se réalise pas. Il agit dans le sentiment formel de chaque homme, de chaque groupe, de chaque période, de chaque époque et leur dicte le style de toutes leurs manifestations vivantes. Il est dans la forme de l'état, dans les mythes et les cultes religieux' /…/. »

Il est clair que nous traversons une époque où les Français font l'inventaire de ce qui leur reste comme *Ursymbol*, comme fond, comme héritage inviolable.

Sous la plume de Bouveresse, les termes *Ursymbol*, *Urbild*, et donc paradigme et prototype, sont donnés pour synonymes. Il dit que pour Spengler (p.88-9) :

> « L'*Urbild* est ainsi transformé en une sorte de principe immanent et occulte qui gouverne les choses de l'intérieur et dont nous n'observons que les manifestations superficielles plus ou moins dégradées ».

Le 'démon de Socrate' fait-il partie de ces 'choses de l'intérieur' ?

Si l'*Ursymbol* est ce qui confère à un domaine donné son style (à l'instar de la proportion harmonique), il est ce que recouvre l'écriture 'a' chez Lacan. Élisabeth Rigal s'en serait aperçue si elle avait poursuivi sa lecture du *Tractattus* au point 4.1211 où nous lisons ceci :

> « Ainsi une proposition F(a) montre que dans son sens l'objet a [nous soulignons, S.S-N] intervient ; deux propositions F(a) et G(a) montrent qu'en toutes deux il est question du même objet. »

De par sa littéralité, ce passage comporte de quoi inspirer Lacan, mais son intérêt ne s'est pas limité à cela. En 4.012 Wittgenstein propose ceci :

> « Il est évident que nous éprouvons en tant qu'image la proposition ayant la forme 'aRb'. Ici le signe est évidemment une similitude de la chose signifiée ».

Or, l'écriture du fantasme par Lacan '$◊a', prend l'allure d'un copié-collé de celle 'aRb' de son illustre contemporain.

Changeons de référentiel. Dans ses *Remarques sur les fondements des mathématiques*[11] [RFM], à deux reprises Wittgenstein, utilise la notation 'a' comme suit :

> (1) (p.105) : « Que signifie le mot 'a' dans la proposition 'F(a)' : 'Que signifie le mot 'a' dans la proposition F(a)' que tu viens de prononcer » « Que signifie le mot 'a' dans cette proposition ? »
>
> (2) (p.225) : « 'Objet idéal', 'Le signe 'a' [qui] désigne un objet idéal' doit apparemment énoncer quelque chose sur la signification, donc sur l'usage de 'a'. Et cela signifie naturellement que sous certains rapports, cet usage est semblable à celui d'un signe qui a un objet, mais qu'il n'a pas d'objet. Ce qui est intéressant, c'est ce que devient ce fait avec l'expression 'objet idéal'. »

« L'angoisse n'est pas sans objet » clamait Lacan, non sans insister sur ce 'pas sans'. Car pour lui il s'agit d'un objet qui fait impasse sur l'*ousia,* sur le *τί έστι*, sur l'essence.

Dans la perspective de notre abord des rapports de Wittgenstein à autrui, notons qu'il affirme (en 3.142) « Seuls les faits peuvent exprimer un sens ». Lacan explicite de tels faits sous la forme d'une substitution d'un signifiant par un autre signifiant, en tant que modalité de la production du sens. C'est ce que Wittgenstein accentue lorsqu'il écrit (en 3.1431) : « /.../ La disposition spatiale de ces choses les unes par rapport aux autres exprime alors le sens de la proposition ». S'agissant de construire l'*Urscene*, la scène primordiale freudienne, telle que révélée chez Wittgenstein par ses dires, on voit déjà que la disposition spatiale des protagonistes est essentielle. Un certain regard oblique est inhérent au phantasme.

Dans la suite de ceci, Wittgenstein (en 3.221) fait le distinguo entre « dire une chose comment elle est » et « dire ce qu'elle est » et, à ce propos, son traducteur glisse (en note)

---

11 Wittgenstein L. : *Remarques sur les fondements des mathématique*, [RFM] nrf Gallimard, 1956.

ceci : « Avec beaucoup de précaution on pourrait rapprocher le ‘ce que’ de Wittgenstein de ‘l’Être’ selon Heidegger. », filon que Lacan ne manquera pas d’exploiter.

3°. Goethe et le conte du serpent vert

À titre d’intermède, voici une citation de Wittgenstein qui nous offre quelque chose de fort énigmatique. En TT 4.014, nous lisons donc ceci :

> « Le disque de phonographe, la pensée musicale, les notes, les ondes sonores, tous se trouvent les uns par rapport aux autres dans cette relation interne de représentation qui existe entre le langage et le monde. La structure logique leur est commune à tous (Comme dans le conte[12], les deux jeunes gens, leurs deux chevaux et leurs lis ; tous sont un, en un certain sens). »

Ici la gymnastique qui nous est proposée est d’aller voir sur GOOGLE ce qu’il en est de ce conte, puis l’ayant découvert[13], d’en décrypter le sens. Ce conte goethéen compte une vingtaine de pages et je doute que Lacan a poussé ses investigations à cet extrême mais allons-y quand même, sans oublier que pour Wittgenstein ‘langage’ veut dire ‘mode de vie’ [RRF pp.57, 93, 115].

Que faut-il entendre quand Wittgenstein dit à propos du conte de Goethe: « La structure logique leur est commune à tous » ? De prime abord, il serait loisible de traiter ce récit comme celui d’un rêve, et c’est ce que nous avions tenté de faire à propos du rêve de l’injection faite à Irma[14] à partir

---

[12] (Wie im Märchen die zwei Jünglinge, ihre zwei Pferde und ihre Lilien. Sie sind alle in gewissem Sinne Eins.)

[13] ›Das Märchen‹ ist die letzte Erzählung aus Goethe’s Novellenzyklus ›Unterhaltungen deutscher Ausgewanderter‹ von 1795, zuerst erscheinen in der von Schiller hrsg. Zeitschrift ›Die Horien‹.

[14] Stoïanoff-Nénoff S. : *Qu’en dira-t-on ?* L’Harmattan, 1996, pp.161 et suivantes.

d'une hypothèse, celle (selon Lacan) d'une probable 'organisation ternaire généralisée du rêve'. Le propos à l'époque était de réaliser un maillage afin d'obtenir une structure topologique susceptible, en un temps second, d'être mise à plat. Aujourd'hui une triangulation de ce genre viserait à nouer borroméennement des éléments, identifiés comme tombant respectivement sous les catégories du Réel, de l'Imaginaire ou du Symbolique. Il convient de pointer des parties de discours comportant entre elles certaines homologies ou certains contrastes. Au préalable, le texte du conte nécessite d'être débité en tranches mettant en scène des éléments qui occuperont des places susceptibles de varier selon les moments de l'action.

Une première séquence réunit une embarcation (*khan*) flottant sur un fleuve, un vieillard-passeur et une bande de fêtards candidats à la traversée. C'est ici qu'intervient un quatrième élément : l'irrationnel, l'instance du sexuel, évidemment. La traversée terminée, les voyageurs jettent des pièces d'or au vieux qui s'insurge contre leur façon de faire, puisqu'ils prennent le risque qu'une pièce tombe à l'eau alors que le dieu du fleuve n'aime vraiment pas cela. Dieu du fleuve qui était déjà présent sous la forme de deux lueurs trompeuses, deux feux-follets (*zwei große Irrlichter*) planant au-dessus de l'embarcation. La traversée symbolique s'effectue donc sur fond d'un réel inquiétant. Ne cherchez pas l'objet 'a' : c'est « l'or du Rhin ! » La séquence se clôt bien entendu sur une phrase en forme de morale sentencieuse.

Quelques brasses plus loin voici un autre scénario : Un joli serpent bien vert (*die schöne grüne Schlange*) engloutit les pièces d'or du vieux et savoure la satisfaction de se trouver rajeuni et embelli, translucide et lumineux (*durchsich-*

tig[15] *und leuchtend*). Le serpent chemine puis, décidé à sortir de sa position narcissique, il se met à crier : « Quand vais-je enfin rencontrer mon semblable ? » *(„Find' ich doch endlich meinesgleichen!"),* question qu'on voit parfaitement dans la bouche de Wittgenstein. Naguère las, le rampant finit par trouver le marais idoine, survolé par des feux-follets. Ceux-ci se gaussent de son horizontalité et vantent leur propre verticalité. Puis ils dégorgent tour à tour ce qu'ils ont dans les tripes (l'or) et les voilà tous copains comme cochons. C'est là qu'il est question du lis qui se transformera plus loin en une princesse.

Ainsi le serpent se réjouit de cette fraternisation avec les feux-follets qui vient se sceller par le fait que sa robe sera aussi désormais striée de traits verticaux. Bref on est dans la hiérogamie ou, si l'on préfère, dans la fusion-acquisition[16].

En vertu de la *gleichheit,* et donc de la synchronie et de l'apparentement spécifié dans le conte, nous obtenons une superposition de traits. Le réel du corps du serpent se trouve recouvert de traits verticaux symboliques de la transcendance, ceci sur fond d'un imaginaire votif (*wishfull thinking*, disait Freud). Nous retrouvons là les traits *(Zeichen)* dont parlait plus haut Wittgenstein, puisque c'est bien lui qui nous a plongés dans ce pétrin, celui d'un phallicisme généralisé.

Le texte de Goethe se prête donc à de tels exercices, nonobstant certaines difficultés de vocabulaire (Goethe écrit, par exemple, *anträfen* à la place d'*antreffen* ce qui exige des recherches à l'infini et suggère l'intervention d'une instance

---

15 *Durchsichtig* est un terme qui comporte la nuance du 'voir à travers', au sens prophétique.

16 Dans un autre texte (« Altérations de l'altérité ») j'avais déjà fait appel à cette modalité.

sacrale). Il existe bien une traduction française[17] de ce conte mais son auteur s'est abstenu de nous en donner le mot à mot. C'est quand même grâce à elle que je sais maintenant que '*Mops'* veut dire 'carlin'[18].

Finalement, c'est bien ce que disait Freud, le philosophe rafistole le fil de sa pensée au gré des (f)lambeaux mythiques de son manteau. Axiomatiser la structure d'un récit, c'est d'abord faire fi du sujet de la science, position éminemment baldousienne, puisque pour ce dernier un théorème est vrai indépendamment de celui qui l'*a* découvert. C'est dans le cadre de cette limitation que je situe mon propre *work in progress.*

4°. Gilles Gaston Granger[19] et la *Bildtheorie* de Wittgenstein

Avec Gilles Gaston Granger et son *Invitation à la lecture de Wittgenstein* [ILW], nous est donnée l'occasion de comparer l'approche d'un certain nombre de problèmes avec celle que nous venons d'effectuer en compagnie d'Élisabeth Rigal. Mon exemplaire de ce livre porte les marques de ma lecture déjà fort ancienne, et ceci témoigne, à mes yeux, après-coup, du 'temps pour comprendre' que requiert l'approche d'un auteur, tout spécialement comme Wittgenstein. Ce n'est que lorsqu'on a saisi son importance qu'on se trouve confronté, lors d'une seconde lecture, à sa spécificité. L'angle d'attaque choisi par G-GG pour aborder ce monstre

---

17 Goethe, *Le Serpent vert,* traduit et commenté par Oswald Wirth, Dervy-Livres, 1935/54.

18 Le carlin est une race de chien provenant de Chine et existant en Europe depuis au moins le XVIe siècle. Il est connu sous l'appellation de *Pug* aux États-Unis, en Australie et en Angleterre, et de *Mops* en Allemagne et en Russie.

19 Gilles-Gaston Granger, *Invitation à la lecture de Wittgenstein,* [G-GG_{01}], Alinea édit. 1990.

viennois est différent selon qu'il s'agit du corps de son texte ou des quelques compléments qui figurent en fin de volume, notamment celui intitulé : « Bild und Gleichnis : remarques sur le style de Wittgenstein » (pp.189-199).

Gilles Gaston Granger y aborde la *Bildtheorie* de Wittgenstein en professeur du Collège de France qu'il est, sans se soucier de savoir, lorsqu'il sort de but en blanc et sans crier gare le terme de *Begriffsschrift* (p.191) de sa poche, si son auditoire est prêt à le suivre. Cela devait être le cas en la circonstance mais je remarque que le nom de Frege est absent de ces pages et que, même dans le reste du volume, ce nom n'intervient qu'à deux ou trois reprises alors que l'on sait la place qu'il a tenue dans les écrits de Wittgenstein. Ceci est vrai aussi du terme d'*Urbild* totalement absent de ce volume, alors qu'Élisabeth Rigal en avait fait sa pierre de touche de la pensée de Wittgenstein. En fin de parcours (p.199), il proclame « qu'il n'est pas de pensée sans image », en quoi il s'affiche en provocateur, car il sait pertinemment qu'il a existé toute une école philosophique (celle de Marbourg) qui s'est décarcassée pour démontrer du contraire. Et s'il fallait une preuve que ma lecture de Wittgenstein ne recoupe pas entièrement la sienne, en voici une qui est flagrante. G-GG rapporte, sans sourciller, les propos de Ludwig que voici (p.193) :

> « Le philosophe se met facilement dans la situation d'un directeur maladroit qui, au lieu de faire son travail et de veiller seulement à ce que ses employés fassent correctement le leur, prend pour lui ce dernier et se voit ainsi un beau jour surchargé d'un travail étranger, cependant que ses employés l'observent et le critiquent (*Vermissche Bemerkungen*, p.9). »

Le commentaire qu'il en fait est le suivant :

> « Par quoi Wittgenstein veut faire reconnaître que la tâche du philosophe n'est justement pas une explication du monde à quoi vise la science, ni même une rectification du langage ordinaire. »

Cela ne veut rien dire. Il est clair que Wittgenstein parle ici de son papa, grand industriel, quelque peu obsédé par son boulot, pente qu'il a, lui, Ludwig, plus que tendance à suivre. En revanche, cela veut dire que G-GG, en finaud qu'il est, nous livre ici 'sa' pensée sur Wittgenstein, tout en profitant de l'imbroglio qu'il suscite pour donner son propre point de vue sur le monde, alors que Wittgenstein ne cesse de dire le contraire, répétant à la volée l'impératif d'expliciter, d'expliciter, d'expliciter.

Ceci dit, entrons dans le texte de G-GG (p.190) :

> « Ce que Wittgenstein nomme *Bild* domine, on le sait, la philosophie du Tractatus ; /… / L'image est un modèle de la réalité, c'est-à-dire une figuration de la réalité au moyen d'un fragment, et pour ainsi une miniature, empruntée à la réalité elle-même (2.12). »

On jurerait que ce 'fragment' est un *ostraca*, témoin de toute une civilisation disparue. G-GG indique qu'il s'agirait là d'un isomorphisme entre l'image et la réalité. On peut en effet parler d'isomorphisme d'ordre topologique à propos d'un procédé qui en est en tout point métonymique (cf. la *Verschiebung-Entstellung* freudienne). Ceci mérite d'être éclairé par le concept de *Gleichnis* que G-GG examine plus loin (p.195) sous l'angle de 'la ressemblance' et de ses registres. Bizarrement, il envisage 'l'art d'exécuter des ressemblances' ce qui va impliquer un tour de main, chose qui est très dans la manière de Jacques Lacan. Ici il évoque l'ouvrage de la dentellière, alors que Lacan pencherait plutôt vers celui de la passeuse de lacets ou de la tisseuse de tresses.

Quittons le « *Bild und Gleichnis* …" de Gilles Gaston Granger pour entrer dans le corps de son livre proprement dit, au chapitre : « Le système du Tractatus ».

L'énoncé majeur de ce livre est que le centre de gravité du *Tractatus* serait la « théorie de l'image [ILW p.40] qui pose que la forme logique du langage est la forme même du monde, ensemble de tous les faits, et qu'elle en épuise la nécessité. » C'est aussi ce que professe John Eccles[20], mais en cela il s'oppose à Karl Popper qui, lui, prétend que l'imagination procède du langage. Disons que cette apparente contradiction est prévue par ce que j'appellerai volontiers le 'système Lacan', à savoir que son RSI (thèse de Popper) est susceptible d'être lu à l'envers, à savoir ISR (thèse de Wittgenstein). C'est aussi une façon inédite d'illustrer les effets de cette inversion. Gilles Gaston Granger résume la position wittgensteinienne comme suit (o.c. p.40) :

> « La théorie de l'image s'introduit très tôt dans l'exposé du *Tractatus*. Après avoir défini le monde comme totalité des faits, les faits comme existence d'états de choses [et non pas de 'tas' de choses] et les états de choses comme combinaisons d'objets, Wittgenstein pose que 'nous nous formons des images des faits' (TT 2,1). »

Notons que la scène primitive freudienne (*Urscene*) s'écrit à partir de faits observés ou déduits à partir de ce qui a été entrevu. Mais tout dépend dans quel sens ils seront interprétés. Ce qui s'inscrit dans la mémoire de l'Homme aux Loups, sous la vision d'un coït *a tergo*, est une reconstruction après-coup, et Freud y insiste, sauf que dans le *Tractatus* rien n'est dit concernant le statut ontologique des faits. Qu'ils soient 'têtus', insistants comme le Réel, n'y apparaît pas et c'est ce que G-GG pointe en proposant subrepticement ceci :

> « Or, la forme même qui est commune au fait et à l'image, et rend opérante la représentation, n'est pas elle-même un fait ; on ne saurait la représenter dans le langage, elle est simplement montrée dans la proposition, et en particulier se manifeste, implicitement, dans les règles d'usage des symboles. »

---

[20] Karl Popper, Konrad Lorenz, *Die Zukunft ist offen*, Serie Piper, 1985.

Ceci me renvoie d'une part à la façon dont Lacan s'est débrouillé avec cet 'état de choses' et notamment avec son graphe de la p. 815 des *Écrits*, parce que ce graphe commence avec l'introduction de l'imaginaire certes, mais il est toutefois baptisé par Lacan 'réseau des emplois'. Or, l'emploi est un faire et donc susceptible d'entrer dans la catégorie des faits. Ainsi, ovaliser ce 'réseau des emplois', lui conférer la consistance d'un lacet ou carrément d'un tore, c'est lui reconnaitre la portée d'une structure, qui interfère avec d'autres sans que dans la topologie de Lacan il ait la moindre dominance, ou prévalence d'un *arché*.

D'autre part, rien n'est dit ici de relatif à la forme elle est essentielle dans la topologie lacanienne en guise de ce qu'il nomme l'objet 'petit a', alors que Wittgenstein en joue largement en TT 4.

Toujours en compagnie de Gilles Gaston Granger, revenons à la question de l'image dans le *Tractatus*, en tant qu'un sujet est susceptible de s'en emparer. G-GG dit que Wittgenstein (p.47) : « énonce que l'image est présente dans l'espace logique, la situation, l'existence ou la non-existence des états de choses. » Il propose aussi que les éléments d'un état de choses doivent se retrouver dans l'image et que cette correspondance équivaille à un point de vue et suppose un sujet. Plus loin (p.48) il ajoute que toute image doit avoir en commun avec la réalité une forme logique et qu'outre les 'conditions spécifiques' pour chaque catégorie d'images il y a donc « une condition universelle de représentativité » (*Bildhaftigkeit*), car elle est « le point de départ du langage et de la proposition ». Il aborde ensuite (p.49) le sens et la vérité de l'image, au sens où elle doit permettre de décider si c'est du lard *ou* du cochon (p V q), un monomorphisme ou un épimorphisme.

C'est ici qu'intervient le dessin que l'on trouvera en E499, où Lacan nous met en posture de décider ce que deux personnages (placés vis-à-vis dans un compartiment de train) devront apercevoir du contenu logique de l'image. Or, ce sont bien les 'conditions spécifiques' de la situation qui sont de nature à induire en erreur quant au sens de ce qui est vu, l'un disant « nous sommes à 'Dames' » et l'autre s'entêtant à dire « nous sommes à 'Messieurs'. L'erreur sera juste quand l'un et l'autre des voyageurs réaliseront que le train s'est arrêté devant des WC. Ici c'est l'élément de langage et donc le signifiant qui prévaut quant à la décision à prendre (p V q : messieurs ou dames) puisque la condition d'intelligibilité requiert qu'on transmue le signifié (qui désigne sans plus) en signifiant (impliquant une stratégie, un mode d'emploi). Et voici un extrait du commentaire dont Lacan agrémente cette figure (E500):

> « Outre le fait que les rails dans cette histoire matérialisent le trait de l'algorithme saussurien /…/ il faudrait /…/ n'avoir pas les yeux en face des trous pour s'y embrouiller sur la place respective du signifiant et du signifié, et ne pas suivre de quel centre rayonnant le premier vient à refléter sa lumière dans la ténèbre des significations inachevées. /…/»

À cette occasion Lacan note que l'algorithme, en tant qu'il n'est lui-même que pure fonction du signifiant, ne saurait révéler qu'une structure de signifiant à ce transfert. Il évoque les « couplages différentiels (ici hommes-femmes) nécessaires au discernement des vocables dans une langue donnée ». Question : quels sont les dégâts quant à la pensée susceptibles d'intervenir dès lors que ces 'couplages différentiels' seront déconstruits ?

Il est à savoir aussi quelle est la réalité de ces 'conditions spécifiques' dès lors qu'au titre du fantasme le sujet se trouve en position de subvertir la représentation en substituant à ce qu'il aurait pu y voir ce qu'il n'a fait qu'entrevoir, en y ajoutant des éléments déjà prêts à être utilisés, ainsi que c'est dans le cas de l'Homme-aux-Loups, persuadé d'avoir observé un coït *a tergo*[21].

5°. Rush Rhees, rédacteur de la rubrique Wittgenstein-Freud

Il est primordial d'examiner la relation de Wittgenstein à la découverte freudienne, dans la mesure où Freud prétendait faire œuvre scientifique et que c'est ce que Wittgenstein lui conteste. Paul-Laurent Assoun s'étant exprimé à plusieurs reprises sur ce sujet un retour sur cette question semblerait superflu mais il est des façons de lire Freud qui sont surtout motivées par le souci de mettre quelque ordre dans le boxon de son propre esprit plutôt que de tenter vraiment de

---

21 Nous devons à Michel Olivier un ouvrage intitulé *Quine* (Les Belles Lettres édit. 2015), où le nom de Wittgenstein apparaît à 25 reprises. Concernant la vérité du rapport du discours formel à la réalité, il note qu' (p. 264) : « il demeure parfaitement possible de prolonger les théories de la signification fondées sur la référence à l'objet [par] les théories d'inspiration modèle-théorétiques. » Ici le texte renvoie à une note (n°8) qui dit ceci : « Il s'agit de théories dont l'idée centrale est qu'un signe linguistique est interprété par un objet ou une classe d'objets qui le précède et lui fait face. La phrase est alors interprétée comme une affirmation d'appartenance d'un élément à un ensemble. La phrase est alors vraie si et seulement si cette appartenance est bien le cas. » Pour Michael Dummet, le *Tractatus* de Wittgenstein en est l'origine conceptuelle. Il se fait aussi l'écho (p.299) de ceux qui, tel Descombes, ont critiqué les positions de Quine, en lui préférant celles de Wittgenstein : « Pour Descombes : 'Quine n'a pas explicitement compris qu'une phrase ne prend son sens que dans le contexte d'un jeu de langage au sens de Wittgenstein, ou encore dans le vocabulaire de Descombes : dans le contexte d'une institution, c'est-à-dire d'un ensemble de règles collectives qui régissent socialement nos échanges verbaux' ». L'ennui est que Wittgenstein a varié sur ce point et que dans son *Tractattus* il avait une position bien plus désertique quand il se plaisait à dire : « l'unité sémantique fondamentale du langage est l'énoncé plutôt que le mot ».

se pénétrer du style de l'auteur qu'on lit. Quant à Wittgenstein, ayant fait une fois pour toutes son nid, il ne s'intéresse à autrui, et à ce qu'il mouline, que dans la mesure où il se retrouve lui-même bien au chaud dans ses pensées et son propre mode de vie. C'est ainsi, sous le titre : *Vorlesungen und Gespräche über Ästhetik, Psychologie und Religion,* titre qui indique fort bien qu'on a là un fourretout, que nous trouvons notre pitance à la rubrique « *Gespäche über Freud* », autrement dit « Bavardages à propos de Freud », propos réunis et commentés par Eberhard Bubser.

'Le nid de Wittgenstein', voilà bien quelque chose qui est de nature à nous faire rêver. Or, à le lire, il saute aux yeux que la question qui taraude Wittgenstein c'est : « Sur quoi te fondes-tu pour dire ça ? » On dit qu'en certaines circonstances 'chacun puise dans son propre fond', mais qu'en est-il quand le fond est ce qui manque le plus ? Eh bien, on s'intéresse à l'insondable, précisément, *fons et origo* de la quête de l'auteur du *Tractattus*. Il n'est pas le seul dans ce cas évidemment. Il suffit d'examiner le rôle que jouent les termes d'*Ungrund*, et d'*Abgrund* dans la mystique d'un Jacob Böhme, suspendu qu'il est au-dessus de l'abîme de la transcendance.

D'emblée (o.c. p.73) Rush Rhees[22], l'auteur de la rubrique Wittgenstein-Freud, écrit : « Wittgenstein m'a dit à

---

[22] Rush Rhees est l'auteur d'un livre intitulé : *Discusions of Wittgenstein*, (London, Routledge & Kegan Paul édit. 1970), et son chapitre 3 porte le titre : 'Ontology and identity in the *Tractatus*, à propos de Black's *Companion*'. En voici un extrait (p.25) : « Des phrases telles que 'Le nom signifie l'objet' (3.203) ou 'Le nom remplace l'objet dans la proposition' (3.22) appartiennent à la grammaire des mots 'nom et objet' et 'proposition'. Dans les 'Notes dictées à Moore', il est dit : 'Dans l'expression (∃y).φx, on est à-même de dire 'Il existe un objet, tel que…'. Mais de fait nous devrions dire 'Il existe un 'y'tel que…' ; le fait que 'y'symbolise le fait d'exprimer ce que l'on veut dire ». Plus loin il insiste sur le fait que dans notre langage les noms ne sont pas des choses. Il va

propos de Freud : 'Voici quelqu'un qui a quelque chose à dire' ». Et, un peu plus loin, l'auteur du *Tractatus* aurait proféré (o.c. p.74) : « La sagesse n'est pas ce que je pourrais attendre de Freud », autrement dit : 'Entre fous on doit pouvoir s'entendre.' Au terme de ces quelques amabilités envers Freud nous entrons dans le vif du sujet. Parmi les notes prises par Rush Rhees en 1943, il y a ceci (o.c. p.78):

> « Il semble que les images du rêve ont quelques accointances (*Ähnlichkeit*) avec les signes (*Zeichen*) d'une langue. Tel qu'alignés sur une feuille de papier ou sur le sable. /... / Suite à quoi le sujet reproduit son rêve dans un contexte (*Umgebung*) qui modifie son point de vue.»

L'image ainsi sertie sur un bout de tissu ou sur une plaque en caoutchouc se prête à des transformations jusqu'à ce que l'intéressé vienne à s'exclamer : « Ah, je vois de quelle manière ça s'arrange et ce que ce bout [de rêve] isolé signifie »

Mais ce que Wittgenstein ajoute modifie entièrement la perspective interprétative, puisque dans ces bouts d'images il ne s'agit plus de parties du corps ou d'arbres mais de bouts de texte (*Schriftfragmente*).

Ici tout un chapitre serait à écrire concernant Wittgenstein lecteur de la Bible. Ainsi, pour lui le rêve donne quelque chose à lire, et Lacan de surenchérir en pointant le fait que ce qui apparaît dans le discours de l'analysant ce

---

jusqu'à dire : « Nous ne savons pas ce qu'ils sont : la seule chose que nous savons c'est qu'ils sont d'un type différent des relations, etc., etc. Le *Tractatus* ne dit pas exactement cela de cette manière mais l'essentiel tient en ceci : question : l'ontologie était-elle pour Wittgenstein un refuge dans l'impersonnel, ou au contraire ce qui livre l'accès à son jardin secret ? » Faute de pouvoir développer ces points ici même, nous nous reporterons plus loin à la manière dont Saul Kripke s'en débrouille (*Wittgenstein über Regeln und privatsprache*, Suhrkamp édit.1982).

sont des ‘bouts de réel’ et que « le rêve est sa propre interprétation ».

C’est différent de l’approche freudienne qui se résume en un : « Le rêve est la réalisation d’un désir ». « Et l’hallucination : itou ! » note Wittgenstein, et c’est sur ce point qu’il ira chercher noise à Sigmund Freud. Il évoque ainsi le fait que je puis rêver ou halluciner un bon repas sans en être rassasié pour autant. Il y a dans un film de Charlie[23] Chaplin un scénario comme cela. C’est précisément là une façon de mettre la charrue devant les bœufs. Car le psychanalyste dira : « Oui, mais réaliser un désir c’est autre chose que de satisfaire un besoin ». Cependant : qu’est-ce qu’un désir ?

Si l’on admet que ce sont les désirs qui mènent le monde, il y a lieu de tenir le répertoire de leur satisfaction, et nous userons volontiers de métaphores économiques à cette fin. Car la loi prétend encadrer les désirs sous diverses procédures dont on ne retient aujourd’hui que les conséquences d’ordre économique, si bien qu’on aboutit à des pactes du type ‘acquisition-fusion’. précédés par des palabres interminables, d’où ce type de questionnement : « Quelles sont les 55 pensées ridicules qu’ont les filles quand un mec ne répond pas à leurs textos ? La 40e est un grand classique (‘OK, d’accord, c’est une bombe’) ». Des bombes à retardement qui n’épargnent pas les progénitures (quand il en existe).

Témoin, la conversation que j’ai eue dans une rue de mon village lorrain avec une gamine de 7 ans et 1/2 et son cousin du même âge. Ce dernier me raconte que son papa est à Perpignan et que ses parents sont séparés. Alors il est venu habiter au village chez son tonton. Je suis en position de m’interroger sur le pourquoi de cette conversation et à quel titre je suis interpellé par ce bonhomme. Je représente certes

---

[23] Vais-je le mettre dans le même sac que Charlie Mingus ou Charlie Parker, actualité oblige ?

à ses yeux le cercle des adultes mais de là à me prendre à témoin dans son affaire cela en dit long sur son besoin de mon concours afin qu'à ses yeux son affaire devienne crédible. Cela s'est dit ! Du coup il a trouvé quelqu'un pour qui le 'couplage différentiel' papa-maman fonctionne toujours. Qu'en était-il pour Wittgenstein ?

6°. Wittgenstein et le discours du semblant

La lecture d'un recueil tel que *Notes sur l'expérience privée et les sense data*[24] a de quoi déconcerter plus d'un lecteur. Élisabeth Rigal en est la traductrice et la commentatrice, en quoi elle se montre à la hauteur du texte où alternent des passages en allemand et en anglais. À ce propos elle évoque « l'hermétisme principiel de sa 'seconde' philosophie [T.E.R.N p.80 $_{n1}$] ». Dans ce recueil, Wittgenstein aborde la question des *qualia*, et donc celle du ressenti, dont je n'ai d'autre témoignage que ce qu'autrui en dit, et, évidemment, surtout ma propre expérience. Il part de « l'expérience de la peur » (*fright*) avec ce qui en témoigne : le tressaillement, terme qui traduit l'anglais '*starting*' et qui me renvoie dans mes *starting-blocks*, à savoir à mon lexique lacanien. « L'air égaré, la voix blanche, semblent être seulement des moyens dont nous nous servons pour communiquer le véritable sentiment intérieur », ajoute Wittgenstein. Sur ce, ayant abordé le sujet de l'affect par la voie phénoménologique, il nous fait part de son embarras. Le 'nous' dans ma phrase est une sorte d'artefact dès lors qu'il est manifeste que Wittgenstein se parle à lui-même[25], comme quand 'je parle à ma rate'.

Les échantillons de ressenti que Wittgenstein propose dans ce texte sont réduits tout au plus au fait d'avoir une

[24] T.E.R. bilingue, 1982 [T.E.R.N].
[25] « I talk to myself » (p.15).

rage de dent (« *I have toothache* », p.15 & 49) ou de voir rouge[26], ce qui contraste évidemment avec la variété des données du vécu que Lacan recense et surtout avec les modes sous lesquels il les aborde. On en voit de toutes les couleurs[27].

À propos de rage de dents, Wittgenstein s'exprime en langue allemande pour dire [T.E.R. p.39]: „*Die Wahrheit der Satzes ‚ich habe Zahnschmerz' habe nur objektiv beurteilt werden*", ce qui veut dire qu'il lui suffit de penser la chose en allemand pour que tout le pathos de la chose soit effacé. L'empathie : connais pas. À un certain moment, il sort l'expression « *Ich fühle seine Schmerzen* » [je ressens ses douleurs] qu'il considère comme dépourvue de sens' [T.E.R.N. p.16]: « comme si, traduit Élisabeth Rigal, cet énoncé était au bout du compte un énoncé sur la nature des choses. » Peut-être voudrait-il pousser sous le tapis le fait que pour lui le 'cogito' s'énoncerait: « Je souffre donc je suis ! »

---

26 L'expression '*I see red*' (p.25) renvoie à une sensation colorée, mais Wittgenstein, puisqu'il parle aussi le français, ne peut ignorer que l'expression française 'voir rouge' traduit un affect : la colère. A-t-il sciemment recherché l'ambiguïté ?

27 Roderick M. Chisholm (« Sur quoi portent les remarques sur les couleurs de Wittgenstein », in *Wittgenstein analysé,* pp.281-295, 1993, Jacqueline Chambon édit.) disserte sur les couleurs et se prend aux pièges que Wittgenstein nous tend. Ce dernier sait parfaitement que le blanc transparent a pour nom 'diaphane' (ce que Lacan a repris en divers endroits vu les usages spécifiques qu'on a pu en faire ici ou là) et que le bleu clair est bien plus lumineux que le jaune orangé, mais aussi que tout l'art d'un Pissarro a consisté à les juxtaposer. Là où Chisholm dérape c'est lorsqu'il se contente de la traduction : « … les couleurs locales de notre image visuelle », alors que l'allemand : « … *den Farben von Stellen unseres Gesichtsbild* » vise plutôt à souligner le barbouillage de sa 'gueule' [*Gesicht*] à lui, Wittgenstein. L'art de l'autoportrait est l'un des plus difficiles.

À propos de la peur, il me souvient d'avoir vu Lacan écrire au tableau -en cyrillique- les mots CTRAX, БОЯ CE, tirés du russe, ce qui témoigne de son souci des variantes selon lesquelles quelque chose du vécu de la peur se trouve exprimé.

Par ailleurs, sur la voie du recensement du liage, du capitonnage[28] entre le mot et le sens (entre l'énonciation et l'énoncé), Lacan est allé en chercher des échantillons dans l'*Athalie* de Racine, où il finit par dire que l'intégrale des peurs c'est le *Non*-du-Père (L04, le 16.3.1968, p.271)[29].

Toutes choses qu'il serait vain de chercher chez Wittgenstein. En revanche voici un exemple du questionnement dont il est capable :

> « Tu dis que tu as une impression insaisissable. Je ne mets pas en doute ce que tu dis. Mais je demande si tu as dit là

---

28 (L03, le 6.6.1956, p.471) : « Et à la fin de la scène /…/ Abner s'en va, tout à fait solide, avec ce mot qui fait écho à ce Dieu fidèle 'en toutes ses menaces'. Il ne s'agit plus de zèle. À ce moment-là il va se joindre à la troupe fidèle. Bref, il est devenu lui-même, à partir de ce moment-là, le support, le sujet enfilé sur très précisément l'amorce ou l'hameçon [crochet de Lie ?] où va venir se crocher la Reine, /…/. Le point de capiton est le mot 'crainte' ».

29 L03, 6.6.1956, p.303, (Seuil): « Cette fameuse 'crainte de Dieu et ce qui en fait précisément le tour de passe-passe, c'est qu'elle transforme d'une minute à l'autre toutes les craintes en un parfait courage, toutes les craintes ('je n'ai point d'autre crainte') sont échangées contre ce quelque chose qui s'appelle la 'crainte de Dieu', et qui est exactement le contraire d'une crainte, si contraignant que ce soit. » Lacan reprend la question de la structure du sujet en L15 (ALI) 16.3.1968 p.271 : « Ce qui s'est structuré du sujet passe toujours par l'intermédiaire de ce mécanisme qui fait que son désir déjà est -en tant que tel- modelé par les conditions de la demande. /… / Voilà ce qui est inscrit, en tant qu'il est soumis à la loi du désir de l'Autre. C'est ce qui fait du /…/ désir du sujet, celui qui reste suspendu dans l'inconscient, la somme, l'intégrale dirions-nous, de ce grand D, le désir de l'Autre. » Ici Lacan déroge à sa façon coutumière de faire équivaloir 'D' à la demande et 'd' au désir.

> quelque chose. C'est-à-dire à quelle fin, dans quel jeu, tu as prononcé ces mots ».

Je traduis : « Si ça t'amuse de me faire chier avec ça, va te faire voir?' Pour Wittgenstein, le relationnel (le fait que je dise ceci ou cela à mon prochain) relève uniquement du jeu, du semblant dépourvu de quelque fond de vérité que ce soit, ce qui démontre que chez les Wittgenstein c'est le fond qui manque le plus. J'ai dit « chez 'les' Wittgenstein » vu qu'on sait que trois des frères de Ludwig se sont suicidés, faute qu'un programme de 'vie' leur ait été insufflé 'en vérité'. Car pour eux, tout comme pour Ludwig, il avait fort à parier que tout ce que le langage brasse: c'est du vent. Quand Mourad (chez Racine) s'adresse à Bajazet et dit « Sortez ! », c'est apparemment (pour Wittgenstein, comme pour l'étourdis) du : *als ob* (du 'comme si'), du théâtre en somme, le performatif : connaît pas. L'étonnant est que cette phrase que je viens de citer est écrite en allemand. Il convient de rappeler qu'elle est précédée par celle-ci :

> „Es lässt sich die bestimmte Erfahrung einiges sagen und außerdem schein es etwas, und zwar das Wesentliche, zu geben was sich nicht beschreiben lässt."

Ma bécane reconnaît l'allemand et met en forme cette phrase avec les guillemets adéquats, mais souligne, je ne sais pas pourquoi, le terme '*ausserdem'*. (En réalité le texte que je copie ne comporte pas le ss double 'ß' qui devrait y figurer). Bref, la traduction en est difficile à moins qu'on n'en vienne à serrer de près son modal. Lacan dirait : 'Quelque chose se laisse dire sur (*über*) l'expérience en jeu, et -a contrario- (*ausserdem),* il paraît (*scheint*) que quelque chose d'essentiel 'ne cesse pas de ne pas s'écrire' (*lässt sich nicht beschreiben*). L'essentiel est bien ici le Réel lacanien, et donc l'impossible.

À propos de phénoménologie, Hegel la définit comme *Wissen der Schein*, ce que je traduis par 'discours du semblant'. Et c'est encore Élisabeth Rigal, la fine mouche, qui à ce sujet nous propose quelque part un *als ob,* un 'comme si' bien retentissant. Bizarrement Wittgenstein voit clairement ce qu'il en est de la grande route du désir mais s'abstient de la suivre. Préfèrerait-il les 'chemins qui ne mènent nulle part'[30]?

7°. Rapports entre le langage et les processus mentaux dans le *Cahier Bleu*

Dans le volume intitulé *Wittgenstein analysé* (déjà cité), Curzio Chiesa nous propose ses « Remarques sur le Cahier Bleu ». Et, comme que son nom l'y prédestine, il se lance dans une étude herméneutique de cet ouvrage de Wittgenstein, où il mentionne (p.103) la proposition que fait ce dernier « de substituer à l'expression 'sens d'un mot' celle 'd'usage d'un mot' ». Il précise que « le sens d'un mot est expliqué par la description de son usage ». On retrouve cela chez Lacan lorsque dans son graphe de la p. 815 des *Écrits* il introduit l'expression 'réseau des emplois', à ceci près qu'il klaxonne à l'encan qu'il n'explique rien. Cette abstention de sa part se nourrit des errements dans lesquels un Wittgenstein se fourvoie et nous entraîne. Bref, Lacan destine les explications du sens au rasoir d'Occam[31], que Wittgenstein préfère ignorer, vu qu'il n'apporte aucun soulagement du côté de sa 'crampe mentale'. Curzio Chiesa nous propose,

---

30 Lacan, *Le Séminaire*, le 20.06.1966 : « C'est que la grand-route est un site, c'est quelque chose /…/ qui polarise en tant que signifiant les significations qui viennent s'agglomérer autour de la grand-route comme telle. /… / C'est le signifiant qui est polarisant, c'est le signifiant qui crée le champ des significations ». D'où le *Non*-du-Père comme intégrale des craintes qu'il inspire.

31 Agnès Lagache (p.58) mentionne ceci, tiré des *Carnets* (p.91) de *Wittgenstein* : « La devise d'Occam n'est naturellement pas une règle arbitraire, ni une règle légitimée par son succès pratique. Elle affirme que les éléments de signes non nécessaires n'ont pas de signification. »

sous la forme d'une Échelle double à la Jean Climaque, d'une part : une 'montée sémantique' (Carnap, p.101) suivie, d'autre part, d'une descente pragmatique (Quine), réservée à ce que traditionnellement on nomme 'les arts libéraux', afin d'obtenir un effet thérapeutique à l'endroit de la 'crampe mentale', telle que susceptible de surgir lors de la 'traversée des questions philosophiques' (portant sur des objets comme le sens, le nombre, la longueur etc.) ; traversée du fantasme qu'il est courant de tenter, mais qu'il s'avère tout à fait inutile d'entreprendre. Par ailleurs, un tour de main est nécessaire pour se construire de ses mains un abri comme ce fut le cas de Wittgenstein en Norvège. Il est vrai qu'un Turing avait déjà eu ce même besoin de travail manuel.

Certes là on pense à la quantité de lectures que Curzio Chiesa a dû se farcir pour se hisser au niveau d'où il nous cause. Il n'en n'est pas mort mais il tient à nous prévenir. Ainsi (à la p. 116) il indique que la façon qu'a Wittgenstein de considérer la pensée comme « une activité qui consiste à opérer avec des signes » comme ayant un but « prophylactique » souligne qu'elle est destinée à écarter les fausses images, les confusions et toute la mythologie qui caractérisent l'approche philosophique de la pensée. » Le « Sortez » n'a qu'à se bien tenir ! C'est bel et bon mais notre auteur ne semble pas avoir la moindre idée de ce que Wittgenstein était allé chercher dans le conte du 'Serpent vert' de Goethe. En revanche, William W. Bartley rapporte un cauchemar de Wittgenstein où le serpent, objet phobique, tient un rôle majeur. C'est ce que nous examinerons chemin faisant. Car, lorsque Wittgenstein se refuse d'assigner un lieu privilégié au siège de la pensée, il n'est pas loin de nous signifier : « Parle à mon cul, ma tête est malade.[32] »

---

[32] Il est vrai que Wittgenstein est bien embarrassé pour ce qu'il en est de loger son âme. Il fut un temps (l'Antiquité) où on la situait au

8°. William W. Bartley III, biographe[33] de Ludwig Wittgenstein

Notre enquête sur les rapports de Wittgenstein à ses semblables, au travers de l'*Urbild*, le modèle qui se dégage de son œuvre, doit nécessairement prendre en compte ce qu'il en fut de son positionnement dans le paysage de son temps, et donc il urge que nous consultions sa biographie. Que propose le fouille-merde de service, à savoir William W. Bartley [WW3], qui s'est enquis notamment des lieux où Wittgenstein a fonctionné en tant qu'instituteur, d'une part, et des sites où il effectuait ses virées nocturnes (tant au Prater de Vienne qu'aux quartiers louches de Londres), en quête de relations sexuelles tarifées, d'autre part ? WW3 nous informe également sur le mode (assurément dépourvu de toute velléité de bienfaisance) selon lequel Wittgenstein s'est débarrassé de son immense fortune, en la léguant pour une large part à des proches de sa famille. Ainsi, l'autre, le *Nebenmensch* (le prochain selon Freud) tel qu'il apparaît dans son souci, n'est rien de plus que le dépotoir où il fourgue son sperme, ses œuvres ou ses sous, relations qui le culpabilisaient énormément et qu'il cherchait à équilibrer par des fréquentations dites 'platoniques', et donc hautement idéalisées et sophistiquées.

Il nous appartient de projeter ceci sur l'*Urszene* wittgensteinienne, à savoir la solution qu'il propose au problème de communication avec son père. Et WW3 de nous fournir

---

niveau du cœur (lieu vide ou occupé par de l'air lors des autopsies) ; après (à la Renaissance), elle grimpe d'un cran pour occuper le crâne, alors qu'aujourd'hui (au post-moderne) elle est étalée au vu et au su de tous, sous la forme d'inscriptions taguées à même le tégument, transformé pour l'occasion en tableau noir, devant lequel on sèche comme d'hab., surface sur laquelle Wittgenstein s'exerçait déjà à écrire avec de l'encre sympathique.

33 William W. Bartley III, *Wittgenstein une vie,* [WW3c] Editions Complexe, 1978.

l'opinion de Wittgenstein lui-même (qu'il cite en WW3c p.27) :

> « Freud remarque à quel point le rêve paraît logique … Une *Urszene* …comporte souvent l'attrait de donner à la vie de quelqu'un une sorte de canevas tragique. »

On ne saurait être plus clairvoyant. Pas étonnant qu'on lui ait prêté des facultés divinatoires ; ainsi Agnès Lagache parle-t-elle de *La logique d'un Dieu* (Cerf édit., 1975). Sa culture philosophique l'a conduit à définir le lieu (p.59) comme « contraire à la substance, parce qu'il est croisement de faisceaux et passage de la synthèse disjonctive à l'opération /…/ » C'est du Grothendieck et du Lacan à la fois, puisque c'est la définition même que ce dernier donne du signifiant, dont Bartley suit la trace, alors qu'Agnès Lagache s'intéresse plutôt à l'objet. Sa phrase se poursuit en quelque sorte plus loin (p.124), quand elle écrit :

> « La théorie de l'opération dans le *Tractatus* commence juste après la détermination du Je ; cette opération joue un rôle déterminant, elle est la constitution du langage ; de la description du monde. »

C'est donc un langage-objet dont elle a du mal à concevoir la structure d'acte, quand il s'agit de forcer la résistance qu'éprouve Wittgenstein à affronter autrui, autrement que dans la clandestinité. À ceci il y a lieu de joindre l'opinion de WW3 (WW3c p.41) que Wittgenstein aurait vécu « dans une sorte de tourment perpétuel, parce qu'il ne pouvait pas échapper complètement au sexe ». Bartley rapporte deux rêves dont l'un, le rêve du tapis (WW3c p.28), est en quelque sorte paradi*s*gmatique de la façon dont une phobie couve sous une position fétichique vis-à-vis du phallus :

> « Il faisait nuit, j'étais à l'extérieur d'une maison dont les fenêtres resplendissaient de lumière. Je me dirigeais vers une fenêtre pour regarder vers l'extérieur. Là sur le plancher, je remarquai un tapis de prière d'une beauté exquise que j'eus immédiatement le désir d'examiner. /…/. »

Il est dommage que je ne puisse disposer du texte allemand de ce rêve mais il est clair qu'il y est question d'un fantasme, rapport à l'encadrement que lui offre la fenêtre. Il s'agit manifestement d'un *remake* renversé du mythe de la 'caverne de Platon' puisque la suite du rêve montre combien la vue sur l'intérieur du sanctuaire est oblitérée par des serpents, dont la multitude obère son accès visuel au tapis, lui bel et bien symbolique d'une toison d'or. Ici la multiplicité dénote par antiphrase l'absence du Graal, de ce phallus en majesté tel qu'il devrait trôner sur le tapis entrevu.

Le second rêve (WW3c p.31) est une réédition du premier et il y est question d'un 'tapis de prière' sur lequel sont déposés les instruments du culte. C'est un rêve de castration puisqu'on y fait le constat du vol du bâton phallique, où le sujet, en tant que témoin de la scène, a quelque difficulté à se souvenir de quel métal (au sens alchimique) il était fait. Il ne peut que constater les traces que ce vol a laissées sur le tapis. Bref, il a beau examiner le bec de la poule, les dents n'y sont pas.

WW3 analyse ce second rêve dans un contexte religieux puisque le rêve commence par ces mots : « J'étais prêtre ». On voit à quel point il est loin des positions freudiennes puisqu'il écrit (WW3c p.33) :

> « L'homosexualité de Wittgenstein pourrait expliquer l'absence du calice de l'autel onirique et la substitution à celui-ci du symbole plus archaïque et plus viril du bâton. Wittgenstein considérait cette idée comme une impasse spéculative. »

À croire que la castration serait contagieuse, puisque quand le phallus (le gros de l'armée qu'il commandait) déserte le champ de bataille, Kurt, le frère de Wittgenstein se suicide (WW3c p.35). En termes nodaux, on dira que lorsque le rond de l'imaginaire (la force conjuguée des combattants) fait défaut, le nœud votif se défait.

9°. Janik & Toulmin : Wittgenstein, Vienne et la modernité

Il est au moins deux façons de se tirer des pattes de cet Athanase (WW3 = « Colonne de la foi »), soit de se livrer aux griffes de Christiane Chauviré, T-miss furibonde, de consulter deux messieurs austères (Allan C. Janik & Stephen E. Toulmin [J&T]) sur les fins dernières qui guidaient les pas de Wittgenstein. Commençons par les *Leichenbegleiter* (nos croque-morts). Dans leur livre, et sous le titre 'Réexamen du *Tractatus*' ils nous livrent l'auto-psy de Wittgenstein tel quel (p.141) :

> « Nous savons maintenant que le besoin d'une critique philosophique du langage était reconnu à Vienne une quinzaine d'années avant qu'il [L. Wittgenstein] n'écrivit le *Tractatus* et que la *Sprachkritik* de Mauthner avait laissé subsister une difficulté précise, difficulté surmontable si l'on parvenait à concilier en une théorie cohérente la physique d'Hertz et de Boltzmann et l'éthique de Kierkegaard ou de Tolstoï. »

Les auteurs émettent donc l'hypothèse que : « C'était là le problème qui intéressait initialement Wittgenstein et qu'il se proposait de résoudre. »

Il y avait donc là un sérieux nœud éthique et Wittgenstein se propose de le mettre à plat grâce à son *Tractatus*. Évidemment, il y a lieu de préciser ce qu'il en est de la place de Mauthner dans l'amorce d'un tournant à la fois linguistique et philosophique qui s'annonce à l'orée du vingtième siècle, ce que font J&T comme suit.[34] Ils notent (p.99) que dans le domaine de la philosophie Mauthner considère que « la théorie de la connaissance est la critique du langage (*Sprachkritik*) » ; cette critique est « un travail au service de l'idée libératrice que l'homme ne pourra jamais aller au-delà

[34] Notons que le nom de Mauthner est absent du lexique de *La Science des rêves* de Sigmund Freud.

d'une description métaphorique (*bildliche Darstellung*) du monde ». J&T (p.100-3) poursuivent en disant que :

> « C'est l'exposé de Schopenhauer sur l'épistémologie dans *La quadruple raison du principe de raison suffisante* qui lui fit comprendre quel devait être le contenu de la philosophie /…/. Mauthner fut frappé par le raisonnement de Schopenhauer, et par son assimilation de la raison au langage (étayée par une citation du *De officiis* de Cicéron où *ratio* et *oratio* sont déclarés synonymes. »

Puis J&T (p.155) s'attaquent à ce qu'ils nomment 'l'aphorisme capital' [2,1] du *Tractatus* à savoir : « Nous nous faisons des tableaux des faits » (*Wir machen uns Bilder der Tatsachen*) [étant précisé que *Bild* renvoie chez Wittgenstein à l'idée de construction, au sens de l'adage anglais : « *We build* »]. Ils remarquent également que le mot 'tableau' « dissimule la continuité fondamentale entre l'emploi de *Bild* par Herz en physique et par Wittgenstein en philosophie. C'est un 'modèle' qui, aux dires de J&T (p.157), « ne peut rien faire d'autre que de nommer les objets et décrire leurs configuration », tout ceci afin de pouvoir conclure que (p.157) :

> « La théorie du langage de Wittgenstein fondée sur le modèle, nécessite une théorie correspondante de la vérité et suppose qu'il existe un isomorphisme (*Verbindung*) /…/ entre le langage et la réalité /…/. »

Sauf que cette *Verbindung* c'est de Saussure qui en précisera le mode de liage et que c'est Lacan qui suggèrera la modalité du 'point de capiton', à ceci près qu'il en est de plus ou moins ratés, ce qui détermine des variétés cliniques sous lesquelles s'affirme une subjectivité.

Janik & Toulmin notent que le *Tractatus* porte les stigmates de la société viennoise telle qu'elle était avant la catastrophe de 1918, et donc de la destruction de la 'cacanie', autrement dit de l'Empire austro-hongrois. Le climat sociétal n'étant plus le même par la suite, une mutation en est donc résultée parmi ses lecteurs. Ces auteurs nous proposent un parallèle entre Kierkegaard et Wittgenstein, ayant tous deux vécu de tels chambardements sociologiques. Ils écrivent donc [J&T p.207] ceci :

> « Si on écrivait une psychobiographie de Wittgenstein, on pourrait soutenir qu'il n'a jamais surmonté la crise provoquée par l'effondrement de l'armature /…/ des faux-semblants mondains qu'il avait connue dans sa jeunesse. /… / Dans un de ses carnets antérieurs au *Tractatus*, on trouve la curieuse remarque suivante : 'Qu'est-ce que l'histoire pour moi ? Le monde où je vis est le premier et le seul'.»

Ces propos confortent certains jugements que j'ai pu porter sur Wittgenstein, et notamment : que l'effondrement de l'ordre ancien aurait été vécu par lui comme une chute dans un puits sans fond. La topologie du 'bonnet croisé' répondrait-elle à une telle structure ?

10°. Christiane Chauviré en son grand miroir

Janik & Toulmin, insistent sur le fait que Wittgenstein, en son *Tractatus,* s'est surtout soucié de bien mettre à part la logique des propositions portant sur les valeurs, mais que par la suite il aurait été moins exigent. Voyons ce que d'autres en disent.

Diverses personnes du sexe dit féminin se sont intéressées au parcours de Ludwig Wittgenstein, notamment G.E.M. Anscombe, Claude Imbert ou Élisabeth Rigal, ainsi que nous l'avons pointée, bille en tête, pour évoquer tout spécialement son œuvre dans toute sa complexité, ce que les hommes aussi savent faire, bien entendu, d'où le pari qui est le mien de pointer le rôle de la sexuation dans leurs approches respectives. Évidemment, à ce niveau de réflexion, il va de soi que nos auteurs femmes[35] ont en commun un

[35] Le terme d'autrices existe de nos jours mais il sonne mal à mes oreilles. Du coup 'Procureur' prend des allures d'asexué.

parcours universitaire d'enseignants de haut niveau, et récemment Christiane Chauviré a vu son espoir d'entrer au Collège de France barré par une concurrente imprévue en la personne de Claudine Tiercelin, pratiquement ignorée jusqu'alors par ses collègues.

C'est cette méconnaissance qui en soi pose- après-coup- problème. Entrent en ligne de compte des rivalités à la fois idéologiques et à proprement parler universitaires, et Alain Badiou et Élisabeth Roudinesco, entre autres, ont pris le parti de Christiane, vraisemblablement parce qu'ils n'ont été reçus, ni l'un ni l'autre, audit Collège de France ; mais finalement c'est comme dans tous les métiers. Bref, Christiane Chauviré, née Barrès (ce qui pour moi n'est point indifférent), s'est intéressée à Charles Sanders Pearce d'une part, et, évidemment à Wittgenstein, d'autre part (tout comme Claudine Tiercelin, d'ailleurs). Elle a énormément écrit sur l'auteur du *Tractatus* mais ce qui nous retiendra c'est son livre paru en 1989 au Seuil sous le titre *Ludwig Wittgenstein* [C.C.w].

Son bouquin comporte toute une partie biographique mais c'est surtout dans les diverses notes reléguées en fin d'ouvrage que je trouve comme d'habitude mon bien, notamment quand elle soulève des thèmes sensibles tels que l'homosexualité[36] de Wittgenstein ou le rapport des juifs à l'argent. Mais la candidate au Collège de France qu'elle fut s'obligeait à une certaine retenue sur ce genre de thèmes, devant ménager la sensibilité de ses pairs.

On observe, à divers niveaux, qu'elle rapporte les dires et les excès verbaux[37] de Wittgenstein, et l'on sent qu'elle

[36] Cf. note 596 : C. Chauviré considère comme une 'profanation' le fait que William W. Bartley III en ait parlé (avec une faute d'orthographe dans le nom de cet auteur, désigné comme B*e*rtley).

[37] Mentionné en note évidemment : note 592 : « Qu'avons-nous à apporter à l'Amérique ? Notre culture à demi pourrie ? »

n'est pas d'accord. Elle ne va pas jusqu'à critiquer sa façon de négocier le sexe, qui est d'un machisme qui, de nos jours, n'émerge que sous les modes relationnels qu'ont, par exemple, en France les syndicalistes de tout bord : généralement 'on commence par casser et l'on discute après', modalités qu'honorent les menées du dernier gouvernement grec, puisqu'il commence par adresser un bras d'honneur à ses créanciers (le fameux référendum du 5 juillet 2015) pour exiger ensuite qu'ils lui viennent en aide. Selon Paul Engelmann, l'ami de longue date de Wittgenstein, ce dernier « avait en horreur toutes les conventions injustifiées ([C.C.w] note 509, p.272) ». Solipsisme ?

À l'encontre de notre thèse de l'insensibilité de Wittgenstein à l'égard des souffrances d'autrui, à sa quasi anesthésie et absence d'empathie, C. Chauviré mentionne (p.251, note 71) le fait qu'averti de l'hospitalisation de Victor Trakl (poète encensé par Heidegger à l'égal de Hölderlin) Wittgenstein se serait précipité à Varsovie où il est arrivé trois jours après le décès de Trakl. Est-ce uniquement pour le 'qu'en dira-t-on' : ou doit-on mettre réellement ceci au compte de ses valeurs ?

Elle s'attarde sur le penchant musicien de Wittgenstein, qui lui vient de sa famille, mais il semble y avoir découvert une promesse de liberté à laquelle, en tant que femme, C.C. se montre sensible. Sur le plan intellectuel, Wittgenstein s'interroge sur ce que signifie « suive une règle », et son questionnement se poursuit sur un versant éminemment pragmatique lorsqu'il s'agit d'aborder les « comment suivre un tempo ». S'agissant de son propre tempo, qu'on imagine accéléré sur le plan intellectuel, C. Chauviré souligne, en quatrième de couverture de son livre, la recommandation de l'auteur du *Tractatus* qui souhaite 'être lu lentement'. C'est ainsi ([C.C.. w] p. 265, note 364) qu'il vient à proposer ceci :

> « Certes je pourrais entendre interpréter un air et m'écrier : 'Ce n'est pas ainsi qu'il faut le rendre. Voilà le ton ! Et je sifflerai l'air sur un autre tempo. Mais pourrait-on demander, qu'est-ce donc que la connaissance du tempo sur lequel se joue un morceau de musique ? Et nous avons l'impression qu'en un certain lieu de notre esprit doit se trouver un paradigme /…/. »

Car si Wittgenstein est constamment dans la discordance avec son prochain, c'est parce que son paradigme personnel, son tempo en tant qu'*Urphänomen*, reprend systématiquement ses droits tel un régulateur stochastique. Ce tempo c'est sa drogue, sauf qu'affirmer apparemment sa liberté de modifier les rythmes des musiques qu'il pratique, c'est souligner sa façon de refuser de suivre une règle au profit d'une règle intime. Or, le féminin a horreur des règles, et du parfum de damnation qu'elles véhiculent. Rien de tel qu'un bon phallus pour battre la mesure. La fuite dans l'impro est inhérente à ce que Chauviré rapporte de l'allégeance de Wittgenstein au 'tempo' (p. 180 &182) :

> « Il est clair que le rejet de l'idée de comparaison avec un paradigme n'est qu'une autre face de l'autonomie de la phrase musicale : celle-ci n'exprimant ou n'indiquant rien d'autre qu'elle-même. /… / L'illusion combattue par Wittgenstein veut en effet que l'interprète soit guidé dans son jeu par un idéal, un modèle au sens platonicien /…/. L'artiste /…/, saurait a priori quels sont le tempo et l'expression juste /…/. »

Le hors-mesure est à la mesure de Médée, cette Médée qui, dit-on, sommeille en toute femme. En pratique, le rythmé peut varier selon qu'il s'agit de l'exécution d'un horo ou d'un morceau de jazz-band, qui ne supposent qu'un nombre restreint d'instrumentistes, mais il en est autrement quand il s'agit d'un grand orchestre, de sorte que Wittgenstein n'était vraiment à l'aise que dans les petits groupes. La mondialisation, avec le changement d'échelle dans tous les domaines qu'elle impose, a en effet de quoi effrayer bien des âmes en peine. Mieux encore, certains auteurs ont souligné son rapport au silence, silence que Wittgenstein ira périodiquement chercher dans l'isolement à la fois géographique et humain, au point que nous sommes en position de nous demander s'il aurait pu survivre dans le monde tel qu'il a évolué depuis 1951, la date de son décès. Il est clair que nous marinons dans un bain de rayonnements, rendu à présent manifeste par les nombreux appareils qui en usent, et le smartphone en est l'illustration quasi universelle ; dès lors certains tentent de s'en protéger. Or, il fut un temps où l'on allait chercher du calme dans les profondeurs marines, alors que l'on sait aujourd'hui qu'il règne dans les abysses un fracas effrayant.

11°. Saul Kripke et le discours privé de Wittgenstein

Comme je l'avais annoncé, j'en viens à Kripke, et j'entre directement au second chapitre de son livre, chapitre intitulé 'Le paradoxe de Wittgenstein', que Kripke désigne comme le 'problème central de ses *Recherches philosophiques*. Lire ces dernières (en anglais) ce serait à vrai dire s'éviter une perte de temps due au fait de parcourir le pavé de Kripke (en allemand, traduit de l'original anglais). D'abord, s'il met le terme *Bezug* (rapport, relation) à toutes les sauces, c'est probablement pour compenser le constat que dans ce qu'il écrit on ne trouve nul support, aucune référence utilisable. Depuis la fin de la p. 17 et au début de la suivante, et donc sur dix-neuf lignes, il dit et il répète que 68+57 font 125. À partir de là il fait entrer dans son récit un contradicteur disant que cela fait : 5. L'interrogation porte sur la définition du 'plus' + : en tant que signe de l'addition et du même signe (ou *)[38], comme fonction d'un tout autre ordre.

Il est vrai que Jacques Lacan a l'air d'être à l'unisson avec ledit contradicteur sceptique, quand il évoque les ex-

[38] À ce sujet un *remake* est à trouver aux notes 17 & 18, en bas de la p. 37.

pressions 'Plus-Un' ou 'Un-en-Plus', où le terme 'plus' n'est plus à entendre comme foncteur de l'addition. Chez Kripke cette thématique traînera sur plus de la moitié du volume.

Il se donne des airs de vouloir décrotter les esprits et sur cette pente personne ne lui résiste. À deux pages d'intervalle, il fourre leur nez dans le caca (c'est dire qu'ils se plantent : *drück sich*) respectivement à Ludwig Wittgenstein et à Nelson Goodman (p.30 & 32). En note (note n° 15 p.51) il entreprend de définir la différence entre une 'Identité absolue' et une 'Identité relative' telle que certains disciples de Wittgenstein l'auraient proposée. Et puisque la 'fonction-plus' serait identique à elle-même, la 'fonction-quus'[39] (la quaddition, p.21) le serait de même. Dans le texte inhérent à cette note, Kripke interroge la définition des mots et le rapport probable entre une table et la tour Eiffel, puisque toutes deux ont quatre pattes. Je serais curieux de savoir, dès lors que les Japonais désignent les quadrupèdes par un idéogramme particulier, s'ils vont jusqu'à appliquer aux quadrumanes un signe analogue.

Suivre une règle est un thème wittgensteinien et Saul Kripke note certains obstacles proposés par ses sempiternels contradicteurs, à quoi Dummet (l'exécuteur testamentaire de Frege) est censé répondre (p.47):

> « Une machine incarnée (*verkörpert*) est susceptible de suivre une règle mais, alors qu'un humain est susceptible de s'y dérober, ce n'est pas le cas pour la machine ».

Belle tautologie, à laquelle Kripke en ajoute une autre, puisque : lorsqu'il a instruit une machine, elle est censée obéir sans défaillance. La métaphore machinique est notre héritage de Descartes et elle fonctionne à fond chez Turing aussi bien que chez Wittgenstein ; mais 'la' question

[39] Le latin s'immisce volontiers dans le texte de Kripke : ainsi le terme « *'ceteris-partibus-Begriffe'* à la p. 41.

d'actualité est la suivante : tant que les machines en viendront à former des groupements à l'instar des colonies de fourmis ou des cellules lymphocytaires, tout ira encore bien ; mais le problème reprendra toute son acuité quand certaines machines auront conquis leur autonomie pleine et entière. Une guerre des mondes deviendra inévitable, alors que les individus de la veine des Wittgenstein et Cie n'y seront pas vraiment préparés.

Bref, le livre de Kripke sue l'ennui et je suis bien aise d'y trouver encore du charme. Il n'en finit pas d'en rajouter sur la propension de Wittgenstein à se mouvoir selon l'adage : 'pourquoi faire simple quand on peut faire compliqué' ? De *Hinblick* à *hinblick* (de Point de vue à point-de vue), Kripke finit par loucher vers l'*ungerade*' (l'oblique) de Frege, au prorata des hésitations de ses traducteurs allemands.

Le paradoxe de Wittgenstein tient en ceci, à savoir que quelque chose n'est clair dans la tête qu'à la condition expresse d'avoir été bien digéré dans l'estomac. Un retour aux sources (*Philosophical Investigations*, p.104e) s'impose ici :

> "317. Misleading parallel: the expression of pain is a cry; the expression of thought, a proposition. As if the purpose of the proposition were to convey to one person how it is with another: only, so to speak, in his thinking part and not in his stomach."

Traduction :

> "Parallèle diriment: l'expression de la douleur c'est le cri ; l'expression de la pensée : une proposition. Comme si le but de la proposition serait de traduire à quelqu'un ce qu'il en est chez quelqu'un d'autre : seulement, pour ainsi dire, dans sa comprenette et non pas dans son estomac. »

Mais si, mais si ! Puisque dans la suite de ceci, qui est parfaitement explicite, Wittgenstein pose la question : « Que se passe-t-il quand quelqu'un pige soudainement ? /... / Quels sont les indices de cette compréhension soudaine ; quels en sont les accompagnements psychologiques caractéristiques ?» Il songe aux modifications de sa respiration comme obvies de l'expression d'une émotion. Ne sont-elles pas contagieuses ? Or, ceci laisse Wittgenstein perplexe.

Sa *com-passion* irait-elle jusque-là ? Car pour suivre la règle de l'empathie encore faut-il la comprendre. Or, l'énoncé en serait pour lui définitivement *misleading*, ambigu. N'est-il pas vrai que le 'calcul' ne cesse de lorgner vers le 'comput' et le vert vers le vleu (*grün→glau→glauben*) ? Wittgenstein se méfie des glissements de sens et de l'aveuglement qu'il conditionne. Je le vois parmi les agents de la circulation en train d'essayer de contester un PV qui lui aurait été dressé à tort. Là on nagerait en plein dans la paranoïa.

Il convient d'aborder le troisième chapitre de l'ouvrage de Kripke, intitulé « La solution » (*die Lösung*), et donc à partir de la p. 74, de manière à y voir un peu plus clair sur le pourquoi et le comment de tout ce tintouin autour de ce que j'appelle la nuance, alors que le mot allemand *Schattierung* n'apparaît pas dans le vocabulaire de nos auteurs. Toute une bataille s'organise ainsi autour du sens du mot 'sépia' (p.74). Pourquoi tout ce pia-pia ? Craignent-ils de châtier qui que ce soit ? Toujours est-il que la solution du problème posé par la traduction (puisqu'en fin de compte c'est de cela qu'il s'agit en premier) est envisagée sous deux angles différents, celui behaviouriste de Quine et l'autre, intimiste, de Wittgenstein. En gros c'est (si j'ai bien compris) : Claudine Tiercelin versus Christiane Chauviré. Mais Kripke nous révèle les enjeux de cette quête quand il écrit (p.80) :

> « Les lecteurs, y compris mon moi en sa candeur, penchent vers un questionnement du genre : Comment puis-je à moindre frais connaître mes propres sentiments ? /… / Je serais en bien fâcheuse posture si je devais quérir une aide extérieure pour connaître mes propres sentiments ».

Pour le moins, ainsi que cela est précisé dans la note n° 47 à cette même page, il s'agit de lever un doute. Indirectement, Kripke n'est-il pas en train de filer à Wittgenstein quelque recette, quelque solution, du genre : la méditation, la prière ou carrément la psychanalyse ? On ne prête qu'aux riches. Il est en effet essentiel de bien dire ses sentiments, surtout qu'ils n'ont aucune existence avant d'être formulés. Foi d'un amoureux transi.

Et si Kripke était en train de souffler à Wittgenstein l'idée de changer la règle de vie en renversant (*Umkehrung*) la règle en quelque sorte ? Sous sa tentative de formaliser une telle inversion, Kripke nous propose en note (p.118 note 76) quelques exemples concrets. Dans sa théorie des sentiments, William James dit qu'on ne pleure pas parce qu'on est triste mais qu'on est triste parce qu'on pleure[40].

En suivant Hume on dira, par exemple, que le feu est la cause (*Ursache*) de la chaleur, mais qu'inversement la chaleur engendre le feu, parce qu'ils existent dans la synchronie (*ständig zusammen vorkommen*). (Lacan dirait qu'ils forment une 'paire ordonnée').

Ce côté chou-vert et vert-chou des préceptes autorise le renversement de la loi : 'tu aimeras ton prochain comme toi-même' (version kantienne) en un 'tu haïras ton prochain comme toi-même' (version sadienne). Est-ce cette dernière direction vers laquelle Kripke entend pousser Wittgenstein, pour qu'il sorte enfin du ni-ni où il se morfond ?

12°. Wittgenstein et la stricte observance de la règle

Dans *Discussions of Wittgenstein* (déjà cité), Rush Rhees [RR], professeur de philosophie de l'université d'Édimbourg et élève de Wittgenstein (mais surtout de Calvin à ce qu'il me semble), au cinquième chapitre de son

[40] J'ai soutenu le fait que les larmes témoignent du désir chez une femme, à condition de se tenir au plus près de l'origine, c'est-à-dire de *desiderium,* qui connote toujours une déception.

livre (« *Can be a private language*? »), reprend la question : 'Existe-t-il un langage privé?' dont nous venons de voir l'abord qu'en donnait Saul Kripke. Rhees commence par rappeler (p.55) que lorsque nous parlons d'une chose « notre langage ne la pointe ni ne la reflète ». Il poursuit en disant :

> « Nos mots font référence aux choses par la voie dont elles entrent dans le discours, par leurs relations avec ce les gens disent ou font, et par la voie par laquelle ils affectent ce qui est dit ou fait. /… / Les expressions dont nous usons font la différence. Et la notion de règle va avec.»

C'est exactement la démarche qu'ont suivi Damourette et Pichon dans la rédaction de leur *Dictionnaire de la langue française*, que Lacan recommande à tout vent. Mais ils ne vont pas jusqu'à vous interdire de bafouiller, ni jusqu'à vous prescrire d'employer les mots justes, ainsi que l'entend RR, aux fins de vous faire comprendre par autrui. Et Rhees d'insister sur le fait que parler suppose des règles qui sont ce qui permet d'apprendre un langage. En clair : langage privé s'abstenir ! Et que le 'ni-ni' soit proclamé hérétique ! Non mais !

Et dire que Wittgenstein s'est plu en Ecosse, dont on dit qu'au 17e siècle les tenants du calvinisme[41] y avaient instauré un régime digne des ayatollahs actuels, ce qui me fait douter que, depuis, ils aient eu le temps d'assimiler le message du 'Siècle des Lumières' français ! Allons-nous jusqu'à dire que Rush Rhees a une conception 'totalitaire' du langage ? Et pourtant on y pense quand il écrit (p.59) :

> « Une règle c'est ce qu'on retient (*that is kept*). Le sens (*meaning*) d'un mot c'est ce qu'on retient. C'est pour cette raison que je puis dire 'c'est là la même couleur que celle que j'ai vue tout à l'heure'. Je vois la même couleur car je la reconnais rouge (*I know red*) quand je la vois. »

---

41 Il en subsiste certainement un reliquat dans les rites en usage dans l'écossisme maçonnique en France.

Même chose avec les sensations. Cela voudrait dire que le langage vous fabrique un monde et qu'après il n'y en a pas d'autre. 'Un Ecossais doit mourir pour elle, pour elle un Ecossais doit mourir'. Je galèje évidemment, mais c'est quand même frappant. Naturellement, écrit R.R. (p.59) :

> « Reconnaître une sensation est autre chose que reconnaître une couleur. Ça dépend selon que je suis en train de parler de moi-même ou d'un autre. »

Quand même ! L'autre c'est ce qui introduit quelque diversité. R.R. redescend parfois de son nuage pour admettre qu'il existe des autres. Il dit, par exemple (p.61) :

> « Dans le langage ordinaire je puis décider d'user d'une expression d'une manière particulière, et je sais comment m'y prendre (*kept this*). Je fais ça en conformité (*connexion*) avec les règles et les usages établis. /… / C'est aussi pourquoi je puis décider d'user d'expressions issues d'un langage secret, ou de signes d'un code, d'une manière particulière. Car j'opère avec des expressions susceptibles d'être comprises ; et je sais comment la chose pourrait être dite dans le langage courant. »

Il est d'un optimisme délirant, lorsqu'il pense qu'à partir du moment où ses mots se réfèrent à quelque chose ils devraient être compris. Il se peut qu'il ait raison dans la mesure où la langue anglaise ne souffrirait d'aucune ambiguïté. Wittgenstein était-il au diapason avec R.R. pour ce qu'il en serait de la langue allemande ? Freud aurait-il écrit un livre sur le mot d'esprit : pour rien ? Il reste à savoir jusqu'à quel point Wittgenstein partageait cette forme de rigidité de pensée, vu que Lacan le soupçonnait d'émarger du côté de la psychose. Je vais en rester là, sous peine de me brouiller définitivement avec la fierté d'Ecosse.

13°. Gilbert Hottois et la philosophie du langage

Le travail[42] de ce philosophe belge nous sera l'occasion de reprendre certains points de ce que nous avons mouliné précédemment. Hottois pense juste et il a bénéficié du patronage de professeurs éminents. Il reprend l'étude du *Tractatus* par le menu pour souligner que (p.11) :

> « Les limites du langage du *Tractatus* deviennent les limites de jeux de langage particuliers ; 'ce qui ne peut être dit' devient les règles ou 'paradigme', de 'jeux de langage' spécifiques ».

Jeux pour lesquels il reprend la définition de Stegmüller (p.139):

> « Un jeu de langage consiste normalement en une séquence d'énoncés linguistiques, associée à un situation extérieure déterminée et aussi, généralement, à d'autres actions. »

Au travers de ces jeux (p.135) :

> « Le langage apparait comme une entité protéiforme, insaisissable en tant que telle. Et si le philosophe 'habile' auquel en appelle Wittgenstein est capable de représenter ou d'imaginer des jeux de langage, il faut renoncer aussi à définir cette notion ».

C'est toujours comme cela avec les philosophes. On commence par définir quelque chose (Stegmüller) et l'on finit par dire que c'est impossible (Hottois). Passant à la seconde période de Wittgenstein, et donc aux *Investigations philosophiques,* Hottois en souligne l'héraclitisme :

> « L'héraclitisme de Wittgenstein –les jeux de la diversité - le philosophe s'en accommode d'autant moins que la philosophie apparaît bien être le seul 'jeu' -ou la seule pratique- qui n'y trouve pas de place ».

---

[42] Gilbert Hottois, *La philosophie du langage de Ludwig Wittgenstein,* Vrin édit., 1976.

La chose s'amplifie dès lors qu'on se situe sur le terrain des beaux-arts et Hottois de noter perfidement (p.160) que « Wittgenstein ne fait rien d'autre en philosophie qu'amener les gens à voir ce qui est, ce qui est devant leurs yeux [43]».

Notre Viennois se pose en prophète dont le goût inspiré ne saurait faillir. Ici Hottois s'abrite prudemment sous l'égide de Jacques Bouveresse qui place la barre très haut lorsqu'il clôt la discussion en disant : « la philosophie de Wittgenstein vous dit quelque chose ou ne vous dit rien ». Entre ayatollahs on se comprend. C'est consternant.

Quant à Paul Ricoeur, il aurait plaidé pour l'anhistorisme de la philosophie de Wittgenstein (p.203) compte tenu du fait que ce dernier n'a cure de se situer parmi ses contemporains comme Husserl ou Heidegger, par exemple.

Au terme de son livre (p. 199-200), Hottois rapporte certains jugements sur l'ouvre de Wittgenstein du style : « Je ne connais pas de manière plus effrayante de dévoiler la racine même de la situation contemporaine de l'homme », à quoi Hottois surenchérit en disant : « /.../ l'œuvre de dissolution de la philosophie par Wittgenstein est sans limite /.../. » Sur cette pente Alain Badiou est allé jusqu'à proclamer l'antiphilosophie de Wittgenstein.

Dans sa conclusion, Hottois reste toujours aussi prudent (p.204) :

> « /.../ l'espace commun à Wittgenstein, à la philosophie analytique, à la phénoménologie, à la grammatologie (etc.) serait celui de divers arts de la manipulation non plus conceptuelle mais microsémantique, /.../ dont une orientation

---

[43] Ici Hottois s'abrite derrière l'opinion de Berrett (dans : *Les Leçons de Wittgenstein sur l'esthétique*), sachant que dans ce domaine le vent tourne très vite de nos jours, dans une certaine direction, qui est loin de recueillir l'assentiment de tous les professionnels, ainsi que j'en ai eu le témoignage ce matin même de la bouche d'un artiste dûment répertorié et coté.

majeure consisterait en la neutralisation dialectique et jamais achevée de tout dédoublement (métaphysique-linguistique) du discours, en sémantique, en sémiologie. »

De la microsémantique à la nanotextique, il n'y a qu'un pas, que nos coaches du futur ne manqueront pas de franchir.

14°. Jacques Bouveresse : *Le philosophe et le réel*

Dans *Le philosophe et le réel* (Hachette édit., 1998), Jacques Bouveresse est en dialogue avec Jean-Jacques Rosat (autre philosophe contemporain), et pour être passé récemment par ce genre d'épreuve (filmée, SVP) je dirais que c'est nul. Toutefois, à l'inverse de l'écrit où l'auteur est susceptible de dissimuler sa pensée, à l'oral ce sont ses *Urworte*, ses signifiants primordiaux qui mènent la danse. Dès sa première réponse, Bouveresse cite l'Évangile et donc cela commence mal. Puis vient Paul Valéry et là cela s'aggrave puisqu'on nage dans le populisme pseudo-inspiré. Bouveresse, le fils de paysan, n'aime pas les intellos et pour donner le change il se réclame de la gouaille d'un Carl Kraus ou de la prose blasphématoire d'un Musil, sauf que ce dernier crève le plafond de l'audimat puisqu'on lui attribue aujourd'hui un nombre de pages gigantesque sur la Toile, alors que Bouveresse, avec sa quinzaine de livres et ses cent cinquante articles (p.5), fait nettement figure de parent pauvre. Mais il a quand même bénéficié des recettes de ses prédécesseurs en matière de coups d'État, à savoir comment on devient ayatollah à l'université. C'est simple : il suffit d'avoir, en 1968, bouffé du mandarin. Un pote à moi, quand on lui demande comment il a réussi à se hausser au poste de Professeur Émérite, se contente de répondre : « J'en ai chié ». Et c'est vrai, j'en suis témoin puisque j'ai lu toutes les publications qu'il a commises à ses débuts. Quand on est fils de paysan, on sait travailler, mais aujourd'hui mieux vaut s'abstenir de le dire. Le travailleur, s'est simple, c'est carré, mais c'est mal vu. Et puis le fait est que les 'prolétaires' sont passés dans la poubelle de l'histoire. Mieux vaut comme Bernadette Bensaude-Vincent faire l'*Éloge du mixte*. Là on a quelques chances d'être à l'unisson de Wittgenstein, qui, après-coup, fait figure de précurseur. Mais lui au moins ne rêvait pas de faire partie d'une 'minorité élue' (p.27), puisqu'il était né avec une cuillère en argent entre les dents. N'est-ce pas lui aussi qui a démontré que la logique est soluble dans le langage ? (et Lacan d'en prendre de la graine), et que le bla-bla logorrhéique c'est du n'importe quoi, à moins de suivre les préceptes des sages. Ce genre de culot ne s'acquiert pas, on l'a dans le sang.

Bref, il est difficile aujourd'hui de percer sans se renier peu ou prou. Néanmoins Jacques Bouveresse nous livre quelques confidences. Dans le domaine des sciences, et malgré son admiration pour Gödel, il avoue son incompétence. Il se déclare autodidacte en sciences (p.183) vu qu'il n'a été agrégé qu'en lettres. « Je ne me considère pas comme un épistémologue », déclare-t-il un peu plus loin (p.185). Il n'hésite pas à pratiquer l'*Umkehrung* à l'occasion, comme lorsqu'il dit (p.134) qu'à l'inverse du lieu commun qui consiste à dire : « c'est la métaphysique qui a fait l'Occident », il propose que « c'est l'Occident qui a fait la métaphysique » (là c'est le coup de pied de l'âne à l'égard de son collègue Libera). S'agissant de la variété de propositions émanant des philosophes et qui manifestement se contredisent, il ne veut pas abonder dans le sens d'un Martial Guéroult (p.139), qui pense que chaque conception a sa part de vérité. En ce sens, il refuse que sous une apparente disparité des positions philosophiques, ces dernières puissent s'inscrire dans une structure commune. Manifestement le déficit de son implication mathématique ne l'autorise pas à l'admettre. Et puisqu'il a le souci de savoir si ce qui est dit est vrai ou faux (p.138), que pense-t-il vraiment des paroles de Wittgenstein relatives à ce qu'il nomme 'le bolchevisme en mathématique' (p.146), ou plus généralement des rapports entre politique et sciences ? Car il semble bien se méfier des développements qu'ont eus, aux États-Unis, les doctrines cognitivistes, puisqu'il se range délibérément du côté du point de vue de Putnam (p.157) pour dire:

> « Si l'on pense que, grâce aux sciences cognitives, nous allons réussir à résoudre des problèmes comme celui de Brentano ou celui de l'émergence de l'esprit, je suis, comme Putnam, très sceptique. »

Il n'a pas eu le loisir évidemment de songer que (aux dernières nouvelles sur *Arte*) l'assassinat de John Kennedy aurait quelque rapport avec le problème posé par la prolifération des armes atomiques au Moyen- Orient, à laquelle ledit président américain, tout comme Charles de Gaulle, s'était farouchement opposé. L'un a été occis et l'autre, on s'est contenté de le remercier. Bouveresse est comme nos philosophes héritiers de Newton, tous unis derrière son slogan : *hypothesis non fingo,* autrement dit : il n'est pas dans les attributions de 'l'homme sans qualité' de s'en soucier. Et puisque l'homme sans qualité (sans identité, ni foi, ni loi ?) serait apolitiquement un 'homme du possible' (p.208), rien ne s'oppose désormais à sa robotisation. Bref, Jacques Bouveresse rêve (p.208) de « nouvelles manières d'être homme », sauf que son propos est à double sens. Quel devra être, par conséquent, son propre taux de 'féminin assumé' dans cette perspective ? Question à laquelle il répond sans s'en douter lorsqu'il dit (p.209) :

> « L'imprévu survient presque constamment, et il est, Dieu merci, parfois réjouissant, en dépit de toutes les réserves que je peux avoir, de façon générale, à l'égard du monde contemporain et de l'époque où nous vivons ».

J'avoue, suite à cela, avoir quelque mal à l'envisager comme précepteur de mes petits-fils. Vous voyez qu'à l'instar de Wittgenstein, je suis, moi aussi, pétri d'incertitudes.

15°. Badiou et l'antiphilosophie de Wittgenstein

En 2009 Alain Badiou publie un livre intitulé *L'Antiphilosophie de Wittgenstein* [AϕW]. À partir de la proposition T.21 du *Tractatus* : « Nous nous formons des tableaux (*Bild*) des faits », Badiou s'intéresse à ce qui ne fait pas partie du tableau, ce qu'il nomme 'le reste' ([AϕW] p.34). Il dit notamment que « l'antiphilosophie destitue la philosophie : en lui montrant que sa prétention théorique a manqué /.../ le réel ». À savoir que les poules ne manquent pas de dents. Notamment la charité en tant que soustraite à l'ordre des raisons depuis Pascal. Mais aussi le féminin. Dont le fantôme ne cesse de hanter toute une kyrielle d'auteurs, dont Wittgenstein, bien entendu. D'où ceci ([AϕW] p.35):

> « Ce qui n'est pas sans expliquer la très frappante misogynie de tous les antiphilosophes : la femme inconsciente ne leur sert qu'à placer des banderilles sur le cou épais du philosophe. /... / A supposer que le reste réel des théories philosophiques soit à chercher /.../ du côté du féminin, le sort fait à ce reste est certes plus enviable quand on s'appelle Platon, Descartes ou Hegel. /... / Plus la misogynie est flagrante, plus on est aux parages de l'antiphilosophie. »

Sauf qu'on peut parfaitement pratiquer les femmes et n'en être pas moins misogyne pour autant. Il suffit de mettre au placard la question : Comment peut-on aimer un être imparfait (dépourvu de '*dents*'). D'où exit le critère de la misogynie. Mieux vaut tenter d'approcher la façon dont l'idée de la femme est susceptible de s'atomiser, au point qu'un Lacan finira par dire (que dans l'universel) ~~La~~ femme n'existe pas. 'Il y a' des femmes et pour s'assurer de leur existence il vaut mieux les prendre 'une à une'.

Voici la manière dont Badiou traite cet 'Il y a' (à comparer avec ce qu'en disent Emmanuel Levinas, Lacan et quelques autres), et il est stupéfiant à quel point Badiou a pu s'inspirer du *Tractatus* pour y puiser les éléments afin de construire sa propre théorie. Parlant de l'atomisme[44] de Lucrèce ([AϕW] p.38), Badiou dit que :

> « Chez ce dernier, outre la différence qualitative essentielle, qui structure le 'il y a' (différence entre le vide et les atomes), existent, parmi les atomes eux-mêmes, des différences de 'type', liées à la forme. La substance de Wittgenstein, forme éternelle de l'être, n'est qu'une juxtaposition contingente d'objets identiquement impensables. »

Allusion évidemment aux indiscernables de Leibniz dont il parle par ailleurs, et aux exceptions, telles les poules divines (phallicisées).

Il poursuit par ceci :

> « Le point-clef est que les objets /…/ sont représentés par le tableau /…/ représentés veut dire : à un objet /... / correspond un nom. /... / Énoncé 3.22 /…/ : «Le nom est le représentant de l'objet dans la proposition. »

À la page suivante nous lisons ceci :

> « Une proposition ne peut dire que comment est disposée une chose, non ce qu'elle est (T. 3.221). /... / Cette opposition entre nomination (représentation sans pensée des objets par un signe) et description (tableau signifiant des liaisons d'objets d'une proposition) est intégralement disjonctive ; ce qui peut se nommer /…/ ne peut se décrire, et ce qui peut se décrire /…/ ne peut se nommer. /... / Ce qu'il est possible de faire voir, il n'est pas possible de le dire (T.4.1212) ».

Sauf quand on est initié, comme les apôtres le jour de la Pentecôte, au 'parler en langues'. Bref, Badiou extrait du *Tractatus* une série de propositions dont Lacan s'est probablement servi pour construire son propre carré des modalités selon Aristote.

---

44 Atomisme imputable à Wittgenstein, évidemment.

Conclusions

Vue sous l'angle de l'altérité, celle à laquelle accède ou non Ludwig Wittgenstein, notre démarche est loin d'avoir percé toutes les énigmes dont est émaillée l'existence de ce philosophe viennois, mais il nous a été donné de découvrir, grâce à ses interlocuteurs, quelques-unes parmi les clés d'accès à sa subjectivité, elle bien verrouillée, pour le moins.

Une anecdote serait de nature à éclairer ce propos. Je suis dans un magasin face à une personne d'une trentaine d'années, fort avenante, dont j'avais remarqué la démarche altière. Elle était censée m'expliquer le maniement d'un appareil dont je venais de faire l'acquisition. Dans cette proximité obligée, et donc suite à l'intrusion que constitue ma présence en chair et en os face à elle, je remarque qu'elle a un tic et que d'une main elle se caresse périodiquement le bord de l'ongle du pouce de l'autre main. La manip terminée, je lui en fais la remarque ; sur ce, elle s'empresse de me demander ce que cela veut dire, à quoi je lui réponds que la clé de la réponse est dans ce qu'elle est susceptible d'en dire, et notamment dans son patois alsacien qu'elle me dit ne pratiquer que peu. Je lui souffle : '*ein Bißchen*' ; à quoi elle me rétorque que l'accent n'y est pas. Je me suis demandé jusqu'à quel point la clé de l'entrée de sa subjectivité ne serait pas celle d'une réplique de son geste, d'une forme d'intrusion quasi physique dans son image corporelle. Il existe toute une variété de points du corps susceptibles d'être utilisés comme des sésames ouvre-toi de la subjectivité, et il existe dans ce style d'approches à visée séductrice, et donc perverse, tout un savoir à explorer, du genre : « Tu ne m'auras qu'à la condition expresse de me violer ». Il est ainsi des gestes de valeur apotropaïque, comme lorsque certains vous tendent la main, puis la reposent sur leur poitrine ou leurs fesses, comme pour exorciser les maléfices, de sorte que l'approche physique d'autrui s'accompagne de toute une série de codes sociaux, de rituels divers, mais aussi de codes privés, qui offrent au psychanalyste le défi de les briser, surtout quand il n'y a rien à cacher ; quand le fond manque le plus. Osera-t-il, le dit psychanalyste, se proposer à son patient au titre d'un pseudocode, d'un *Ersatz*, ou d'un semblant de sauf-conduit, dont ce dernier fera ou non son *vade me cum* (Lacan dirait : son sinthôme) ? En ce sens y aurait-il lieu de considérer Wittgenstein, dans son exploration des clés de l'Absolu, ou des Clavicules de l'inconscient, comme un psychanalyste inabouti ?

C) FREUD BONOBO*

> « Si la position du sexe diffère quant à l'objet, c'est de toute la distance qui sépare la forme fétichiste de la forme érotomaniaque de l'amour. Nous devons en retrouver les saillants dans le vécu le plus commun ».
>
> Jacques Lacan, *Écrits,* p. 733.

1°. Dévaillances freudiennes

Il y a quelque temps j'avais reproduit dans un écrit quelques lignes d'une lettre de Freud à ses enfants[45] (lettre n° 342 du 12.9.1913)[46], où il écrit ceci :

> « Nous voici donc à Rome, le deuxième jour par le plus magnifique des temps, logés princièrement, tout à fait libres d'affaires et, nous l'espérons aussi, de soucis. »

Le 'Nous' renvoie au fait que Freud voyage avec Minna Bernays sa belle-sœur. Freud est donc à Rome (du 9 au 29.9.1913)[47], la ville de ses rêves, en compagnie de Minna. J'avais ajouté « avec sa maîtresse » puisqu'il semble bien qu'ils aient « fauté » vu que Minna a dû avorter quelque

* Bonobo : les singes mâles de cette espèce forniquent toutes les 90 minutes.

45 Sigmund Freud, *Lettres à ses enfants*, Aubier/Psychanalyse, 2012.

46 Il n'y a pas de lettres entre 1911 et 1914 dans le volume intitulé : *Lettres de famille de Sigmund Freud (1911-1938)*, PUF, 1996.

47 Freud écrit de Rome (le 11.9.1913) à Ferenczi mais la seule phrase a priori allusive revient à dire : « Tout disparaît face à la splendeur et à la beauté ».

temps après. On dit même que c'est Sigmund qui aurait réglé les frais de l'intervention.

J'y reviens suite à ma lecture de la correspondance entre Freud et Rank[48] (ce lundi 31.3.2015), où j'ai découvert quelque chose qui m'a stupéfié et m'apprend qu'effectivement Freud forniquait parfois sinon avec ses patientes du moins avec d'autres femmes que sa propre épouse Martha, ce que je n'ai vu mentionné nulle part ailleurs.

Suite au 'congrès privé' de Munich (7-8.9.1913), on nous dit : « Après le congrès Freud partit pour Rome avec Minna Bernays, qui l'avait rejoint à Bologne ». À la date du 22.9.1913, Freud écrit à Ferenczi quelque chose qui confirme la satisfaction qu'il a tirée de ce voyage :

> « Salutations cordiales de notre grand voyage organisé. Tout va bien. Le narcissisme aussi est en pleine élaboration. Malheureusement, d'ici huit jours, au matin je devrai être à Vienne ».

Minna y va également de sa signature et de ses « salutations cordiales ». La chose est ainsi officialisée.

La mention du terme 'narcissisme' est ici à double entente : d'une part il renvoie au texte sur ce sujet qu'il publiera incessamment, mais aussi, d'autre part, probablement à sa satisfaction narcissique d'avoir donné libre cours à son énamouration avec Minna.

Nous verrons plus loin que d'autres auteurs (notamment Peter Swales, 1982) situent l'épisode contesté lors d'un autre voyage (et dont je ne trouve pas trace dans la correspondance de Freud), voyage qui aurait eu lieu en 1898 et

---

48 *Correspondance Sigmund Freud Otto Rank* [SF-OR] (1907-1926), Campagne première édit., 2015. Le 20.9.1913 Rank termine sa lettre à Freud par ceci : « Je vous prie de transmettre mes meilleures salutations à Madame votre belle-sœur et vous souhaite encore de très belles journées à Rome. »

donc bien avant celui dont je parle, mais ce qui serait étonnant c'est que, selon moi, Freud ait pu en quelque sorte récidiver et donc réitérer son 'hapax existentiel' en 2013. Car chat échaudé craint l'eau chaude, d'autant qu'on se fonde aussi sur les indiscrétions de Jung selon qui Minna lui aurait parlé de sa liaison avec Freud. Jung s'en serait ouvert au théologien américain John Billinsky en 1957 et en témoigne dans son chapitre sur Freud dans *Ma vie : souvenirs, rêves et pensées* (1961), sauf que la seule chose que le prélat se contente de révéler est qu'aux dires de Minna sa relation avec Freud « était assurément très intime » et qu'elle « s'en sentait coupable » (Billinsky, 1969, p. 42).

S'agissant de la vie sexuelle de Sigmund Freud, à l'inverse de Jung, une certaine discrétion, voire une pudibonderie, a longtemps prévalu mais il convient aujourd'hui d'être prudent dans les extrapolations susceptibles d'être faites à partir de données incomplètes, comme celles, par exemple, dans un texte intitulé : « Les patients sont de la racaille», d'où un auteur à la mode tire argument d'un « Rêve incestueux [de Freud] avec sa fille Mathilde » (31 mai 1897) pour stigmatiser la 'Merdrologie' freudienne. Dans la revue *Le Coq-héron*[49], Peter L. Rudnytsky pose la question : « Freud a-t-il eu une liaison avec Minna Bernays ? Et alors quoi ? » Et il avance d'abord :

> « Que les preuves sont fortement en faveur de la probabilité d'une telle liaison ; ensuite qu'une fois cette hypothèse admise, elle doit entraîner rien moins qu'une relecture de l'œuvre de Freud et un changement dans notre compréhension de toute l'histoire de la psychanalyse. »

Il se range ensuite à l'opinion d'autres auteurs, Gabbard et Lester (1995), selon qui il y aurait eu de la part de Freud, « transgression de limites ». Il aurait réalisé l'inceste. Il aligne ainsi les exemples de Jung et Spielrein , Ernest Jones

[49] *Le Coq-héron,* 3/2003, n° 174, p. 42-49.

et Loe Kann (cette dernière épousera en juin 1914 un Américain homonyme, Herbert Jones[50]), Ferenczi : à la fois avec Gizella et avec Elma Pálos, la fille de Gizella[51].

Sauf que Lacan ne veut pas entendre parler de transgression, les limites du réel étant par définition infranchissables.

Rudnytsky propose que :

> « La relation de Freud avec Martha et Minna Bernays puisse être mise en parallèle avec la relation de Ferenczi avec Gizella et Elma Pálos – l'aînée, Martha, étant dans la position de la mère, Gizella ».

Ici il nous renvoie à la lettre du 17 décembre 1911 de Freud à Gizella[52]. Ce qu'il faut noter à ce sujet c'est que ce qui est dit sur le divan se trouve repris par plusieurs mais toujours sous le sceau du secret. De plus Freud s'adresse à Ferenczi parfois par un : « Cher Fils » (lettres du 17.11.1911 et du 30.11.2011), ou encore par un « Cher ami » (3.1.1912), et donc sur un mode tout à fait 'famillionaire' ; ce qui encourage Ferenczi à spéculer sur une certaine réciprocité de leurs positions affectives respectives en disant (le 26.11.2011):

> « Je voulais être autre chose que je suis en réalité, et je vous voulais autrement que vous n'êtes. Je demandais manifestement un ajustement de nos personnalités : ou bien vous descendez jusqu'à moi, ou bien je devais m'élever jusqu'à vous /.../. »

---

50 [SF-OR] p.75 note 1.

51 Au chapitre « Le travail du rêve », dans sa *Traumdeutung* (cf. *L'interprétation des rêves*, p.342, note 1, éd. PUF, 1967), Freud relate 'Un rêve œdipien déguisé' qui n'est rien d'autre qu'un rêve de Ferenczi. Il y est question d'un homme qui rêve 'qu'il a une liaison secrète avec une dame que veut épouser un autre homme. Il a peur que l'autre découvre la liaison et annule son projet de mariage /.../'. Cet autre homme ici est forcément Sigmund Freud.

52 *Freud-Ferenczi,* [SF-S_aF_e], *I*, 1992, lettre n° F259, du 17 décembre 1911, p. 336-77.

Propos qui sont de nature à souligner, à n'en point douter, la piété filiale de l'un et le paternalisme de l'autre. Car Freud tenait à être obéi.

2°. Le paternalisme de Freud

À l'époque il était, semble-t-il, aussi de bon ton que l'analysant fasse l'analyse de son analyste et c'est ainsi que dans une très longue lettre du 12 mai 1905 Otto Rank s'attelle à la tâche d'interpréter un rêve de Freud. Jusqu'à quel point Ferenczi s'est-il livré à ce genre d'exercice, qui, vu sa proximité et sa familiarité avec Freud, risquait de s'inscrire non seulement dans le registre de la rivalité mais carrément dans celui d'un affrontement, alors que c'était loin d'être le cas. Or, s'étant identifié à Sandor -tel que martyrisé par Freud-, Rudnytsky vient rompre quelques lances vengeresses avec le Maître.

Cette fonction de Maître, Freud l'a exercée assurément si l'on en juge, par exemple, par la façon dont il a excommunié son secrétaire intime Otto Rank (nonobstant les quinze ans de labeur en tant que Grand Chambellan dévoué à la cause psychana-lyrique, à la place de Jung défaillant), notamment dans sa lettre où il dénie[53] désormais à Otto Rank la qualité de psychanalyste, ainsi qu'à un de ses analysants. Dans la

---

[53] In [SF-OR], p.393 note n°1, et dans le contexte de la lettre n°242R d'Otto Rank à Freud, du 22.11.1925, nous lisons : « Frankwood E. Williams (1883-1936), [est] psychiatre et psychanalyste américain, membre de la société psychanalytique de New-York, disciple de Rank. » Le 22.12.1929, Freud lui écrit : « Je savais seulement que vous étiez un admirateur enthousiaste de Rank /.../, on ne peut plus considérer Rank comme un psychanalyste. Si vous n'avez pas changé du tout au tout depuis lors, je me verrai forcé de vous dénier, à vous aussi, cette dénomination (cité par Peter Gay, *Freud une vie*, Paris, Hachette, 1991, p.556, note 1).

correspondance de Freud avec Max Eitingon[54], j'ai parcouru les années où Rank s'est éloigné de la férule de Freud (ayant obtenu son autonomie financière, notamment aux États-Unis) sans obtenir de la part de celui-ci autre chose que cette bribe (p.449, lettre n° 385F, du 7.7.1926) :

> « Je ne parviens pas à m'indigner dans le cas de Rank. Je lui laisse le droit d'aller sur les mauvais chemins et de paraître, en contrepartie 'original '. Mais il est clair qu'il n'est plus des nôtres ».

Donc c'est clair que Freud tenait à être obéi. Peter Gay note ainsi qu'il avait horreur du mensonge (in *Freud une vie*, Hachette, 1991, p.497). Et puisque Friedländer aurait menti, Freud le traite de porc, tout en se plaignant d'un rhumatisme au bras droit qui l'empêche d'écrire[55].

Mais nous n'en avons pas fini avec les aventures de Freud et de Minna, et l'on s'aperçoit que la date de leurs ébats fluctue selon les auteurs. C'est ainsi que dans un texte [mis en ligne le 2 février 2007] : « Freud polygame ? Le Nouvel Obs en question », Élisabeth Roudinesco prend la parole pour dire :

> « Le document révélé par le sociologue allemand Franz Maciejewski [56] est une page d'un registre d'hôtel suisse, le Schweizerhaus, à Maloja. Le 13 août 1898 [57], en face de

[54] *Correspondance Sigmund Freud Max Eitingon* (1906-1939) [SF-ME], Hachette littérature, 2009.

[55] *Correspondance Sigmund Freud Ludwig Binswanger* (1908-1938), Calmann-Lévy édit., 1995, Lettre 93F du 7.8.1913, p192.

[56] Ce problème est traité sous le titre : « The Sigmund Freud/Minna Bernays Romance: Fact or Fiction? » Par Zvi Lothane, in American Imago Volume 64, Number 1, Spring 2007, pp. 129-133, le 10.1353/aim.2007.0015

[57] Pour ma part je me suis limité à passer en revue la correspondance de Freud datant de cette époque. On trouve dans *La naissance de la psychanalyse* (Sigmund Freud, *Lettres à Wilhelm Fliess,* 1887-1902, PUF édit., 1956) trois lettres à Fliess, datées des 20, 26 et 31 du mois d'octobre, où il n'est question ni de Rome ni d'un voyage

« chambre 11 », Freud a écrit : « Dr. Sigm. Freud et Mme, Vienne ». En voyage avec Minna, il aurait donc partagé cette nuit-là la chambre de sa belle-sœur en la faisant passer pour son épouse. Il faut replacer cette « preuve » dans son contexte. Minna, la sœur cadette de Martha, est venue vivre avec les Freud en 1896, à la mort de son fiancé. Ce cas de figure était très fréquent dans les familles nombreuses du XIXe siècle, où une vieille fille s'occupait du foyer et des enfants /…/. »

Un peu plus loin elle s'interroge :

> « Le sociologue Franz Maciejewski a photographié la chambre numéro 11 de l'hôtel Schweizerhaus où ont séjourné Freud et Minna. Le cliché montre des lits très rapprochés l'un de l'autre, preuve supplémentaire, selon le chercheur,

---

avec Minna. (Je dispose de la version allemande de la lettre à Fliess du 20 octobre 1998, dans une sélection distincte intitulée : *Sigmund Freud, Briefe 1973-1939*, S. Fischer Verlag, 1968, p.250-1.) Dans sa lettre à Fliess du 9.10.1898, Freud déclare : « Dix à douze séances de psychothérapie par jour, et le soir, je ne sais naturellement plus parler, étant à demi mort ». Dans la lettre suivante (du 23.10.1898) il réitère à l'envers : « Je ne considère plus comme une corvée de travailler de 9 heures du matin à 9 heures du soir, et même, lorsqu'une séance se trouve remise, je me sens désœuvré. /… / Je ne suis pas en état de faire autre chose qu'étudier la topographie de Rome dont la nostalgie devient de plus en plus aiguë. » Une coupure dans le texte intervient avant que Freud ne dise : « …J'ai cependant appris quelque chose qui fait de moi un vieil homme. » S'agissait-il là d'une allusion à quelque 'panne' de son érection qu'il attribuerait à l'âge ? La lettre se clôt sur cette note pessimiste : « C'est dans cet état d'esprit que j'ai reçu avec un sourire jaune le premier volume de la *Biologie générale* de Kassowitz. » Bref, rien de tangible et de relatif à un voyage à Rome avec Minna. Même constat d'après la lettre de Lou Andréas du 29.10.1913. (*Sigmund Freud Lou Andreas-Salomé, Briefwechsel,* S. Fischer Verlag, 1966). Dans deux lettres successives de cette époque, Freud lui demande de lui envoyer son portrait, mais il me semble qu'il a mieux su jouer cette partie sentimentale que Nietzsche, ce dernier s'étant fait berner par Lou comme un débutant, sauf que pour Freud avoir Lou et Minna sur le dos eût été peut-être hors de son pouvoir.

d'une relation très intime entre les compagnons de voyage... Mais en quoi peut-on garantir que la disposition des meubles est la même qu'il y a un siècle ? »

3°. Pulsion de mort et désir de rajeunissement (*Verjüngerung*)

Ayant ainsi établi le précédent d'une faute de Freud (que certains ont qualifiée d'inceste), venons-en à présent à ce qui fit l'objet de ma stupéfaction. Mais auparavant je dois préciser un certain nombre de choses, à savoir notamment qu'en des temps devenus pour moi immémoriaux j'avais commis un texte intitulé « Freud, sexe and Co »[58] qui valait déjà tout un programme. Dans ce texte, ayant évoqué la 'ligature des déférents' chez un de mes amis qui ne voulait plus procréer (qui a depuis recouru inversement à une désobstruction et a eu par la suite une jolie petite fille), j'écrivais ceci :

> « J'en étais à ce point de mes réflexions lorsque je me suis rendu compte qu'en 1924, Freud avait payé son pas théorique, sa traversée de la *porta romana,* son accession à la pulsion de mort, au prix de sa castration, puisqu'à 67 ans, et ce, juste après l'opération majeure de son cancer du maxillaire, il a eu recours à cette même intervention de la vasectomie. Voici en quels termes Peter Gay (à la suite de Max Shur) en rend compte (GAY, 1988, p.489): « Sur ce, à la mi-novembre, Freud prit une tout autre décision, compréhensible certes, une intervention mineure appelée techniquement 'ligatures des canaux spermatiques' que préconisait Eugen Steinach, un endocrinologue dont les doctrines restaient fort discutées. Cette opération alors en vogue se pratiquait pour obtenir un 'rajeunissement' (*Verjungerung*) du sujet ».

Bizarrement Freud se prépare à la mort et en même temps souhaite un rajeunissement. Pourquoi faire ? Est-ce pour rivaliser avec Rank qui se paie une villa en plein bois de Boulogne à Paris et accumule les succès féminins ? De-

---

[58] Stoïanoff-Nénoff Stoïan, « Freud, sexe and Co », paru in : AFPEP *Les Etats-Limites,* 1993, pp. 153-162, Ed. Finakly.

puis lors j'ai aligné dans ma bibliothèque l'essentiel de ce qui s'est publié de la correspondance de Freud, mais cela n'a pas suscité en moi le souci de connaître le détail des événements institutionnels qu'a connus la psychanalyse, ayant évité systématiquement de m'y impliquer au quotidien, d'où aussi une lecture séquentielle que j'ai pratiquée qui laissait énormément de place à du 'non-lu'. Mon implication actuelle dans les conséquences qu'entraînaient pour la raison psychanalytique les découvertes récentes dans le domaine des vies fœtale et post-natale m'a conduit à m'intéresser à l'ouvrage : *Le traumatisme de la naissance,* et donc à son auteur : Otto Rank. Le hasard fait que sa correspondance avec Freud[59] vient seulement d'être publiée (en 2015) et que j'avais eu déjà quelques lumières sur les raisons du conflit final qui l'a opposé à son psychanalyste.

Dans sa présentation de la *Correspondance Sigmund Freud Otto Rank,* Patrick Avrane rapporte (p.19) en note que Jones a commencé une analyse avec Ferenczi, dont ce dernier rendait compte à Freud. Ferenczi présente Jones comme :

> « Un homme bon, sensible, très intelligent, suscitant des pensées de qualité, avec qui les séances d'analyse, après avoir surmonté certaines résistances, sont devenues plus calmes. »

Freud lui répond :

> « Ce que vous écrivez sur Jones me réjouit beaucoup. Je partage maintenant beaucoup moins la culpabilité dans l'issue du procès [au sens de processus, évolution de la cure] avec sa femme depuis que je la vois s'épanouir ainsi dans la liberté. Je me suis extraordinairement attaché à cette Loe et j'ai

[59] *Correspondance Sigmund Freud Otto Rank* (1907-1926) [SF-OR], Campagne première édit. 2015.

> développé auprès d'elle un sentiment très chaleureux avec une complète inhibition sexuelle »[60].

Et Freud de préciser : « Une complète inhibition sexuelle comme rarement auparavant», cela veut dire un fiasco, à savoir qu'on se met au lit et que l'érection n'est pas au rendez-vous, alors que ce n'était pas le cas auparavant ! Est-ce bien là ce qu'il faut entendre, d'autant qu'il y a déjà eu les confidences faites par Freud à Fliess [Lettre du 17.12.1896, F.p.c. p. 19] ? :

> « J'ai remarqué qu'à certaines dates, qui reviennent manifestement tous les 28 jours, je n'ai aucun désir sexuel et suis impuissant - ce qui autrement n'est pas encore le cas, après tout. »

Examinons le contexte.

4°. Le choix objectal

Cette correspondance de Freud, dont je fais ici amplement état, fourmille de notations quant aux choix d'objet sexuel observables chez bon nombre de psychanalystes-hommes avec les conflits à n'en plus finir qui s'engendrent avec les femmes qu'ils fréquentent. Dans un article intitulé « Lacan au féminin » (1985)[61], j'en produisais un exemple tiré du numéro 7 de la revue *La Psychanalyse*, où nous trouvons à la fois les «Propos directifs pour un Congrès sur la sexualité féminine » que Lacan destinait au Congrès international de Psychanalyse d'Amsterdam, en septembre 1960, et l'article de Joan Rivière (traduit en français par Victor Smirnoff) : « *La féminité en tant que masca-*

---

[60] Lettre de Freud à Ferenczi du 9 juillet 1913, in *Sigmund Freud, Sandor Ferenczi, Correspondance,* (1908-1914) Paris, Calmann-Lévy, 1992, tome I, p.529.

[61] Stoïanoff-Nénoff Stoïan, « Lacan au féminin », paru in : *Au lieu de l'hystérie 2*, CCAF (Congrès d'Avignon, 1/2 juin 1985), p.119-125.

rade », qui date de 1929, observation qui -à mon sens- garde toute son actualité. Voici donc ce que j'écrivais à cette époque :

> « Lacan évoque cet article de Joan Rivière en différents endroits de son œuvre, mais plus spécialement il y fait référence dans son séminaire sur les *Formations de l'Inconscient*, notamment à la séance du 5 mars 1958, par le biais du cas d'une femme qui présentait ce fait rare, de quelqu'un qui réussit à réunir à la fois, du moins apparemment, et les caractères d'une féminité complète et ceux d'une assomption de toutes les fonctions masculines. 'Or, remarque Lacan, cette analyse met en valeur, sous cette apparente et entière satisfaction de la position féminine, quelque chose de très caché /... / qu'on trouve, après qu'on y ait été incité par quelque menue /... / discordance apparaissant à la surface de cet état en principe complètement satisfaisant. Ce quelque chose de caché /... / c'est la satisfaction cachée de sa suprématie sur les personnages parentaux'. »

Je notai aussi que :

> « Lacan situe cette tactique dans le cadre de ce qui vient à subvertir, à pallier à ce penis-neid, à cette quête phallique que les auteurs, après Freud, s'accordent à pointer du côté des femmes. Tactique qui se heurte à une crainte de rétorsion, notamment de la part des hommes, en raison 'de cette subreptice soustraction à l'autre de la source et du symbole même de *leur* puissance'. /... / A chaque fois, en somme, que le sujet a fait preuve de sa puissance phallique, il se précipite dans une série de démarches, soit de séduction, soit de sacrifice : tout faire pour les autres, et justement en apparence, en adoptant en apparence les formes les plus élevées du dévouement féminin, comme quelque chose qui consiste à dire : mais voyez, je ne l'ai pas ce phallus, je suis femme, et pure femme /... /».

C'est dire que le discours du semblant sourd du marais de l'identification phallique tout comme les grenouilles fleurissent dans les bénitiers. Passons sur cette malséante évocation du *penis-neid*, pour nous en tenir à la réalité aveuglante des comportements observables. Qu'en est-il aujourd'hui du 'choix d'objet' côté femme ? Devant les multiples sollicitations dont elle est la proie, qui confinent souvent au harcèlement, une femme est susceptible de développer diverses stratégies parmi lesquelles la déception de l'éventuel partenaire. Par exemple, elle accepte des rendez-vous mais ne les honore pas. Ce faisant elle se met à la place de celui qui n'est jamais là où l'on l'attend, c'est-à-dire : le phallus. Il y a évidemment différentes façons de ne pas 'y' être, à commencer par le fait de téléphoner à une copine ou de se gaver de gâteaux, pendant que 'l'autre' la baise.

La correspondance des psychanalystes -et celle de Freud n'y échappe pas- fourmille de tels *misfits*, de tels ratages, et Lacan s'est donné la peine d'en justifier la nécessité, à partir du moment où il n'y a pas d'acte sexuel inscriptible dans une structure (la structure de l'échange, par exemple). Freud a commis un écrit intitulé « Le ravalement de la vie amoureuse »[62] où il examine les raisons d'une impuissance transitoire que l'on observe chez des hommes et se réfère à un article de Sandor Ferenczi[63], compagnon à qui il racontera plus tard ses propres inhibitions. Il positionne l'acte sexuel à la confluence de deux courants : l'un tendre (qui émane d'une fixation précoce à la mère) et l'autre à proprement parler érotique, et donc sensoriel (l'image du Janus bifrons se trouve ainsi évoquée). Lorsqu'on se situe dans une position incestueuse, la première tendance l'emporte et l'on a un fiasco. Ce que Freud reprochera plus tard à Otto Rank c'est d'avoir minimisé ou ignoré l'attachement tendre à la mère, péché mortel de sa théorie, alors qu'il aurait suffi, selon

62 „Über die algemeine Erniederung des liebes Lebens“, *G.W.* VIII, 1908, pp.78-91.

63 *G.W.* VIII, 1908, p.79, note 1 : Ferenczi, Analytische Deutung und Behandlung der psychosexuellen Impotenz beim Manne, Psychiat.-neurol Wissenschaftschrift, 1908.

Freud, qu'il s'y réfère pour que son point de vue innovant[64] puisse être admis.

5°. « Freud... parties carrées »

L'évaluation de l'œuvre de Freud, plus que toute autre, exige un paramétrage strict de l'accord entre la vie de l'auteur et sa production écrite. J'en étais à mettre un point final à mon texte présent quand j'ai découvert dans ma bibliothèque un volume écrit par un attelage de deux auteurs : Azar Amine et Sarkis Antoine, que je n'avais pas lu et qui s'intitule *Freud... parties carrées*[65], ouvrage classé aujourd'hui parmi les livres rares et que nous devons à ceux qui avaient déjà écrit ensemble un autre volume sous le titre *Freud, les femmes, l'amour* (1993, que je n'ai pas lu). En dépit du caractère vachard du titre de leur livre, son contenu ne comporte rien de sensationnel[66], sinon un tour assez complet des lectures coquines de Freud, qui s'encanaillait à lire Zola, Ibsen, ou Otto Weininger. Ils s'attardent sur le roman de Freud, Fliess, et leurs compagnes respectives, Marthe et Ida, dont le quadrige mimerait le schème que nous proposent les *Affinités électives* de Goethe. En fait de parties carrées, les auteurs en voient au moins deux : un premier quadrige, à peine crédible sinon délirant, qui réunirait Freud à Fliess (o.c.), ainsi que leurs épouses respectives, un second quartet parfaitement innocent qui s'offrirait à notre attention, comportant Freud et Martha d'une part, et Minna avec Ignaz Schönberg (✝en 1886), d'autre part. « Heureux quatuor, selon l'expression de Jones. » [F.p.c, p.41]

---

64 Si ce point de vue vous débecte, il vous suffira de dire à son tenant qu'il n'a pas encore réglé son œdipe.

65 Azar Amine, Sarkis Antoine , *Freud... parties carrées*, [F.p.c] 1994, Zéditions.

66 L'histoire d'Emma Erkstein (dite Irma) occupe une bonne partie du volume mais ne nous livre rien de nouveau.

Dans la perspective ainsi ouverte, on s'attendrait que l'idylle de Freud avec sa belle-sœur Minna tienne le haut du pavé, mais non, de ce côté rien, ou presque. Comme nous l'avons vu, d'autres auteurs se sont souciés de cette relation mais on n'a pas l'air de se rendre compte qu'il n'y a pas qu'en voyage que Freud ait pu se trouver seul à seul avec Minna. Par exemple [F.p.c. p. 48], Freud annonce à Fliess (lettre du 21.5.1894) qu'il vient d'envoyer la « poule [Martha]» et « les cinq petits poussins » à Reichenau, et il ajoute : « ma belle-sœur Minna, par ailleurs ma plus proche confidente, partira deux semaines plus tard /.../. » À part cela tout au plus une reprise du rêve où Freud veut « voir de loin la Terre promise »[67] et où les villes de Lübeck et de Gleichenberg, mentionnées dans le rêve, feraient allusion l'une à Martha et l'autre à Minna. Les auteurs considèrent le penchant de Freud pour Minna comme une fatalité lorsqu'ils écrivent (o.c.p.44) :

> « Nous savions que Freud était uxorieux. Il faut maintenant ajouter qu'il était constitutionnellement bigame. Et il nous faut ajouter un dernier signal de brume au choix de Martha comme épouse. D'avoir eu une sœur cadette comme Minna a certainement compté pour quelque chose, et cela dès le départ, dans la passion échevelée de Freud pour Martha. »

Un autre passage du livre d'Azar et Sarkis est plus explicite. Ainsi Freud avait lu l'ouvrage de C.F. Meyer intitulé *La tentation de Pescara*, bouquin d'histoire qui relate le fait que le marquis de Pescara aurait été tenté de trahir son souverain Charles-Quint au profit des Italiens. « Mais malgré la parole donnée [à ses complices, [F.p.c, p.93] Pescara révéla la conjuration à son souverain /.../ ». Et voici le commentaire des auteurs (p.94) :

> « Si Freud avait tant de peine à se détacher de la lecture de *La tentation de Pescara*, c'est qu'il y lisait sa propre histoire de l'été. Comme Pescara qui a gardé à l'empereur sa foi,

67 S. Freud, *L'interprétation des rêves*, p.172, note 1, éd. PUF, 1967.

> Freud est resté fidèle à sa souveraine Martha. Et de même que la blessure de Pescara l'a protégé de la trahison, de même l'impuissance de Freud en l'été 1998 l'a protégé contre sa tentation envers sa belle-sœur. »

Deux explications pour une même chose, c'est trop.

Il est à noter que Azar et Sarkis parlent longuement [F.p.c. p. 32 et suivants] de l'engagement de Freud dans la confrérie juive « Enfants de l'Alliance (*B'nai B'rith*) et ceci pourrait être la raison pour laquelle je n'ai jamais vu leur livre cité par qui que ce soit. Par ailleurs, se pourrait-il qu'au temps de ses débuts au *B'nai B'rith* Freud ait négligé de publier quoi que ce soit de psychanalytique ? Un « hiatus » de 1901 à 1905 sur ce point en témoignerait [F.p.c, p.140]. Au terme de ce livre, figure une chronologie qui indique qu'en 1902 Freud aurait donné une conférence sur Zola dans sa Loge[68], qu'il donnait aussi des cours à l'université sur la psychologie des névroses et qu'aux fidèles de son cours il aurait envoyé des cartes postales en guise d'invitation pour le début de ses soirées du mercredi.

Azar et Sarkis auscultent naturellement la correspondance de Freud avec Minna [F.p.c. p.47] mais notent avec stupéfaction qu'on passe de la lettre n° 95 au numéro 160. Manifestement tout un lot de lettres a été censuré. Sur ce point, je note à présent que l'édition de cette correspondance parue depuis, et donc en mars 2015[69], comble cette lacune. La préface d'Élisabeth Roudinesco n'apporte rien de plus que ce que nous savions déjà. L'étonnant c'est tout de même le ton de ces échanges, où Freud s'adresse apparemment à

---

68 À propos de 'Loge', dans la lettre de Minna du 4.8.1998, on lit : « A la gare d'Aussee la moitié de la Loge», phrase inachevée suivie d'une note : (1) « Les membres de la loge 'Vienne' de l'Israelitischer Humanitätsverein B'nai B'rith. » Aurait-on fêté à cette occasion les dix ans de l'initiation de Freud ?

69 *Correspondance 1882-1938 : Sigmund Freud- Minna Bernays,* Seuil édit., 2015.

Minna en ces termes : « Mon cher trésor » (lettre n° 132 S /M du 6.8.1898 & n°134 S/Mi du 12.8.98), alors qu'il s'agit en réalité de lettres adressées à Martha. La même ambiguïté subsiste à propos de la lettre du 17.4.1993 numérotée 124 S[a], où la personne qui s'exprime dit : « Je suis allée chercher des violettes au Prater /…/. ». À cette époque, à partir du 28.7.1889[70], Freud écrit toute une série de lettres à Minna (sans qu'il y ait eu de réponse de cette dernière, et s'adresse à elle par un « Chère Minna » (ou Minnie) auquel Minna répond habituellement par un: « Mon cher Sigi » [13.1.1886] ou « Mon Sigi aimé » [11.4.1986]. Plus tard ce sera [27.7.1910] « Cher vieux » ou bien [début août 1910] « Vieux aimé »

6°. Affinités électives et amour de transfert

Revenons à présent sur les confidences de Freud à Ferenczi car il y a autour de cette histoire tout un sac de nœuds, embrouillamini qu'André Haynal, dans sa position de traducteur mais aussi de présentateur de la *Correspondance Freud-Ferenczi,* tente de mettre à plat, mais en s'abstenant de mêler Freud dans les conflits qu'il nous déballe. Pas un mot, donc, concernant ce qui a motivé 'ma' stupéfaction. En revanche, Haynal relate par le menu tout le cinéma qui se joue autour des relations de Ferenczi avec son épouse Gisela et avec Elma, la fille de Gisela, dont il déve-

---

[70] Cette longue lettre du 28.7.1989 est expédiée par Freud depuis Nancy. Il se plaint de s'être retrouvé seul au restaurant (« Bernheim ne peut naturellement assurer toute ma pitance ») et de s'être empiffré. De sa visite à Liverdun, il retient que c'était 'un tas de boue'. Pour mémoire : nous avons fêté en 1989 les 80 ans de cette visite et j'ai commis un texte : « L'aliénation au discours de la science », in *Freud : Le Voyage à Nancy*, Colloque (dans les locaux de l'IFRAS à Nancy, les 9 & 10 décembre 1989) sous la direction de Jacques Hassoun, Christiane Riboni, Paul-Elie Levy, Presses Universitaires de Nancy.

loppe par la suite le rôle qu'elles ont joué dans la publication de cette correspondance, via Michael Balint. Sur les 2500 lettres existantes, seules 483 seront effectivement retenues, après des tractations qui se sont poursuivies après le décès de ce dernier en 1970. Balint avait même proposé à Elma de ne la laisser figurer que sous un pseudonyme dans la publication à venir, ce que cette dernière a refusé. Bref, le souci de la bienséance a présidé au choix de ce qui était publiable et cela explique en partie pourquoi Lacan ne décolérait pas à l'endroit de Balint. Nous restons donc avec le sentiment qu'on nous cache des choses et, partant, les suppositions vont bon train.

André Haynal raconte ceci ([SF-S_aF_e], p.XX):

> « Le 14 juillet 1911, Ferenczi annonce à Freud qu'il a pris en analyse Elma, la fille de son amie Gizella (alors mariée à Géza Pàlos), Gizella qu'il a déjà analysée auparavant (80Fer, 3 XII 1911). En octobre il lui écrit que l'analyse marche bien, lorsqu'un de ses soupirants se tue pour elle…Au cours de l'analyse, Ferenczi tombe amoureux d'Elma Pàlos, qui entre victorieuse dans son cœur[71] /…/ »

Sur ce il prie Freud avec insistance de se charger de l'analyse d'Elma. « Bien qu'avec réticence, Freud accepte. /… / »

L'expression 'son amie Gisela' est ambiguë, dans la mesure où le possessif 'son' peut renvoyer aussi bien à Ferenczi qu'à Freud. Dans cette dernière éventualité, nous verrions se dessiner un *deal* du style, 'je t'emprunte Gisela et je te refile Elma', d'autant que Ferenczi finira par épouser Gisela. C'était déjà le cas avec Jones qui refila à Freud son épouse Elma afin que celui-ci lui pardonne d'en fréquenter une autre[72]. Or, s'il y a échange (et selon Lacan : acte inscrip-

---

[71] C'est ce que Ferenczi avoue à Freud le 3.12.1911, lettre n° 256Fer.

[72] Freud a fait par la suite tout un barouf autour d'un 'Gisélasamen' histoire de nous enquiquiner. À ce sujet nous trouvons sur la toile ceci : « P. 258 des *Cinq psychanalyses* à propos de l'Homme aux

tible), il y a donc acte. Dont acte, sauf qu'en la circonstance, si Ferenczi veut bien dénoncer Freud dans l'affaire Jones[73], il ne fait que suggérer l'implication amoureuse de Freud dans l'affaire Elma. La conclusion que Freud en tire c'est la conviction que : « l'amour de transfert est un véritable amour » ([SF-S_aF_e], p.XX).

Pour finir, il y aurait lieu de situer toutes ces aventures du sieur Sigmund Freud dans son 'lui-même', autrement dit dans son cadre existentiel. De par ses origines, il est abonné au régime « garde-toi à droite, garde-toi à gauche », mais après tout : c'est là le sort de tout un chacun. Pour me tenir à jour quant à l'actualité du monde dans lequel je suis censé me situer, et notamment sur le plan de mon être incarné, j'ai fait tout récemment l'acquisition du manuel de *Biologie, physio-pathologie humaine*[74], destiné aux élèves préparant le bac ST5. Au chapitre sur l'immunologie (p.237), les auteurs commencent par définir 'le soi et le non- soi', et donc par localiser les principaux marqueurs du soi ; définir la notion d'antigène et montrer leur diversité, et enfin présenter les différentes défenses cutanéomuqueuses. Et là nous passons aux « marqueurs de l'histocompatibilité », en tant que présents « sur toutes les cellules nucléées », et aux antigènes, qui ne sont pas reconnus par le système immunitaire

rats, Freud traite de la régression, régression de trois sortes : 1 – régression de l'acte à la pensée ; 2- régression du stade phallique au stade sadique anal, avec intervention du voyeurisme et de la curiosité sexuelle (désir de voir une femme nue), 3- régression enfin de la relation d'objet à celle du corps propre avec un retour vers l'activité masturbatoire. » L'auteur de l'article pense que la formule du 'Giselasamen' : interviendrait à titre de protection par laquelle l'H&R couvrait de sa semence sa bien-aimée, le sperme comme antigène, c'est pas mal trouvé.

73 Dans la *Correspondance Freud-Ferenczi,* le nom de Jones figure 80 fois.

74 Suzy Hertzog, Christophe Brun-Picard *Biologie, physio-pathologie humaine,* Castella édit., 1913.

d'un sujet. La question du jour devient : quels sont les systèmes immunitaires retenus par les différents groupes humains, et jusqu'à quel point peut-on préjuger de leur compatibilité ? Car si j'ai un besoin pressant d'une transfusion, encore faut-il que je sois à proximité d'un groupe humain susceptible de me dépanner, sans compter ceux qui refusent toute manipulation de ce genre. Évidemment quand on prône la mixité sociale à tout crin, on est loin de considérations de ce type. Bref, la psychanalyse que proposait un certain Sigmund Freud (lui-même issu d'un groupe humain bien typé) était-elle compatible avec le tout-venant des candidats à la psychanalyse ? Or, on doit constater que dans les faits une diversification existe sur le plan planétaire et qu'on n'y peut rien. Mon 'bien typé' est soutenu par divers auteurs, parmi lesquels Marianne Krüll, qui nous a concocté un cocon-Freud en tout point remarquable. Notons que le bon sens de Freud le conduit à admettre que l'origine de la paranoïa est à chercher au ras du stade du biberon. Ainsi Marianne Krüll nous offre un extraordinaire panorama de la vie et de l'œuvre de Freud, et j'y ai cherché en priorité ce qu'elle dit à propos de Minna Bernays. Il n'y a apparemment rien de notable, sauf si vous vous arrêtez à la note 19, tout en bas de la page 41. Cette note vient au terme d'une phrase où Krüll rapporte ce qui suit :

> « Dans une lettre de 1915, il [Freud] écrivait ceci : 'Je suis partisan d'une vie sexuelle infiniment plus libre, bien que j'en aie fort peu usé moi-même. Seulement *dans les limites de ce que je considérais comme m'étant permis dans ce domaine* (1960a, p.332, mots soulignés par S.S-N). » Roazen y voit un aveu : Freud se serait permis des amours vénales pour satisfaire ses besoins sexuels (Roazen, 1971, p.73). Il est vrai que le passage cité plus haut n'est pas non plus sans justifier la double morale.

La note 19 renvoie à la p. 325 où il nous informe que :

> « Selon certains, Freud aurait aussi eu des relations avec Minna Bernays, sœur de Martha. Restée célibataire, elle vé-

> cut avec la famille à partir de 1896, et 'Freud et elles s'entendaient à ravir' (Jones, 1953, I, p168). Mais, comme Roazen (1971, p.83) je pense que si de telles relations avaient existé, on devrait pourvoir en trouver des indices dans l'œuvre et la vie de Freud. »

Krüll suggère que, sous certains rapports, sa belle-sœur aurait été pour Freud un interlocuteur plus agréable que sa femme et renvoie à P. Swales, selon qui Freud aurait eu malgré tout une liaison avec Minna en 1900, liaison qui aurait entraîné une grossesse et un avortement.

On ne saurait être plus sobre dans la mauvaise foi. Nous sommes toutefois rassurés : Freud n'était pas un *pignouf* ; sa pipe savait parler aux femmes.

D) ALAIN BADIOU EN TRANCHES

> « *L'id* [$] n'est pas réductible à un pur donné objectif, aux pulsions du sujet ; jamais une analyse n'a abouti à tel taux d'agressivité ou d'érotisme ; c'est /.../ le point extrême de la reconnaissance existentielle. /... / Rendre le sujet capable de soutenir le dialogue analytique, de parler ni trop tôt, ni trop tard ; c'est cela que vise une analyse didactique. »
>
> Jacques Lacan, *Le Séminaire,* Livre I, p.9. Seuil.

En regardant à la télé un reportage sur les oiseaux, m'est venue l'idée qu'un philosophe c'est un drôle d'oiseau, un oiseau sans plumes certes, mais oiseau-philosophe quand même. Les conditions de sa philosophie sont simples : 1) Son être : (ou sa vérité si vous préférez) réduit à un impératif catégorique : se reproduire. 2) Sa politique : qui vise à séduire une hypothétique partenaire. 3) Sa science : (ou son art) qui consiste à fabriquer le nid où doivent se dérouler les ébats et à le décorer d'objets multicolores, tout ça dans une ambiance sonore digne d'un opéra, susceptible d'enchanter sa promise. Or, ce sont là, point par point, les trois conditions génériques à réunir, le socle et le terreau exigible pour qu'il puisse être question de philosophie, selon Alain Badiou. Que les tenants de 'l'être en tant qu'être' aillent se rhabiller. Le naturalisme baldousien versus le nihilisme heideggérien, tel est le programme existentiel qui nous est proposé dans le séminaire de Badiou sur Heidegger[75]. Toute-

[75] En mai 1990, dans son « Entretien de Bruxelles », in *Les Temps Modernes* ([TM] n° 526, p.4), Badiou écrit : « Nous ne pouvons

fois, au vu du peu de titres d'ouvrages de Heidegger affichés dans la bibliographie de cet ouvrage, on est en droit de se demander si Badiou s'est vraiment soucié de l'être de l'enseignement de Heidegger. Au vu de son récent commentaire des 'cahiers noirs'[76] de ce dernier, on se doute qu'il ne le portait pas spécialement dans son cœur. Ayant échappé au '*Staline on my mind'* hexagonal, révisionnisme oblige, on voit que Badiou est resté fidèle au petit 'livre rouge' de qui vous savez. Bien entendu, il ne déroge pas à ses attributions de professeur de philo puisqu'il nous a gratifiés d'ouvrages tels que : *L'aventure de la philosophie française* (2012), *Petit panthéon portatif* (2008) ou son *Petit manuel d'inesthétique* (1998), que je me contente de mentionner.

1°. De la félicité dans l'atonie

À une certaine époque, j'ai commis un texte : « De la félicité dans l'atonie » (Hommage soit rendu à Alain Badiou pour son : *L'Être et l'Événement II*), qui est paru dans une obscure revue milanaise. La réception de mon propos fut une sorte de compromis où se mêlaient l'étonnement et l'irritation qu'un Français soit venu à Milan pour parler tout au plus d'un auteur quasi inconnu en Italie et que l'on soupçonnait à la rigueur de maoïsme.

Revisiter mon texte, y pratiquer quelques retouches, c'est ce que, je me propose suite à la parution en 2015 du Séminaire de Badiou sur Heidegger (1986-87)[77] et celui

donc en finir avec Heidegger uniquement en lui accrochant la sévère, la terrible casserole du nazisme. Il y a chez lui un diagnostic pertinent et légitime de ce que le poème /…/ était au relais de la pensée. »

[76] Badiou Alain, Cassin Barbara : *Heidegger, Le nazisme, les femmes, la politique*, Fayard, 2010.

[77] Badiou Alain, *Le séminaire*, Heidegger L'être 3 - Figure du Retrait, (1986-87) Ouvertures Fayard édit, 2015.

intitulé *Lacan antiphilosophe*, juste avant, évidemment. Lire après-coup Badiou avec Badiou c'est quand même plus facile.

En effet, les temps ont changé. Je m'aperçois qu'on s'intéresse de nouveau à l'œuvre de Claude Lefort[78], chose dont je me félicite, car il était temps, vu les ombres qui s'accumulent sur le statut de la démocratie en France. Sa conception dialectique de la société, celle du pouvoir comme instance imaginaire, ainsi que du conflit (machiavélique) comme dimension originaire du social, enfin sa façon de suggérer une forme de nouage borroméen des instances de la loi, du pouvoir et du savoir, forcent l'admiration d'un lacanien, toutes choses qui nous conduisent à penser les causes et le mécanisme de la mobilité sociale observables aujourd'hui (tout particulièrement en France) sur le mode de la désertion de classe.

Mon passé-texte sur Badiou commençait comme ceci :

> « Alain Badiou est un auteur qui, pour être lu, doit d'abord être déchiffré. *Logiques des Mondes* (LDM) d'Alain Badiou est un monument. S'y exprime son tourment : « sauver la vérité », qui le pousse à élaborer une « théorie entièrement militante de la vérité » (LDM, p.448) et à dénoncer les figures de l'atonie qui la prennent à la gorge. Car le jeu de la poulie de la vérité commande celui de l'ascenseur social, ascenseur définitivement bloqué au niveau du plancher des vaches. Plancher (*Grund*), et donc à la fois fond évanouissant et philtre génératif (les vaches parlent aujourd'hui le « langage python ») éminemment propice à l'éclosion, selon Badiou, d'un processus révolutionnaire qui ne serait pas du semblant, autrement dit un faux mouvement. Or, des faux-pas révolutionnaires, il s'en est produit à la pelle au siècle précédent, et Badiou partage la désespérance de ceux qui regrettent la rareté de ces moments de bonheur, et donc d'éternité, que procure la potion magique de la révolte. »

---

[78] Nicolas Poirier (sous la direction de) : *Cornelius Castoriadis et Claude Lefort, l'expérience démocratique*, Le bord de l'eau édit., 2015.

Après-coup j'ajouterai volontiers qu'une foultitude de personnes regrette à jamais que les poules n'aient pas de dents, soit que l'on ait omis de leur en dispenser, soit qu'elles les aient perdues (puisqu'il a existé semble-t-il des volatiles dinosaures pourvus de dents). Rapport évidemment à la mère poule châtrée freudienne. Le déni de réel est de fait la chose la mieux partagée au monde et la racine de toutes les récriminations et révolutions courantes, celles des philosophes n'étant pas à excepter. Je reprends donc la citation de mon texte :

> *L'Être et l'Événement II* succède à *L'Être et l'Événement I.* En E&E.1. Il y est question d'ontologie, science de l'être, qui se trouve complétée en E&E.2 d'une phénoménologie, /…/ ou encore d'une théorie générale de l'apparaître. Dans l'ampleur du sommaire (Théorie formelle du sujet, Grande Logique, Les 4 formes du changement, Théorie des points *et* Qu'est-ce qu'un corps ?[79]) je m'autorise à picorer sans plus, quelques idées, qui s'y trouvent développées. »

Depuis, l'œuvre de Badiou s'est considérablement étoffée, de façon inégale toutefois, certains petits écrits étant souvent des billets d'humeur, d'autres à visée grand public, et d'autres de circonstance ou à but publicitaire en faveur du mouvement prolétarien, lui en perte de vitesse, en raison probablement de la 'désertion de classe' susdite, qui s'exerce dans un sens que seul un Claude Lefort, semble-t-il, avait prévu.

Dès le départ, et donc 'en *Heidegger*', tout comme en 'LDM', Badiou fait le procès de l'Un, de l'un en tant que source immémoriale d'idéalisme, d'où le péremptoire [ici je me cite]:

> «'Nous *savons* désormais que l'être se laisse penser comme multiplicité de multiplicités, ultimement tissée du seul vide'. Et puisque : 'la détermination de l'être en tant qu'être n'est

79 On trouvera dans *Lacâneries* (chez L'Harmattan, 2014), des éléments de réponse que j'apporte à cette question du corps.

> pensée que dans la mathématique' et que l'être en tant qu'être n'a aucun sens, il en résulte que : 'l'ontologie effective n'est rien d'autre que la mathématique constituée'. Mathématique dont les énoncés sont dépourvus de sens, ainsi qu'y insiste Jacques Lacan à la suite d'Henri Poincaré, qu'il cite souvent. D'où l'hénaurme appareil logicomathématique déployé par Alain Badiou dans cet ouvrage, qui se trouve nécessité par le fait que le vrai, le vrai militant, mérite de subir 'l'épreuve de la formalisation'.

L'épreuve en question fait pendant un effet à l'impératif poppérien de la falsification. Cela s'entend aujourd'hui : 'Un bon djihadiste doit savoir trancher …les têtes', sauf que je ne me souviens pas avoir vu Popper cité dans l'œuvre de Badiou, d'autant que ce dernier a fini par réaliser qu'il ne suffit pas de dire, encore faut-il être entendu. S'étant à l'époque d''LDM' référé à la théorie des Ω-ensembles, Badiou n'a guère insisté depuis, dès lors que la plupart de ceux avec qui il tentait –ce faisant- de se mesurer, sont morts il y a belle lurette. Il ne lui restait par conséquent comme seuls lecteurs que ceux de la piétaille, qui n'a pas spécialement le savoir en piété. Le naturalisme de Badiou vient donc rejoindre à brûle-pourpoint celui, implicite, de Wittgenstein, qui avait écrit : 'Au commencement était le Fait'. Alors que Badiou proclamait que:

> « Le mouvement est supérieur à l'immobilité, la vie au concept, le temps à l'espace, la création à l'incréé, le désir au manque, l'ouvert au clos, l'affirmation à la négation, la différence à l'identité, etc. »

Mais avançons dans notre lecture du *Séminaire* sur Heidegger puisque Badiou prête à ce dernier un parcours rétrograde et en fait une « figure du retrait », non sans quelques concessions apparemment, comme (p.17) lorsqu'il avance que « la philosophie est toujours singulière et que, en ce sens, elle est constituée par son propre surgissement » et que dans la foulée il poursuit : « Or, c'est ce que Heidegger souligne expressément …». Mais par un retournement immédiat, il nous détrompe en disant : « Si la pensée est la pensée du temps, comment peut-elle être inactuelle ? » Qu'il s'agisse peut-être d'une pensée en acte, c'est ce qui -à le suivre- ne semble pas lui traverser l'esprit, tant il est pressé de montrer que la pensée de Heidegger est passéiste, régressive et au bout du compte un non-évènement, d'où ce verdict implicite qu'après tout l'auteur de *L'être et le Temps* ne serait qu'un piètre compilateur[80]. Or, la démonstration que fait Lacan de ce qu'une logique peut être tirée du simple fait de la répétition indique bien qu'il s'agit là d'un évènement au sens de Badiou, dans la mesure où Lacan met en évidence, démontre (par son texte sur la lettre volée dans les *Écrits*), ce qui jusqu'alors avait été exclu, par Karl Popper évidemment. La postérité dira si quelque chose d'analogue aurait surgi de la bataille que mène Alain Badiou avec la philosophie. Ne va-t-il pas jusqu'à dire [TM p.7] : « Je suis pour la destruction de tout épistémologisme en général, sinon de toute épistémologie en particulier ». Et d'exemplifier en quelque sorte sa position (à la page suivante) :

> « Ma thèse concernant la possibilité d'une pensée de l'être en tant qu'être –pour reprendre le vocabulaire aristotélicien- c'est qu'elle est déployée et accomplie dans la mathématique elle-même, et ce parce qu'ultimement la 'présentation' de l'être est le multiple en tant que tel, ce que j'appelle le multiple sans Un /…/. »

---

[80] Dans son *Ethique* (p.65), Badiou disculpe en quelque sorte Heidegger en ces termes : « /…/ la rupture saisissante induite par la prise de pouvoir par les nazis en 1933, qui est formellement indistinguable d'un événement –c'est cela même qui a égaré Heidegger- parce qu'elle se pense comme révolution nationale d'un peuple, parce qu'elle se pense comme révolution allemande /…/. » Dans ce texte, dissertant sur le mal, Badiou revient sur la fidélité (y compris conjugale, ce qui me fait bien rire), en ces termes (p. 63) : « déchoir d'une fidélité est le Mal comme trahison en soi-même de l'immortel qu'on est. » J'avais complètement oublié que ce volume m'avait été offert par Badiou lui-même, avec la dédicace : « Pour S. Stoïanoff. En compensation de tant de manquements involontaires ! Amitiés. A.B. » Un R.V. manqué en X, mais un réussi en Y.

Il reste que le nombre règne. Dans *Le nombre et les nombres*, Badiou s'en soucie et nous sort de derrière les fagots une maxime grecque (*aei o antropos arithmezei*) censée prescrire à la pensée « sa condition singulière dans le mathème. Dans l'actuel empire du nombre, il ne s'agit pas de la pensée. Il s'agit des réalités. »

2°. Le paratonnerre des désirs

J'avais pris le soin de bien préciser, dès le départ de mon propos, les quatre procédures génériques en tant que conditions que Badiou édicte pour qu'on puisse parler de philosophie. Exemple : la *haine-amoration* comme symptôme cesse d'exister dès lors que le *double-bind* qui l'ordonne logiquement réintègre la normalité pour devenir une catégorie de la pensée. La norme que j'ai l'air de vouloir ressusciter pourrait à la limite (difficile à décider) rejoindre celles que Badiou réfute, à savoir les normes qui édictent. Reconnaître le symptôme est bien autre chose qu'une discrimination positive. Cela à soi seul justifie l'effort de Lacan pour situer la vérité sur une « diagonale sans précédent ».

Et voilà-t-il-pas (p.19) que Badiou réveille le soupçon que : « Peut-être vivons-nous un temps où aucune des conditions de la philosophie n'est présente. » Du coup : 'vive l'antiphilosophie' et le déficit de la pensée qu'il signe, ce qui l'autorise à mettre dans le même sac et Wittgenstein et Lacan, tous deux partisans du « parle à mon cul, ma tête est malade'.

Dans l'intervalle entre E&E1 et E&E2, au moins trois livres sont venus interroger le travail de Badiou, et de surcroît : il a donné quelques conférences et interviews, accessibles sur la toile, qui sont utiles pour mieux situer sa démarche. Ainsi, en tant qu'adepte de la « philosophie du concept » il prend appui *a contrario* sur les travaux de Deleuze, qui se trouvent sur un autre bord, du côté bergsonien de « la philosophie de l'intériorité vitale », dont Badiou conteste les méthodes. Il stigmatise notamment le refus par Deleuze de l'abord ensembliste de la multiplicité et son peu d'empressement à « libérer la pensée de l'être de toute corruption herméneutique ». En fait E&E2 vise à établir, par-delà « un nouveau rapport entre le concept et l'existence », la fondation d'un « nouveau rapport entre le concept et l'action ».

Deux interrogations guideront mon enquête : 1° D'où, de quel lieu d'énonciation, parle-t-il ? 2° A qui s'adresse-t-il ? Il est clair que sa démarche est bordée par une exigence qu'il partage avec ceux à qui il s'adresse.

Toutefois, le monde des amants de l'*alethéia* baldousienne n'échappe pas à un partage, à un 'ou bien ou bien', à un *vel*, comme dirait Armando Verdiglione, *Vel* qui situe chacun, à l'égard des positions de Badiou, soit dans une identification maximale, M[81], qui marque l'assentiment à l'existence d'une vérité de ce type, soit, au contraire, dans une identification minimale, μ, qui vaut pour le désaccord complet, le refus de s'incorporer au « devenir d'une vérité post-événementielle » [refus de 'l'ascension des âmes vers le ciel communiste'] (p.451), ceci en réponse à la question : Que faire en faveur des objecteurs de conscience, voire des fusillés pour désertion ?

Dans la pratique, le mode de lecture de l'apparaître, ainsi que le manie Badiou, ressemble fort à un schéma traditionnel, tel que le pratique Freud dans *Moïse et le Monothéisme*, s'agissant de comparer les points de doctrine auxquels adhère un sectateur d'Aton, à une certaine époque en Égypte, à

81 On traduira, ainsi qu'il est indiqué plus loin par Badiou lui-même, que M=une grande âme prolétarienne et μ=un embryon d'âme lumpen-prolétarienne.

ceux qui fondent le credo juif d'un adepte de la religion de Iaweh[82].

> « Cette procédure conduit ainsi à l'indexation (LDM, p.265) tant des partisans purs et durs (5/5), que des suppresseurs (0/5) de la vérité militante, ce qui s'apparente curieusement à un flicage. Verdiglione préfère nommer « *chriffrématique* » ce genre de catégorisation. Sépher, zifra, chiffre, nous sommes en bonne compagnie. Badiou est si peu convaincu de la pertinence de son « produit » qu'il témoigne d'un moment de panique qu'il a vécu (LDM, p.572), dès lors qu'un quidam lui a soumis une série d'objections, objections qui eussent été de nature à le mettre dans la position de Frege face à Russel, ce dernier ayant repéré un paradoxe fatal pour la construction proposée par Frege. Après une nuit de cauchemar Badiou retrouve ses repères mais, du coup, nous voici prévenus, il est prêt à mordre quiconque aurait l'audace de mettre en cause la cohérence de ce qui mérite d'être considéré comme le « corps » de sa doctrine. Le terme de « corps » étant à loger parmi les objets dont traite la théorie des ensembles. Exemple : « le corps des nombres Réels ». Le réel du corps de Badiou est donc à chercher là où il nous le pointe lui-même (LDM, p.446) : « Là où je viens, je ne suis là qu'au point où j'y suis ». Profanes que nous sommes, ça nous fait l'effet du fameux : « avant qu'il ne meure il était encore en vie ». C'est édifiant. D'où la conviction qui nous guette, à savoir que la vérité selon Badiou se présenterait dans la forme de lapalissade, chose qui fourmille dans son texte. »

En ce point, et donc dans mon texte initial, je me mettais en devoir de pointer ces concessions du texte baldousien, mais foin d'escarmouches[83].

---

82 De sorte que Badiou dresse une échelle, une sorte de χ^2, permettant d'identifier « les cinq insignes de l'anarchiste pur et dur » (LDM, p.232) aperçu dans une manif. On distinguera ainsi des anarchistes à 2/5, à 3/5 ou à 4/5 degrés de vérité, selon le nombre d'items sur 5 qu'ils satisfont. Badiou est conduit à préciser (p.607) : « Étant donné un objet (A, Id) d'un monde m, on appelle 'ensemble–support' de cet objet : le multiple A [composé de cinq items dans le cas des anarchistes] qui entre dans l'identité de l'objet, et dont l'indexation transcendantale est la fonction d'identité Id. »

Alain Badiou a commis tout récemment un livre intitulé *A la recherche du réel perdu* ([ARRP] Fayard, 2015). L'expression 'passion du réel' y figure au moins à quatre reprises, et c'est à se demander si c'est là que gît sa passion fondamentale. Il y est question de la mort de Molière, puis de celle de Pasolini (et de sa « recherche désespérée du réel »), et pour finir de celle de Gramsci, à qui Pasolini aurait dédié un poème. Cela fait beaucoup. Bref, il 'y' pense, et peut-être devrais-je me dépêcher de lui dédicacer un poème apotropaïque. Dire que cela l'angoisse serait de l'ordre du non-événement. Toutefois il en parle comme d'un impossible, et il consent à nous ouvrir des pistes sur 'l'infini', comme d'autres nous promettent le ciel ; car il n'y a pas de petites garanties et il faut bien se raccrocher à quelque chose, à « l'idéologie militante », par exemple ([ARRP p.9]. Bref, une série d'aphorismes vient sous sa plume à propos du réel, du genre : que le réel « fonctionne comme un impératif de soumission », que le « dévoilement d'un coin de réel » est source de scandale et que « le réel n'est acquis que si l'on le démasque »[84], que le réel « c'est ce qui déjoue le

---

[83] En voici quelques autres occurrences : a) (LDM, p.216) « Ainsi, ce qui différencie le drapeau noir et le drapeau rouge est identique à ce qui différencie le drapeau rouge et le drapeau noir » ; b) (LDM, p.222) « Dans un monde donné, un étant ne peut apparaître plus identique à un autre qu'il ne l'est à soi » ; c) (LDM, p.233) : « L'un de l'apparaître est l'être-un d'un qui apparaît » ; d) (LDM, p.441) « Cet intérieur est inclus dans ce dont il est l'intérieur » ; e) (LDM, p.455) « L'essence du choix est le choix lui-même, non ce qui est choisi ». Notons que si la *croix* est le signe d'une croisée de chemins et donc le symbole d'un choix, elle ne suffit pas à signifier la direction choisie. Dans le *Sépher Jédzirah*, cette croix quitte le plan pour intégrer le volume, à savoir les quatre points cardinaux plus le haut et le bas, points qui se trouvent désignés par les six permutations du nom divin יהו (nom ici réduit à trois lettres dès lors que le 'hé' ה se trouve répété dans יהוה). L'on perçoit ici la distance qui gît dans l'intervalle entre le professeur et le simple répétiteur.

[84] C'est Serge Leclaire qui a écrit : *Démasquer le réel*, Seuil, 1971.

jeu », alors que « le réel est toujours dans la forme d'un exil » ; ainsi il est le « lointain secret », et « la caractéristique du monde occidental est d'être et de se vouloir abrité de tout réel ». Je pointerai pour ma part là une fétichisation généralisée des existences et des existants, sous un prétexte tant culturel que cultuel en général, et au nom des « valeurs » occidentales, en particulier[85]. À poursuivre cette ligne de pensée le réel ne serait plus autre chose qu'une réalité quelque peu catastrophique, dont tout un chacun cherche à se protéger. « Malheur aux barbus ! » Or, le Réel n'est jamais appréhendable en dehors de ses coincements avec l'Imaginaire et le Symbolique, que ce soit autour du Beau, du Bien ou de la Honte, ainsi que j'en ai disserté dans mon texte « Passions de l'analyste » dans *Transmission de la psychanalyse.*

L'éthique de Badiou est susceptible de tenir dans la formule : « à chacun sa croix », autrement dit « il faut décider » et donc choisir, sinon on s'enlise dans l'atonie. C'est à peu près ce que dit Pascal dans son pari. On est loin, par conséquent, des *roses* du genre « élection piège à con » qui ont fleuri en France en mai 1968. Bref, serait-on en mesure de privilégier la piste : « Badiou parle du point de vue de ses racines » ? Comme tout un chacun évidemment.

3°. Le pedigree d'un rhinocéros

Il est trois concepts qui sont de nature à nous éclairer sur la biographie et le formatage d'Alain Badiou :

a) Le premier est la contradiction[86], dont la théorie est destinée à régler une difficulté d'ordre familial. Fils de pa-

---

[85] Cf. l'excellente affabulation d'Umberto Eco dans *Le musée de demain.*

[86] Badiou Alain : *Théorie de la contradiction,* François Maspero édit., 1975.

rents issus tous deux de l'ENS (l'un : côté 'mathématique', l'autre : côté 'langue et littérature françaises'), suite aux débats entre eux, que je conçois houleux, on peut augurer qu'il a dû avaler pas mal de couleuvres et du coup il semble bien qu'il soit passé très près de la bêtise, du genre syndrome d'Asperger, ce qui lui donne quelque avantage pour ce qu'il en est de saisir, de l'intérieur[87], des positions comme celle d'un Jean-Jacques Rousseau, par exemple. Toujours sur le plan familial, il avoue derechef une épouse, quatre enfants dont une fille, plus un enfant adoptif –noir-, et s'il y a là contradiction (et souvent contrariété) il y a lieu de voir avec qui. D'abord avec son épouse qui cherchait à l'éduquer et à lui inculquer les travaux du ménage, et en la circonstance notre fou furieux s'affiche fermement décidé à affirmer sa volonté de s'y soustraire, en renversant la table de la salle à manger (devant témoin). Toujours est-il que, par ailleurs, Badiou ne cesse de courir au commissariat où le jeune homme adoptif est régulièrement embarqué. En tant que « blanc, normal », comme disait le divin Coluche, et athée, Badiou est désormais, de par sa notoriété croissante et son apparente solidité, la cible idéale autant des jaloux que des grincheux.

b) Le second concept est son *Concept de modèle*[88], concept parfaitement soluble dans celui d'*Urbild* wittgensteinien (tel qu'explicité ci-dessus), qui point vers où Badiou tente d'exorciser ce qu'il nomme 'le paradoxe chrétien', dont se sustentent les racines confessionnelles de Badiou, qui sont à examiner à la lumière d'un paradoxe, à savoir une

---

[87] Ici il s'agit de tripes et même davantage. Lui aurait-il fallu pour sortir du ventre de sa mère donner un sérieux coup d'épaule ? Présentation, 'événement-révolte', de fort mauvais pronostic en obstétrique. Car les tentatives de retournement du fœtus faites jadis mettaient en jeu la vie et de la mère et de l'enfant. Pures suppositions de ma part, sauf confirmation, évidemment.

[88] Badiou Alain : *Le concept de Modèle*, François Maspero édit. 1969.

contradiction dans les termes. Cela recouvre le mystère de l'incarnation, c'est-à-dire l'intrusion de l'Éternel dans le temporel. Je ne suis pas sûr de l'universalité de cette problématique mais elle est tout à fait de nature à fonctionner localement au titre d'une enluminure (LDM, p.443), ornement susceptible d'auréoler le pouvoir d'attraction de l'image du martyre. Illuminations ou épisodes hallucinatoires, ces coupures de l'Éternité comitiale dans le temps prosaïque sont à la fois appréciées et attendues, et l'on sait que la piété se nourrit de ce genre d'épiphanies du Réel. Réel du corps en tant que support d'une décision (LDM, p.490). Exemple : « mon petit doigt me dit que ce vendredi treize je ne dois rien entreprendre ». En proposant cela je me fie tout simplement à mon horloge interne, d'où tout un parcours qui nous est proposé par Badiou, illustrant les lieux topologiques où il sera loisible de soumettre la vérité subjective à l'épreuve d'un point (LDM, p.449). Quand Badiou qualifie l'étant de 'multiple pur', c'est du Sartre[89]. Une 'chaise' est un concept qui subsume une multiplicité d'échantillons. On est même sur la pente de l'infinitisation. Ici Wittgenstein serait plutôt réducteur dès lors qu'il introduit le marqueur *Umbild*, et donc le concept de modèle.

c) Le troisième concerne les racines intellectuelles de Badiou, résumées en sa *Théorie du sujet*[90]. Il avoue ses dettes envers Althusser, Deleuze, Lacan, Paul Cohen, Beckett et quelques autres, mais il pointe trois philosophes « cruciaux » (LDM, p.552) : Platon, Descartes et Hegel. Le *hen kai pan*, qui a bercé la jeunesse de ce dernier, est à lire, tel un palimpseste, sous la 'Théologie du multiple et de l'Un' que nous propose Badiou, Alain Badiou a-graffé au pas-sage par le jeu de « la pulsion de mort entre philosophie et psychanalyse ». À ceci près que tout ceci converge vers les

89 Sartre J.-P., 1965, *Esquisse d'une théorie des émotions*, Hermann.
90 Badiou Alain : *Théorie du sujet*, Le Seuil, Paris, 1982.

positions théologiques de Malebranche[91], (parèdre du Mo-Fa) que Badiou a après-coup disséquées comme il se doit.

4°. L'Apôtre d'une vérité qui édifie

Logiques de Mondes peut être lu comme un roman historique, et on y appréciera, par exemple, l'illustration de la généricité de l'amour au travers des anastomoses libidinales d'Enée et de Didon (délocalisations y comprises). On visitera, à l'occasion et avec intérêt, la tonalité du monde musical d'Haydn, de Boulez ou de Webern, mais on retrouvera toujours et tout le temps de la logique partout, et ce au nom d'une certaine fidélité à laquelle Badiou se trouve rivé comme à « lui-même ».

Dans la section 2 de E&E2, Badiou consacre un chapitre à Kierkegaard, pour autant que celui-ci identifie l'existence à un point, point d'intériorité par lequel un sujet (ou l'âme) dialogue avec l'Absolu. Il n'admet comme vérité que la vérité qui édifie, une vérité qui ne cesse d'édifier, et donc une vérité pas-toute. Ici le parallèle que dresse Badiou entre Kierkegaard et Hegel ne tient pas compte du fait que la perspective vers laquelle ouvre ce dernier est tout autre.

Ainsi que j'ai pu l'indiquer[92], dans le sillage de Kojève, Hegel fait de l'instant une coupure, voire un sujet à part entière, à cheval sur deux champs formant une paire ordonnée $\{(S_1), (S_1, S_2)\}$, et donc une illusion transcendantale, illusion où S_1 désigne l'essaim des lumières du passé et S_2 le miroir du futur. Ce dispositif divinatoire quasi topologique, cet « œil à l'œuf », offre, à mon sens, un éventail bien plus large que les trois étapes du pathos existentiel de Kierkegaard

[91] Badiou Alain : *Le Séminaire*, Malebranche.

[92] Cf. S. S-N., « Motus… si l'âge… », *Séminaire de psychanalyse*, 2005-2006, n°11, D'un Autre à l'autre (1968-1969), Université de Nice Sophia-Antipolis, Faculté des Lettres et Sciences Humaine, – A.E.F.L., - École de Nice, pp.33-44.

qu'explore Badiou. La ligne de coupure, de choix et de partage virtuel qu'institue le présent (sur une bande de Möbius), cette ligne n'est autre que ce que Lacan *émet* sous le nom de sujet, sujet en tant que représenté par un signifiant S_1 auprès d'un signifiant S_2, ce que, dans E&E1[93], Badiou avait nommé « l'axiome de Lacan », ajoutant que « le sujet est une question, /…/ une question axiomatique et formelle ».

À nous transporter au premier chapitre de LDM, nous y trouvons « une nouvelle théorie du sujet », « une nouvelle figure du sujet et une nouvelle bataille à propos du sujet ». Nous sommes là (selon les indications ultérieures de Badiou) dans le registre de l'âme et de l'âme-à-l'âme. Badiou précise que : « il ne peut pas être le sujet rationnel conscient directement venu de Descartes. » pas plus qu'il ne peut être « le sujet réflexif » ; « il doit être quelque chose de plus obscur, de plus lié à la vie, au corps, un sujet plus vaste que le sujet conscient », une âme-à-zones obscure en quelque sorte. Finalement, un sujet sera : « ce dont l'existence porte le concept ».

Le sujet vient là en réponse à une question cruciale : « Comment une existence peut-elle porter un concept, comment quelque chose peut-il être créé à partir d'un corps ? » [cf. plus loin Libera sur ce thème]. C'est donc une théorie qui succède à la précédente (qui date de 1982) aux conditions d'une prise de conscience (semble-t-il récente pour lui), que Badiou explicite comme suit (LDM, p.54) :

> « Il m'est maintenant clair que la pensée dialectique d'un sujet singulier suppose qu'on sache ce que c'est qu'un corps efficace, qu'un excès logique [je souligne, S.S-N, et donc un 'forçage'] d'un système corps-langages, /... / tout ce dont 'sujet' récapitule l'existence, dès lors que sa syntaxe est celle de l'exception. »

---

[93] E&E.1 = *L'Être et l'Événement I.*

Sujets d'exception, 'belles âmes' disait Hegel, sujets visionnaires semble-t-il, Spartacus ou Robespierre, à ne produire ici que deux des noms de dilection qui viendront sous la plume de Badiou[94]. Le répertoire des sujets, qui nous est ainsi proposé, me porte à fantasmer diverses situations qui ne demandent qu'à germer au quotidien, du moment où parents et éducateurs, gagnés par l'atonie ambiante, semblent désormais tout à fait consentants à se laisser traiter de colonisateurs par leur progéniture ou leurs élèves. Au nom de leur propre émancipation et du droit de se révolter contre l'esclavage que leur impose le joug parental ou éducatif, les jeunes, persuadés d'avoir tous les droits et d'échapper à toute poursuite, prennent le pouvoir sur les ondes, puis dans la rue, de manière à promouvoir un ordre alternatif. Ce style de vérité risque toutefois de rencontrer certaines limites, sous la forme d'un rappel à la nécessité de partager ces privilèges acquis, rappel venant de milliards de jeunes issus des bassins du Gange ou du Yang Zé Jiang, lorsqu'ils auront appris, à leur tour, qu'il n'y a pas lieu de se gêner.

Je viens de prononcer le terme d'émancipation qui tient une place centrale dans le propos de Badiou. Pour lui, ce terme semble être à la politique ce que le salut est à la religion et donc s'impose à lui avec la même acuité. Il est un autre mot d'ordre fondamental en ce qui le concerne, c'est : « Ne jamais revenir à la passivité structurelle », d'où sa perpétuelle fuite en avant au point qu'on l'aurait surnommé « le lièvre ». Un nouveau problème surgit dès lors. Quels liens entre 'émancipés' doit-on envisager dans l'avenir ? Lacan le posait en ces termes : « Quels rapports doivent prévaloir dans une société des Maîtres ? » Badiou ne dit-il pas que « La philosophie est une question de maîtrise » ? Face aux Lièvres, avec une majuscule, quelle place, par conséquent, pour les « *Bunnies* », chères à la revue *Playboy* ?

---

94 Qui font écho à ceux de Masséna et de Schliemann chez Freud.

Sur le plan politique, Badiou s'est fait amplement l'écho du mot d'ordre 'résister' autour duquel est construit le scénario du film 'Matrix', qui lui a inspié un article[95].

Un autre thème encore, récurrent chez Badiou, est la nécessité de prendre des décisions et donc de lancer les dés. Mais s'asseoir à la table de jeu (quel qu'en soit l'enjeu) n'est-ce pas déjà glisser vers l'addiction, à l'appel de laquelle même un Alain Badiou ne saurait résister ? Peut-il tenir tête à son propre démon dès lors qu'il serait sujet d'une vérité (d'un sortilège ?) et qu'il lui dicterait une entière loyauté à l'égard d'un projet que viendrait valider, dans un futur antérieur, une éternité de vies éternellement heureuses, et ceci dans la figure imposée d'un « rapport de connivence charmée » ?

N'ayant, pour l'instant, d'autre projet à lui proposer, laissons-le, comme de juste, égrener ses trois tons de sujet, étant tous trois appendus au terme de « présent », noté π. C'est un peu le thème des trois coffrets freudiens, façon Badiou, d'abord, le sujet « fidèle », fidèle à « la trace inscrivant sur son corps un 'événement-révolte' ε (LDM p.59) porteur d'une vérité (papa chahute maman), ensuite, un sujet « réactif » qui vient raturer la trace sur le corps (Monsieur le Maire bénit le tout), et, enfin, un « sujet obscur » (que le diable l'emporte !) caractérisé par une « occultation du présent (LDM p.67)» π, chose que Badiou schématise ainsi : $\frac{(\ )}{\pi}$ Écriture qui existe dans la culture mathématique et signifie : « tout sauf π ».

Cela met dans le même sac autisme et Alzheimer, étant donné que l'effacement du présent, et donc de l'immédiat, fait obstacle à la programmation de l'action. On peut mettre tout ce qu'on veut dans la parenthèse vide du numérateur de

---

95 Badiou Alain : « Dialectiques de la fable », in *Matrix, machine philosophique*, pp.120-129, Ellipses édit. 2004.

cette pseudo-fraction, sauf π. Cela pourrait situer l'instance d'un « sinon[96] » dont Badiou use à maintes reprises. Cette expression équivaut à celle d'« excès logique » que j'ai soulignée plus haut.

Or, à suivre les développements de c't'écriture dans le texte de LDM on est en droit de se demander s'il s'agit, de la part de Badiou, d'un détournement ou d'une subversion de la signification mathématique de cette formule, d'autant plus que Lacan donne l'exemple avec sa « Subversion du sujet et dialectique du désir ». À bien y regarder, la descente du π au-dessous de la barre s'apparente à la notion de refoulement chez Freud, voire même à celle de *Verwerfung*, de rejet et de forclusion du présent π. Et du même coup il y a vidage du sujet, selon l'adage freudien : « jeter le bébé avec l'eau du bain ». Serions-nous chez Badiou en présence d'un sujet de l'inconscient qui serait évanouissant, pris dans une aphanisis, selon la formule d'Ernest Jones ?

Notons qu'entre la constitution de la trace ε et sa réactivation sous forme de vérité subjective, et donc signifiante, Freud fait jouer le mécanisme du *nachträglich*, cet après-coup répété par laquelle la vérité traumatique daigne pointer son nez 'après-coup' à rapprocher de ce que Badiou nomme (Énoncé 38, p.598) :

> « Théorème fondamental de la logique atomique. Apparaître dans un monde en tant qu'objet affecte rétroactivement l'être-multiple qui supporte cet objet /.../ »[97].

Parlons de cet être-multiple en tant que support de la trace. S'agit-il de l'âme, l'âme en tant qu'intellect matériel

---

[96] LDM, p.13 : « *Il n'y a que des corps et des langages, sinon, qu'il y a des vérités* ». [Enoncé où « le Trois supplémente la réalité du Deux »].

[97] Ultérieurement Badiou proposera une rétroaction inverse, et donc de l'être vers l'être-là, et ceci sera pour lui l'occasion de mentionner la théorie des faisceaux d'Alexandre Grothendieck (LDM, p.411).

ou « préparation » prêt-à-porter la trace, selon Aristote, et donc 'le praticable' dans la terminologie lacanienne, prêt-à-porter la trace de la Loi, puisque Moïse n'est pas monté sur le mont Horeb les mains vides : il a emporté les tablettes nécessaires à l'inscription que Yahvé devait effectuer ? Qu'il lui ait fallu deux inscriptions consécutives des tables de la Loi est un autre problème que Freud a tenté d'élucider avec son bloc magique. Ce que chante cette vérité inscriptible importe peu au fond, surtout si elle l'articule dans la forme d'une vérité de La Palice, ou celle d'un signifiant asémantique[98], selon Lacan. L'essentiel pour Badiou est de choisir l'échappatoire du *credo quia absurdum,* plutôt que de verser du côté du 'savoir absolu' hégélien. On ne se refait pas.

Non sans franchir allègrement l'obstacle que constitue la question relative au 'lieu où ça se sait' et où un « sujet supposé savoir » s'incruste, à moins que ce lieu ne soit ce qu'il nomme « corps de vérité » (LDM, p.455) ! La détestation militante de l'exploitation des pauvres gens (des « âmes mortes » aurait dit Gogol) est chez Badiou un invariant, et il n'a pas de termes assez durs pour stigmatiser les négriers.

Tout comme Paul Celan, qui se sent coupable de toutes les offenses faites à l'humain (et aux poules), mais -au contraire du poète- il ne guette pas l'aveu qui lui permettrait de pardonner[99]. Le pardon ne fait pas partie de son vocabulaire. Ceci lui fait rejoindre le camp de ceux qui, en vertu de raisons souvent religieuses, refusent le prêt à intérêt et la me-

---

[98] Du style 'tri-méthyl-amine' dans le « rêve de l'injectons faire à Irma », chez Freud, ou 'Poordjeli' dans *Psychanalyser* de Serge Leclaire, ou encore le *'l'Insu-qu'cé-de l'une bévue'*, chez Lacan. Ce dernier est allé jusqu'à donner la formule de l'holophrase (L11, Les 4 concepts… séance du 10.6.1964).

[99] Dois-je me sentir coupable du fait qu'en 1939 Sigmund Freud ait quitté l'Allemagne en emportant son chien et en laissant ses sœurs à leur sort ?

nace de spoliation qui en résulte pour celui qui a besoin 'd'emprunter pour entreprendre et de réussir (son salut ?) pour rembourser', d'où sa condamnation de la tiédeur et de l'atonie sociétales. Le pivot de l'acte de choisir est ce que Badiou nomme : un 'point' (ne dit-on pas « faire le point » ?), point qui n'est que l'effet du charme de quelque signe.

Ce signe, il est au moins deux façons de le produire, et tout d'abord par le forçage, en tant que raccourci et solution des contradictions, et Badiou ne semble pas y avoir renoncé, en dépit de son autocritique antérieure sur ce point. Il est clair que l'égalité, au sens politique, passe par l'empreinte d'une volonté, qui n'hésitera pas à se servir de la terreur pour parvenir à ses fins, à savoir l'écrasement de tout embryon de constitution d'une classe « moyenne », qui finit toujours par imposer l'ordre inégalitaire bourgeois. L'« anecdote [100]» que je relate ci-dessous précise l'un des moyens de cet écrasement.

L'exigence par Badiou qu'il ne s'agisse point de la répétition d'une recette déjà essayée nous conduit droit vers ce que Lacan évoquait sous le nom de « perversion nouvelle ». L'autre voie est celle de la parole caulte, équivoque, signature qui se trouve aujourd'hui le plus violemment censurée au nom du politiquement correct. Contrairement à Noam

---

[100] Lorsque vous faites partie d'un lot d'une vingtaine de personnes (en Bulgarie, au temps des débuts de la République Socialiste Populaire) entassées dans un local, dont la surface au sol est tout au plus d'un mètre carré, en attendant qu'elles se « décident » à souscrire un emprunt d'État « librement consenti », vous signez ou vous ne signez pas ? (Processus démocratique qui semble-t-il sévit encore de nos jours quelque part en Asie du Sud-Est ?) J'observe que ceux qui n'ont pas signé sont sortis ou fous, ou les pieds devant. Parmi ceux qui ont signé, il y eut mon oncle Ivan qui a signé, oncle que je partage avec ma cousine, devenue depuis grande Dame des arts et des lettres, égérie de « l'exception à la française »).

Chomsky, Badiou ne s'est jamais risqué sur cette voie, à ma connaissance[101], alors qu'il est, à mon sens, scandaleux qu'il puisse exister des domaines exclus de tout débat. C'est ainsi qu'en France on s'est abaissé jusqu'à voter, comme au temps de Vichy, des lois réprimant la libre expression des opinions, destinées à terroriser ceux qui dévient de la voie tracée par la pensée unique. Il suffira peut-être d'attendre un peu, alors qu'il s'avère que ces lois sont devenues préjudiciables aux projets de ceux-là mêmes qui en ont eu l'initiative, pour que les choses se normalisent. En attendant, n'est-on pas – le plus officiellement du monde - sur le point de dénombrer et catégoriser, selon leur degré colorimétrique, les Noirs, en France ? Serait-ce à mettre au compte de la « fonction heuristique de la censure » ?

Et pour rester dans le registre politique, retenons l'énoncé par Badiou d'une vérité « locale », puisqu'au regard des « deux blaireaux de la même colline », Staline et Mao, « la décision politique n'est pas contrainte par l'économie » (LDM, p.32). C'est vrai pour autant que, tant l'URSS que la Chine, *seront* en mesure d'assurer leurs propres besoins en énergie et en matières premières. Et nous voici dans le champ de la géopolitique, autrement dit sur le terrain de ce qui, présentement plus que jamais, fâche, d'où l'idée (mienne) que même les plus valeureux sont susceptibles de faire allégeance tacite à l'atonie ambiante, atonie qui, pour Badiou, est une source de honte, preuve qu'il n'a guère été confronté dans sa vie au sentiment d'impuissance. Le maté-

[101] Sauf peut-être dans son Platon, (*La République de Platon*, Fayard édit. 2011) où il fait parler des personnages qui n'ont pas leur langue dans la poche. C'est là également que se déconstruit l'hermétisme de Badiou, puisqu'il nous livre un code pour ce qu'il en est de sa lecture. C'est ainsi qu'il dit (p.13) avoir substitué le mot 'sujet' à celui d'âme et 'incorporation d'un sujet à une vérité' à 'l'ascension de l'âme vers le bien' ». Sa prudence n'a pas empêché qu'à l'occasion on soit allé jusqu'à l'accuser d'antisémitisme.

rialisme cela conduit à broyer de la matière humaine, en toute solidarité.

Je risque ce genre d'incise pour témoigner de ce que, en dépit de sa confession matérialiste, Badiou nous propose des radiographies phénoménologiques des mondes au quotidien, qui ne sont au fond qu'un prétexte, prétexte afin de promouvoir quatre vérités génératives, ainsi qu'il s'exprime, vérités qui ne se trouvent certes pas sous le sabot d'un cheval. La difficulté est d'obvier à la tentation de « l'omnipotence du catalogisme », d'où le refus, par Badiou, du savoir mort, encyclopédique.

5°. La fabrique des points

La notion de 'point' est essentielle chez Alain Badiou, dans la mesure où il en fait une sorte de franchissement spatio-temporel, saut susceptible de se répéter de manière à engendrer un télescopage entre deux ensembles de points ou, au contraire, une partition d'un « multiple ». Il mentionne que (LDM, p.231) : « l'Un - l'atome, est le point de capiton [proposé jadis par Lacan] de l'apparaître dans l'être », le résultat étant « une forme d'homogénéité inscriptible » dans l'être (LDM, p.209). Or, dans la phrase d'avant, Badiou revendique sa dissidence à l'égard du distinguo kantien du noumène et du phénomène ; il est donc bien aise de s'abriter de cette suture de l'apparaître à l'être chez Lacan, que j'écris pour ma part I#S (ou iS : Imaginarisation du Symbolique lacanien), ayant assez longuement disserté ailleurs[102] sur la collusion de l'intellect et de l'affect, ce qu'il traduit en disant que « l'apparaître infecte l'être » (LDM, p.209), alors que d'autres suggèrent qu'Averroès serait soluble dans l'averroïsme.

---

[102] S.S-N., 1996, *Qu'en dira-t-on ? Une lecture du Livre XII du Séminaire de Jacques Lacan*, Forum de IFRAS/L'Harmattan, p.143 et passim.

L'important est la fabrique des points (d'interrogation ?) et leur répartition selon une topologie propre aux objets d'un monde donné. Parmi les exemples de « points » (LDM, p.443) que propose Badiou, il est celui du choix qui porterait le nom d'Evariste Gallois, Gallois qui invente « l'analyse de l'analyse » (LDM, p.486), Gallois en rupture avec la méthodologie en cours parmi les mathématiciens de son temps. À vrai dire, outre ses références connues à l'enseignement de Jacques Lacan[103], Badiou aurait pu aussi bien prendre

[103] Plus de trente références à Jacques Lacan émaillent le texte de Badiou, sans que soit mis en valeur le signifiant « point » chez l'auteur des *Écrits*, sinon le « point de capiton ». Il est vrai que l'éditeur de Lacan n'a pas voulu systématiser son incidence dans le texte lacanien, ce qui l'a dispensé de lui accorder une valeur opérative ; c'est le genre de reproche que je lui avais déjà adressé à propos du terme « signification », dans la mesure où je m'étais aperçu que dans ses transcriptions du texte parlé il se permettait soit de l'omettre, soit de le paraphraser. Il se trouve que, bien avant de m'être plongé dans la lecture de *Logiques des Mondes*, j'avais déjà relevé les multiples occurrences du terme « point » dans les premiers séminaires de Lacan, ainsi que dans *Scilicet*, où figurent les curieuses expressions : « ligne sans points » et « points hors ligne ». Or, il clair que par-là Lacan nous introduit à la théorie des catégories via ses variétés topologiques, à commencer par le point de capiton qui n'est qu'un simple lacet, pour aller jusqu'au point de pénétration de l'asphère, cet ombilic du rêve pointé par Freud, qui nous donne la clé du va-et-vient qui s'établit entre le refoulé et son retour. Ne serait-ce que dans le tome premier de son séminaire (année 1954), nous avons déjà la liste :
1°des points de repérage, de partage et de perspective (point de repère ; points où la perspective s'établit, -comme dans le tableau des Ménines- ; point de vue structurel ; point de mire idéal ; point de référence ; point de vue central, point pivot ; points cruciaux ; points de fracture dans l'unification, la synthèse de l'histoire du sujet ; points des failles de la démonstration) ;
2°des points de convergence ou de transition (le point extrême ; point d'arrêt ; point d'origine, de genèse ; point d'ouverture ; point central ; point capital ; point de déclic ; point-ressort ; point sensible ; point critique ; point significatif) ;

l'exemple de Lavoisier[104] en tant qu' « héritier » de Priestley, et pourtant fondateur d'une discipline radicalement nouvelle : la chimie, par opposition à l'alchimie. En quoi l'exemple de Gallois est-il plus pertinent pour sa démonstration ? En ceci qu'Évariste a su puiser dans le rebut du travail de ses aînés. Voici le commentaire d'Alain Badiou à ce sujet (LDM, p.487):

> « Il [Évariste] se demande en effet où se tenaient les idées absolument nouvelles qui l'ont visité, mais qui aussi bien ont trouvé une forme mutilée chez Cauchy, ou une forme trop circonscrite chez Abel. »

En réalité, Gallois est plus lacanien que Badiou lui-même, puisqu'il écrit :

> « Il semble souvent que les mêmes idées appartiennent à plusieurs comme une révélation. Si l'on cherche la cause il est aisé de la trouver dans les ouvrages de ceux qui nous ont précédés, où ces idées sont présentes à l'insu de leurs auteurs ».

Aurait-il eu quelque accès intuitif à l'inconscient de manière à dire à sa façon que l'insu est à la racine du savoir, ou pencherait-il pour une sorte de monopsychisme insufflé par quelque divinité omniprésente, qui aurait validé d'avance le résultat de l'ordalie, à propos d'une femme, à laquelle Évariste s'est prêté lors de son duel mortel ? Il aurait mieux valu

---

3°ainsi que des points d'émergence ou d'aphanisis (point d'émergence ; point d'insertion ; point virtuel ; points énigmatiques ; point précis de résonance ; point de partage des eaux ; point où doit se faire cette conjonction ; point fécond ; points phonématiques ; point où l'amour s'arrête ; points où le symbole n'a pas pu assimiler ces éléments imaginaires en tant que ça veut dire que c'était traumatique ; etc. Avis aux amateurs qui aimeraient retrouver leurs équivalents dans ce que Badiou nous propose.

[104] Dagognet François, « Sur Lavoisier », *Cahiers pour l'analyse*, n°10, Cercle d'épistémologie de l'ENS, Seuil. Lavoisier que la République a remercié en le livrant à la Veuve (la guillotine).

qu'il prenne quelque congé, les pieds dans l'eau du Guadalquivir, où il aurait peut-être bénéficié de la mansuétude de l'intellect agent, de ce « sujet transcendantal qui investit en quelque manière la puissance cognitive des sujets empiriques », ainsi que s'exprime Badiou (LDM, p.111), dans la foulée de Kant.

6°. Théorie de l'objet chez Alain Badiou

Alain Badiou connaît le *das Ding* heideggérien et donc la théorie de l'objet qui lui est sous-jacente. Dans son genre, un saint Thomas d'Aquin ne s'est pas contenté de pisser ses flou-thèses[105] dans l'inconscient de l'Autre. En retour il y a puisé quelques concrétions, quelques otolithes, et nous ferions bien, à l'instar des crevettes, de nous en lester les esgourdes. Après-coup, il nous sera loisible de baptiser « *ding*-uerie » le jeu de ces pierres cristallines et de les examiner sous l'angle d'approche que nous propose Badiou avec sa théorie des objets. S'agissant de l'objet dit « paternité divine », au chapitre de la Trinité[106] dans sa *Somme théologique*, l'Aquinate nous propose une lecture qui va introduire la notion de similitude (*Gleichkeit* chez Wittgenstein) au sein des relations de personne à personne dans la trinité, similitude confiée à un véhicule, nommément la grâce. Grâce, ou instance de la loi selon saint Paul, toutes deux référées par Lacan à son objet petit 'a', en tant que diamant (*agalma*) et enforme de l'Autre.

Il est clair que la notion de paternité introduit un lien de subordination entre le Père et le fils, entre celui qui engendre

---

[105] N'a-t-on point écrit (à propos de l'attribution par saint Thomas d'Aquin de fausses erreurs à Averroès) : « Thomas se trompe : c'est un fait. Mais il se trompe sciemment. Donc ...il nous trompe. » Cf. Alain de Libera, 2004, *« L'unité de l'Intellect » de Thomas d'Aquin,* Vrin, p.169.

[106] *La Trinité,* tome second, Éditions du Cerf, 1962, p.19-20.

et l'engendré, tout à fait préjudiciable au jeu d'un certain homéomorphisme entre les personnes de la trinité chrétienne. S'ajoute à cela l'existence de traditions différentes et de conceptions divergentes de l'autorité entre chrétiens d'Orient et d'Occident, ces derniers se montrant moins intransigeants quant à ses modalités opératoires, notamment le lien de vassalité ou de subordination. En Occident, on a le genou sensible et l'on réserve les prosternations[107] aux pénitents, encore qu'il existe de surcroît, même de nos jours, un gradient sur l'axe nord/sud, sud où les organisations de pénitents sont infiniment plus actives.

Bref, saint Thomas d'Aquin est écartelé entre des exigences contraires, celles qui accordent la priorité de la « paternité personnelle » sur la « paternité au sens essentiel » (voyez saint Augustin) et celles qui revendiquent pour le père et le fils une identité numérique.

Mis en position de concilier les inconciliables, l'auteur de la *Somme* s'en tire, par conséquent, en attribuant au Père comme au Fils la même nature, la même gloire et donc le même quantum de jouissance, laissant ainsi une paternité vestigiale aux « créatures sans raison », autrement dit aux étourdis, parmi lesquels il situe tout de go Job, *stultus* toujours là pour évoquer « la jouissance qu'il ne faut pas », en posant des questions du genre : « Qui est le Père de la pluie ? /… / Qui donc a engendré les gouttes de rosée ? » (o.c. p.20).

Le travail de Badiou vise la mise en forme logique de tels liens, envisagés, par exemple, sous l'angle de l'intensité : non pas des similitudes mais des identifications au sein des liens réciproques, ainsi que nous l'avons mentionné à propos de l'identité « anarchiste ».

---

[107] Thomas d'Aquin : *La Trinité,* o.c., p.15 : « Aussi l'Apôtre dit : "Je fléchis les genoux devant le Père de mon Seigneur Jésus-Christ, de qui toute paternité au ciel et sur la terre tire son nom" ».

Notons que Badiou élabore une théorie de l'objet sans faire référence au spécialiste reconnu de cet exercice, Meinong, élève de Brentano, tout comme Husserl et Freud, pas plus qu'il ne mentionne Giuseppe Longo[108]. À croire qu'il ne met plus jamais les pieds à l'ENS ou que « les espaces de phases et les trajectoires du vivant» que décrit Longo, par exemple, seraient extimes au regard de la phénoménologie de Badiou.

Face aux prises de position alternées des théologiens[109], d'est ou d'ouest, concernant la trinité et ses avatars, soutenues effectivement au cours de l'histoire, Badiou tient le bon fil, la bonne diagonale, lorsqu'il conclut qu'il est nécessaire de se révolter lorsque le quantum de jouissance tutoie le minimum compatible avec la vie et même crève l'enveloppe Σ du supportable. Toutefois, ce qu'il s'agit de comparer, ce sont les figures de l'oppression, dans leur effort de rendre difficile l'expression de la révolte, d'où la justification implicite des postures de la soumission ou de l'atonie.

7°. Éveiller le peuple qui dort

Il est curieux que Badiou se soit intéressé au *Rivage des Syrtes* de Julien Gracq, où il repère une vérité en état d'hibernation qui ne demande qu'à être éveillée, éveil sous forme d'une prise de décision « vitale » qui consiste, pour Orsenna, à sortir « d'une survie apparente dans la mort historique (LDM, p.431)», sortir, afin d'entrer en conflit avec

---

[108] Jacques Bailly & Giuseppe Longo, 2006, *Mathématiques et sciences de la nature* (La singularité physique du vivant), Hermann Édit.

[109] Étienne Gilson (cité : LDM, p. 554), l'exorciste des théologiens, serait-il exclusivement apprécié par Badiou en raison de son intérêt pour le mûsement ou ne serait-il pas là comme tenant lieu de son [celui d'Étienne Gilson] élève, Alain de Libera, féru en universalité et transcendance, mais dont l'œuvre est d'ores et déjà promise à l'enfer des bibliothèques ?

le Farghestan, même si l'issue de cette guerre, et donc la destruction d'Orsenna, ne fait point de doute.

Pour ma part, dans un écrit déjà ancien[110], j'avais considéré comme « une traversée du désert » ce passage par une longue phase d'atonie, le long d'une « ligne sans points », aurait noté Jacques Lacan, traversée du fantasme selon une géodésique comportant des parties non dérivables et donc sans « ombre portée », qui nous offre l'occasion d'apercevoir ce qui fait obstacle, ce qui fait obstruction à un nouveau départ, à un « fondement d'une syntaxe sociale » nouvelle, ai-je dit, aperception qui aurait dû changer jusques, y compris, la perspective dans laquelle le Farghestan se complaisait lui-même, tant il est vrai que dans le transfert il y a réciprocité des sentiments. Éveiller le peuple qui dort, le sortir de son atonie sont choses qui font partie de l'art de l'hypnotiseur, le *Rattenfänger*. Mais il est de son pouvoir de commander et d'obtenir une atonie sabbatique d'un ou plusieurs millénaires, à moins que … Autant qu'il m'en souvienne, au désert des Syrtes se dresse un certain nombre d'éminences fascinantes, d'une blancheur quasi corporelle, connotant un phallicisme irréductible. Rappelons qu'il s'agit de la tour de l'Amirauté, du volcan de Tangri et de l'île de Vezzano, dont la visibilité et donc l'apparaître ne sont pas contestables. Or, d'un certain point de vue, au sein d'une « analytique des parties (LDM, p.244) » d'un transcendantal T, il est loisible de scotomiser ces « détails ». Se peut-il que Badiou ait fait table rase de ces Temples afin de leur substituer son propre culte de l'inexistant ?

À moins qu'on n'en passe, pour les dissimuler, par la 'fonction alpha' de Bion ou le pot de moutarde 'toujours vide ' de Lacan, en tant que « contenant », fonction enve-

[110] S. S-N., 1983, « ... d'une syntaxe sociale » (de la traversée du désert comme préalable à tout fondement d'une syntaxe sociale), *Littoral*, n°7/8, p.47-66.

loppe Σ, de même que la panse du loup soustrait à notre regard la brebis faisant office (*овца*) d'« intérieur [*inexsistant*] inclus dans ce dont il est l'intérieur »? Conclusion: foin des éminences du corps, à tout tondre ! Et vive le gynandre du mythe d'*Er* !

Il en va tout autrement en T', en tant qu'axiome gouvernant le monde de la publicité et où l'identification (« projective », ainsi que je m'en soucie dans mon travail sur *Le désert des Syrtes*) de certaines « parties » est tout à fait essentielle. L'art des publicitaires consiste, en effet, à passer inopinément de T à T', avec les *qui pro quo* qui s'en engendrent, de manière à réactiver certaines traces ε inscrites dans l'inconscient de leur public.

Ainsi le phallicisme, dans son acception virile, intéresse les marchands proposant des produits destinés spécifiquement à la mise en valeur de cette virilité. De même que certains anars, saisis par Badiou dans une manif, se sont fait une mine « patibulaire » pour la circonstance et donc ont soigné leur « visibilité » parmi le tout-venant des brebis bien sages, défilant sous la houlette des services d'ordre, de même d'autres peuvent aspirer à une visibilité dans toutes sortes de domaines, et cela ne concerne pas évidemment que les individus, mais aussi les entreprises, voire les institutions. L'intensité de visibilité *M,* ainsi que celle notée μ par Badiou, constituent un différentiel à enseigner dans toutes les écoles de commerce, voire d'économie politique, où le nom de Badiou, en tant que sujet de la science, pourra à la limite être tu.

Comparé aux pyramides mathématiques qui se sont élevées à partir des avancées récentes de la théorie des catégories (ainsi que me l'a aimablement rappelé Jacques Riguet, décédé depuis), le travail de Badiou fait figure d'édicule, et, pourtant, d'heureux marchepied vers ce qui n'est pas à ma portée.

Mon écrémage de ce que ce livre apporte à ses lecteurs laisse dans l'ombre la nécessité d'une lecture particulièrement attentive, sous peine de se trouver quelque peu désorienté. Évidemment, la difficulté est moindre pour quiconque est familiarisé avec la lecture de Jacques Lacan.

8°. De l'onto-phénoménologie

Il nous est donné de lire par exemple (LDM, p.228) :

> « Insistons sur le fait que l'unicité est ici unicité dans l'apparaître. Il se peut très bien que deux étants-multiples ontologiquement distincts appartiennent à la même composante atomique – soient éléments du même atome. »

Le lecteur risque d'être saisi d'une crispation car l'expression « éléments du même atome » contrevient au sens du terme « atome », pris à l'ordinaire dans son acception étymologique d'insécable. Or, chez Badiou, atome s'entend selon deux contextes distincts, l'un : phénoménologique, comme ici, étant souligné qu'il s'agit de « l'unicité dans l'apparaître », avec cette précision : (LDM, p.227) « L'atome /…/ c'est, non pas "un et un seul", mais "si un, pas plus qu'un seul et sinon aucun" ». On reconnaît ici le phallus imaginaire tel qu'il fait problème pour nombre de lecteurs de Lacan.

Chemin faisant surgit une question mienne : « A qui donc Badiou s'adresse-t-il ? ». Pour Lacan s'est spécifié : son interlocuteur c'est le *bachelor,* le désirant par excellence. Badiou s'adresse à des entités bien répertoriées sous leur emballage recyclable, parmi lesquelles seules l'intéressent celles qui sont en mesure de produire, tel un transcodeur numérique, une traduction simultanée de ce qu'il énonce, lui Badiou. Ce sont des « discriminants fidèles ». Les autres seront empaillés pour l'éternité.

Dans le second contexte: *h'ontologique*, Badiou parle d'«atome réel » et pour cela il introduit la notion d'ensemble support. Il suffit pour le suivre de se rapporter au *Dictionnaire des concepts* en fin de volume où il est dit (LDM, p.607):

> « L'ensemble support d'un objet est sa dimension ontologique, soit, en lui, l'étant, ou *ce qui* apparaît, donc un multiple pur. L'autre fonction est la fonction d'identité qui le rapporte au transcendantal. C'est la dimension logique. »

Il est clair que Badiou s'institue à cette place de 'ce qui apparaît' : une étoile filante au firmament (*Chubbim*) des philosophes.

L'embêtant est que le terme de « logique » se retrouve aussi bien dans phénoménologique que dans ontologique. Un discriminant fidèle pourrait être « l'Énoncé 39 », qui dit : « La mort est une catégorie de la logique – de l'apparaître – et non une catégorie de l'ontologie – de l'être », avec pour corollaire « la nécessité d'évacuer la pensée de la mort, de notre être mortel ». Plus facile à dire qu'à réaliser.

Revenons à l'«atome réel », (p.604) où nous trouvons la définition que voici :

> « Soit 'a'[111] un élément fixe de l'ensemble–support A d'un objet. Soit la fonction qui fait correspondre à tout x de cet ensemble la valeur transcendantale Id (a,x) qui mesure le degré d'identité de l'être-là [le *Dasein*] de x à celui de 'a'. On démontre que cette fonction est un atome, et on l'appelle l'atome réel prescrit par 'a'. »

Il ne reste plus à l'éventuel lecteur qu'à retourner aux pages où figure ladite démonstration.

---

[111] Les guillemets simples de 'a' sont de nous, S.S-N, afin d'en faciliter la « visibilité ».

9°. Le Spartacus des temps modernes

Les applications que Badiou propose à titre d'illustration de ces formules sont parlantes. On perçoit clairement le souci qui est le sien de dégager une vérité de la gangue des détails qui la dissimulent. La comparaison entre les anarchistes durs de Montreuil et ceux de Saint-Denis, en dépit de la disparité de leur apparaître, conduira à conclure qu'ils sont identiques sous l'angle de la « logique politique de l'apparaître ». De même, la valeur de vérité de la foule de détails repérables dans le tableau d'Hubert Robert, analysé par Badiou, est tenue pour nulle afin de promouvoir « une diagonale verte, noire et jaune » (LDM, p.229) supportée exclusivement par l'atome d'un arbre, « Diagonale » qui ne concerne que l'infinité des palettes de couleurs invoquée, alors que, malheureusement, c'est un vocable qui, à l'usage, vient se substituer à la sacro-sainte transversalité, synonyme du « ni vu ni connu j't'embrouille ». Ici il y aurait lieu d'examiner l'infinitisation du désir et ses ramifications à l'œuvre chez Badiou, pour y loger des aphorismes du genre « Notre grande affaire, c'est l'infini »[112], chose qu'il y aurait lieu de mettre en parallèle à ce que Lacan a pu articuler sur ce sujet, notamment dans *Ou pire*, mais qui déborderait du cadre de ma présentation en cours de l'ouvrage de Badiou.

Beaucoup plus malaisée, voire réputée partiale, serait une enquête, qui, suite à l'examen de l'apparaître d'un procès, tels ceux qui se sont multipliés au temps de Staline, permettrait de conclure que, par-delà son déroulement formel et son apparat, il s'agirait d'un procès préfabriqué destiné à affaiblir, voire à éliminer, les rivaux de Staline en personne. Toutefois, ce genre de méthode serait peut-être utile au repérage et à l'identification, au sein d'une foule énorme de

---

[112] Thématique de l'infini qu'il y a lieu de suivre de Hegel à Lacan, laquelle Badiou souscrit avec son *Le fini et l'infini*, Bayard édit. 2010.

données et de situations possibles, d'un kamikaze sur le point de s'immoler en quelque point déterminé du globe.

La difficulté, pour qui a goûté aux charmes de ce livre, est de s'en abstraire afin de situer la perspective qu'il ouvre parmi celles qui, à partir de Pythagore, en passant par la Cabbale et jusqu'aux avatars de la gödélisation, proposent une arithmétisation du monde ou des mondes, arithmétisation qui, chez Badiou, culmine en 66 énoncés, et donc autant de noms de la création ou de son Créateur. On entre, nous entrons dans son « Plan » comme dans une axiomatique, où tout développement n'est que la récolte des fruits dus à un lot de semences de départ, dont la généricité se trouve ainsi mise à jour, avec, pour conséquence, l'illusion d'un emboîtement linéaire tributaire d'une causalité du même type, la *causa prima* s'accommodant ici d'un zéro pointé, en forme d'axiome de la dialectique matérialiste : « Il n'y a que des corps et des langages, sinon qu'il y a des vérités » (Énoncé I). S'il est correct de dire, selon Badiou, qu'une vérité s'incorpore, nous voyons aujourd'hui que des pédiatres fabriquent des bébé-robots, qui, à leur tour leur enseignent la façon dont les enfants, les vrais, incorporent la marche ou le langage. Et je viens d'entendre parler pour la première fois des fœtal-robots (ce dimanche, 28.5.15, à 23h10, sur Arte), que l'on destine à observer ce que le fœtus est censé sentir, et donc vivre, in utero.

Ma présentation du livre de Badiou, avec les coqs-à-l'âne qu'elle cultive, vise essentiellement à ce que ses lecteurs puissent s'éviter de penser que, sous prétexte d'axiomatisation, on a affaire à une machine à fabriquer des saucisses de Chicago[113]. Mes références discrètes à Alain de Libera et à Gioffredo Longo sont là pour faire bonne me-

[113] Blague circulant dans les milieux des physiciens. L'*input* de la machine étant constitué par des cochons et des axiomes, et l'*output* par des saucisses et des théorèmes.

sure, puisqu'il s'en faut que leurs productions respectives soient davantage accessibles au Grand Public.

En réalité, à suivre Longo, et bon nombre d'autres chercheurs actuels, rompus aux subtilités de la théorie du chaos appliquées à la physique quantique et même au vivant, il y a lieu de considérer un autre type de causalité que la causalité linéaire, et donc une causalité en forme de réseau.

Le fil de laine de la vérité, ce fil rouge fort entortillé chez Badiou, ainsi que nous en avons rendu compte, nous fait passer, à l'instar de Lacan, après une rupture des symétries en miroir que comportaient les anciens modes de production, par-dessus la brebis et la quenouille, directement au métier à tisser, ce qui se traduit, dans l'« Énoncé 5 » de Badiou, par l'introduction du terme « événement » qui vient un peu comme les cheveux sur la soupe alors qu'il n'est pas prédéfini. Événement est abrégé en ε, (comme *Ereignis*), lettre qui fait double emploi avec la trace. Il est vrai qu'avant le big-bang de son E&E2 il y eut une autre temporalité, qui n'était pas sa négation mais son envers[114] : celle du E&E1 et sa lueur atone.

Tel Tati sur son vélo (dès lors que nous avons là les deux roues emboîtées du monde, celles de l'être et de l'apparaître), Alain Badiou va son chemin, et il faut du courage pour le suivre. C'est à ce prix toutefois que chacun reçoit son salaire.

Pour ma part, au temps où je faisais partie du jury de passe aux CCAF, et donc en 1983, j'ai connu un collaborateur de la revue *Tel Quel* et membre de ce jury, qui souhaitait déjà que chacun fasse table rase en matière de théorie psychanalytique. C'était une façon de faire main basse sur la

---

[114] LDM, p.596 : « dans le transcendantal d'un monde, tout degré admet un envers. » Et aussi (LDM, p.596) : L'envers de l'envers du degré minimal est égal à ce même degré ($\neg \neg \mu = \mu$, et $\neg \neg M = M$).

normalité et donc sur la vérité du symptôme, symptôme qui ne se signale que par son ab-normalité, d'où la disparition du symptôme dès le DSM IV bis, mais aussi de la langue de bois psychanalytique. Cet appareil n'est qu'un substitut d'un autre, celui de la logique intuitionniste sans négation de Heyting, ainsi que Badiou le confesse (LDM, p.556 & 563). À partir d'une théorie des Ω-ensembles, où Ω désigne une algèbre de Heyting complète, Badiou transcrit Ω en T, T comme transcendantal. Toutefois, il n'est pas malaisé de repérer l'usage qu'il entend en faire au quotidien, surtout aux chapitres où sa doctrine s'exemplifie. On le voit, Badiou est aux antipodes du mot d'ordre à la mode qui nous dicte « la règle d'abandon de tout principe ».

10°. Le garant de l'amour Universel

Badiou a parlé de l'amour en divers endroits de son œuvre mais il est deux écrits auxquels nous allons nous intéresser. D'abord, paru en 2009 et réédité en 2011, *L'Éloge de l'amour*[115], puis, en 1999, un texte intitulé « La scène du deux » édité dans un recueil portant le titre *De l'amour*.[116] Dans ce dernier, Badiou s'intéresse à la formule de Lacan : « Il n'y a pas d'acte sexuel inscriptible dans une structure », sauf que la fin de la phrase est régulièrement omise et l'on s'en tient généralement à son début, à savoir « Il n'y a pas d'acte sexuel » ce qui a tout d'une contre-vérité. Du coup Badiou cafouille.

Il cafouille intelligemment mais l'essentiel est raté. Quand Lacan dit 'acte', il pense 'pacte'. Le mariage, mais aussi le moindre projet de vie avancé au nom de l'amour, suppose un 'engagement', terme qui intervient au moins à

---

[115] Badiou Alain, *L'Éloge de l'amour*, [EA] Flammarion, 2009, et Champs essais n°993, 2011.

[116] Badiou Alain, « La scène du deux », in *De l'amour,* [DA] Champs Flammarion, n°118, 1999.

deux reprises dans le livre [DA, pp.17 & 24), sauf que dans un pacte il convient de désigner les 'parties prenantes', alors que c'est impossible, dès lors que ces dernières sont exclusivement envisagées selon leur sexuation. On n'apparie pas sexuellement les humains comme les vaches avec les taureaux, même si cela y ressemble. On peut à la rigueur définir ce qui serait juridiquement un mâle, mais la théorie du genre montre excellemment la dysharmonie entre les partenaires dans le jeu de l'amour et du hasard, nonobstant le fait que les couples réels jurent qu'ils parviendront à l'harmonie et à faire 'un' contre vents et marées[117]. Qu'en est-il de la 'proportion anharmonique' dans l'affaire ? Eh bien, hormis le cas d'une perversion qui tentera de forcer cette harmonie (en chantant très haut et en toute fierté ses panachages multicolores), il est clair qu'à partir du moment où ladite série de Fibonacci apparie initialement le 1 et le 2, le rapport de la double série qui s'en engendre ne convergera jamais vers l'unité. Au demeurant, c'est là un fantasme increvable qui obsède maints couples. Faire un ! Il est loisible de rêver, voire à ruer dans les brancards de manière à esquiver cette norme, ce dont se charge l'effort culturel (voire cultuel ?) de notre temps. Échapper à la norme névrotique de l'objet petit 'a' comme enforme de tout non-rapport devient une hantise, et tous les moyens sont désormais bons (médicamenteux ou addictifs) pourvu qu'on ait le sentiment de ramer à contre-courant. Que toute une avant-garde européenne se soit épuisée au jeu de cette nouvelle sacralité est le constat qu'il y a lieu de falsifier de manière à 'résister' (le terme est de Ba-

---

[117] Le mariage homosexuel a au moins l'avantage de prôner avec quelque évidence que I + 1 font 1. Ceux qui n'en sont pas persuadés préfèrent aujourd'hui faire l'amour en réunion. La foule cela fait UN, sinon nous avons affaire classiquement à la conjonction d'un phallophore au sens strict, compté 1, avec un pas-tout phallique compté i(a) ; accessoirement la conjonction se fera entre un tout-phallique et un plus-du-tout phallique (et donc opéré et châtré).

diou) à ceux qui, au nom d'un mondialisme à la gonfle, poussent nos concitoyens à abdiquer toute forme de dignité.

Ici Badiou a le mérite de brandir bien haut la bannière de l'éthique. Il cède ainsi parfois à l'utile.

Jacques Lacan c'est bien gardé d'élever sa formule au rang d'une pensée, car on ne voit pas comment elle se hisserait à l'universel d'un « il n'est de rapport sexuel qui ne soit anharmonique », puisque ce serait déjà promouvoir l'idée d'un rapport sexuel, tentation à laquelle Alain Badiou a quelque mal à résister[118]. Situé suite aux deux précédents (et donc en 2010), ce volume contient la contribution de Badiou : « Formules de 'L'Étourdit' ([F&E] pp.101-137) ». où, de même que chez Barbara Cassin, c'est la question du réel tel que conçu par Lacan qui sera au premier plan. Le propos de Badiou tourne autour d'une citation de Lacan dans l'Étourdit :

> « Freud nous met sur la voie de ce que l'absens désigne le sexe : c'est à la gonfle de ce sens-absexe qu'une topologie se déploie où c'est le mot qui tranche ».

Badiou lit cette proposition en philosophe et donc il rate l'essentiel : à savoir le rapport du sexe au réel de la castration, réel hors-sens que Badiou percute tout de même, et ce qu'il en dit vaut le détour. Cependant, en tant que philosophe, il traîne le boulet de l'univocité et donc vit l'équivocité comme du non-sens : glissements de sens au gré du signifiant et donc spécificité lacanienne. Nonobstant les conclusions qu'il en tire quant à la position de Lacan à l'égard de la philosophie (qu'il reprendra dans son *Lacan anti-philosophe* [119]), Badiou note par exemple ceci ([F&E] p. 107) :

---

[118] Badiou Alain, Cassin Barbara : *Il n'y a pas d'acte sexuel. Deux leçons sur l'Etourdit de Lacan*, Fayard édit. 2010 »

[119] Badiou Alain : *Lacan, L'antiphilosophie 3,* Fayard, 2013.

> « Chez Lacan, c'est de ne pas voir ni vouloir entendre que 'vérité' soit ce dont tout savoir tient, qu'il touche au réel ».

Il s'agit bien là de réel, celui topologique de la bande de Moebius, sauf que là : savoir et vérité sont comme cul et chemise, et c'est encore en vertu de cet *ab-sens* impensable que la formule de Badiou boîte. Car vérité et savoir seraient-ils topologiquement indiscernables ? À partir de cette question Badiou glisse subrepticement du côté de l'opinion que Lacan serait crypto-catholique, coup de pied de l'âne, en passant, bien entendu ; on ne se refait pas. Serait-ce une forme de *mea culpa* qu'il nous adresse après-coup, lorsqu'il profère (p.121) : « /…/ la philosophie ignore la position en réel du savoir. Elle l'engloutit dans l'amour de la vérité » ?

11°. Autour d'Alain Badiou

D'autres formules seraient à développer à partir de ce texte de Badiou, ne serait-ce (p.103) que quand il dit : « Et du réel on dira qu'il est l'être nu ». Mais il est temps d'examiner de quelle manière Badiou est perçu par d'autres, pour autant qu'ils l'aient lu, notamment dans un volume intitulé *Autour d'Alain Badiou*[120] où une douzaine de contributions se trouvent réunies, qui viennent examiner les rapports de Badiou aux mathématiques, au théâtre, à l'art (et tout spécialement à la musique), ainsi qu'à l'égard de ses contemporains comme Sartre, par exemple. Je vais privilégier ce dernier item, compte tenu du fait que ce sera l'occasion pour moi de mentionner les rapports de Badiou à la politique, qui tient une place prépondérante dans ce qu'il écrit et que j'ai escamoté en quelque sorte jusqu'à présent.

---

[120] Terray Emmanuel, « Badiou et Sartre », in *Autour d'Alain Badiou,* Germina édit. 2011.

Mais il y a lieu de mentionner d'abord le livre d'Éric Marty : *Une querelle avec Alain Badiou philosophe*[121], où l'auteur reproche à Badiou ses prises de position en faveur des Palestiniens, et donc contre ceux qu'il dénomme les 'sionistes'. Éric Marty en est manifestement un, et vers la fin de son volume il croise le fer, d'abord avec Gilles Deleuze, mais aussi avec Etienne Balibar et Jean-Marie Lévy-Leblond ; cependant il épargne Michel Foucault, qui, en authentique extra-terrestre, s'était cramponné à un 'ni-ni', sur ce terrain éminemment conflictuel.

Dans *Autour d'Alain Badiou,* c'est ce dernier qui ouvre le bal avec le texte *:* « Trois jours heureux ». Il y avait de quoi parce qu'on y parlait de lui. C'est encore lui qui participe par une autre contribution (pp.213-234)*:* « La relation énigmatique entre philosophie et politique».

Le texte d'Emmanuel Terray apporte quelques précisions sur certaines parties de l'œuvre de Badiou mais dans l'ensemble son apport est assez anodin. L'auteur trace surtout un parallèle entre Sartre et Malraux, où Badiou n'a qu'un rôle de comparse, pour ce qu'il en est de magnifier l'engagement militant, antienne qui a bercé toute mon adolescence, alors que je sortais d'un engagement forcé dans un club de sport d'inspiration hitlérienne (à neuf ans) suivi d'un enrôlement d'office dans les jeunesses communistes bulgares (à treize ans). Lorsqu'à 17 ans je me suis vu proposer, en France, l'entrée chez les scouts, je me suis abstenu sachant d'avance qu'on allait abuser de ma 'fidélité'. Fidélité : signifiant majeur dans le ou les évangiles marxistes successifs que prônait Badiou. Je suppose que Terray n'a jamais connu le divan d'un psychanalyste puisqu'il accumule les dénégations du style (p.128) « Je ne me livre pas à un petit rappel historique /…/ » Mais si ! Mais si ! Et il aurait bien

[121] Marty Éric: *Une querelle avec Alain Badiou philosophe,* [QB] L'infini/Gallimard, 2007.

aimé que ce rappel fut plus grand encore ! Il est si peu assuré de son bon droit qu'il en appelle aux lecteurs pour qu'ils lui permettent (p.129) de rappeler ici ce qu'il a écrit jadis. Il ne voit pas le conflit que Badiou engage à l'encontre de Russel, quand il dit :

> « Alain Badiou procède à une véritable déduction de l'apparaître à partir de l'être [configuration RSI chez Lacan] /…/ Elle passe par le théorème qui établit qu'il n'existe pas d'ensemble de tous les ensembles /…/ »

C'est bien la sorte de bévue dont je serais capable. Mais qui donc sinon Russel a parlé de « tous les ensembles qui ne se contiennent pas eux-mêmes ? » Soit dit en passant : il est tout à fait patent que Badiou récuse toute forme d'universalité.

Terray fait état de ses lectures, notamment du texte de Badiou « D'un désastre obscur »[122], où il prélève ceci ([QB] p.133) : « Les animaux humains ne sont en communication que pour autant qu'ils sont incorporés l'un et l'autre dans une procédure de vérité /…/. » Suit un commentaire qui est forcément à côté de la plaque, puisque dans sa phrase Badiou déroge à (ou subvertit) ses présupposés de départ, dès lors que ce sont les âmes qui s'incorporent dans les animaux, et non pas le contraire. Puis (p.133) il est question du 'groupe en fusion', expression tirée du jargon révolutionnaire pour dire bêtement 'la foule en colère'. L'expression revient p.135, par la bouche de Jean-Paul Sartre, mais je me demande si ce n'est pas lui qui était visé par l'auteur du livre *D'un discours grandiloquent.* On lit dans le texte de Terray que la fidélité militante suppose un serment et des sanctions (contre les renégats [DDO p.39]), exactement comme dans certaines sectes, y compris la mafia.

---

[122] Badiou Alain, *D'un désastre obscur* [DDO], éditions de l'Aube, 1991. On y lit par exemple ceci (p.8) : « Tout anti-communiste est un chien » (dixit Sartre).

Bien plus profitable m'a été la lecture de l'apport d'Isabelle Vodoz, traductrice, qui a travaillé pour Badiou. Dans son texte intitulé : « Alain Badiou et les langues étrangères » (titre qui lui a été suggéré par Badiou lui-même), nous trouvons amplement de quoi compléter la biographie de Badiou. Il y est dit par exemple que celui-ci avait passé le bac math-*élém.* mais qu'à la session suivante il a passé le bac philo, de façon à entrer en khâgne, et qu'il n'avait étudié ni le grec ni l'allemand, alors que Freud et Heidegger ne sont vraiment accessibles qu'à cette condition. Il semble qu'il ait appris l'anglais sur le tas et qu'il ait fini par être en mesure de faire des conférences en anglais, au prix toutefois d'un énorme accent français. Isabelle Vodoz nous offre aussi des échantillons de la traduction du texte de Platon tels que Badiou les fabrique dans son propre texte de *La République de Platon*.

Toutes les contributions présentes dans ce volume sont à lire, évidemment, mais aussi les nombreux textes explicitement politiques dont il ne m'appartient pas de dresser la liste. Il reste que le nombre règne. Dans *Le nombre et les nombres*, Badiou s'en soucie et nous sort de derrière les fagots une maxime grecque (*aei o antropos arithmezei*) censée prescrire à la pensée « sa condition singulière dans le mathème. Dans l'actuel empire du nombre, il ne s'agit pas de la pensée. Il s'agit des réalités. »

12°. En guise de conclusion

Le « tu es ceci », qui m'est renvoyé par Badiou, via Jacques Lacan (cf. mon exergue) me pétrifie, et c'est donc comme statue de sel que je capte les vapeurs moirées que nous *dispense* son souffle, du haut de sa stature, d'abord, et de sa position d'universitaire de haut rang, ensuite. Tel Sisyphe il a ses chaînes, bien évidemment, politiques certes, idéologiques parfois, mais familiales pour l'éternité, pas plus que tout un chacun, toutefois. Tel Actéon, et pour avoir contemplé la philosophie dans sa nudité, il est condamné à courir le jupon comme un cerf, et c'est cette servitude sienne, qui, à l'instar de Jean-Paul Sartre, son idole, nous le rend particulièrement sympathique.

En réalité, plutôt que de conclure sur Badiou, il m'appartient à présent de manigancer une transition vers ce qui suit, à savoir Alain de Libera, le « libérateur » des consciences, et ce qui s'impose à moi c'est un retour sur la naissance de la subjectivité aux temps homériques, son formatage par la scolastique, puis au travers d'une phase marquée par le discours de la science, son devenir au gré de sa phénoménale déconstruction de nos jours.

Dans son opuscule intitulé *Paracelse*, Alexandre Koyré insistait sur le fait qu'à cette époque (au XVème siècle) tout était de l'ordre du possible, et donc soumis au caprice des dieux, mais qu'à partir de l'arrivée du discours de la science certaines positions viendront à être frappées d'un impossible (impossible que le monde soit là, à tourner autour de la terre, par exemple). Par-là s'introduit l'instance du Réel, selon Jacques Lacan. Avec la nouvelle imagerie informatique, nous vivons un retour à un monde où 'tout est possible', mais forcé de coexister avec le modèle ancestral proposé par l'islam, lui aussi soumis à des turbulences théologiques ; toutes choses qui se traduisent pour l'essentiel par un brouillage des codes et la naissance de modes de subjectivité et de jouissance inédits.

Sur le point de me rendre à Cerisy-la-Salle pour un colloque intitulé : « 80 ans de philosophie scientifique (1935-2015) », je me suis mis en quête (dans ma bibliothèque) d'auteurs qui avaient développé ce genre de sujet et, parmi eux, je suis tombé sur Paul Feyerabend et son *Against*

Method[123] [AM] qui annonçait un renouveau, sinon un bouleversement, dans l'abord philosophique des questions posées par la science, auteur dont un livre nouvellement paru en français nous rappelle et sa biographie et ses ras-le-bol.

Feyerabend, qui se dit anarchiste (mais on le serait à moins, vu ce qu'il a vécu, notamment pendant la guerre 1939-45), s'emploie donc à déconstruire le modèle de scientificité en usage à son époque (disons dans les années cinquante) et ceci en partant d'une étude de la phraséologie en vogue et du type de subjectivité qu'elle implique, par analogie avec celle telle que saisie dans le contexte homérique, et dont il démontre l'homologie profonde avec les slogans, les mots d'ordre qui gouvernaient jusqu'à une date récente la conception générale de la scientificité. Wittgenstein n'est pas cité à l'index des noms propres de ce volume, et pour cause. L'étude du langage en œuvre chez Feyerabend devient tout à fait primordiale lorsqu'on aborde le chapitre 17 de son *Contre la méthode.* Son traducteur (de l'allemand en anglais) n'a pas hésité à nous laisser en allemand, et sans le traduire, un double quatrain de vers issus du *Weltende* de Jacob von Hoddis, qui décrit une sorte de fin du monde cataclysmique, où les humains ne sont présents que par leur haut-le-cœur et leur sens du nauséabond (*haben einen Schnupfen*). L'important (souligné en note par Feyerabend [AM p.241 n.57]), c'est que « la catastrophe ne saurait être fantasmée (et donc rêvée) sans qu'elle ne soit associée à quelque idée sans importance. Le grand est mélangé au petit, l'important au trivial ». Ce mélange est ce que Jacques Lacan note par un losange (◊) indiquant la compossibilité de

[123] Feyerabend Paul : *Against Method* [AM] *(Wider Method; Contre la méthode),* Shokenbooks, NY., 1978 ; *Tuer le temps*, une autobiographie [F-auto], Seuil, 1996 ; *La tyrannie de la science,* Seuil, 2014 ; « Consolations for the Specialist » in Imre Lakatos & Alan Musgrave : *Criticism and the growth of Knowledge,* Cambridge University Press, 1980.

tout, dans ce que Feyerabend nomme le *ready-made* [AM p.244] et que Lacan traduit par « prêt-à-le porter », sauf que ces stéréotypes sont codifiés chez Homère, et Feyerabend trouve auprès de Milman Parry[124], les épithètes compulsives dont s'agrémente le style homérique. Tout ceci a été emprunté aux usages en vigueur dans les cours royales et repris par les troubadours, qui y ont joint une métrique. Dans ses mémoires [F-auto p.178] il fait référence à l'ouvrage de Bruno Snell *The Discovery of the Mind* où il est question de « la conception homérique des êtres humains » et donc d'un « ensemble d'habitudes qui envahissent tout – la langue, la perception, l'art, la poésie, ainsi que les anticipations diverses de la pensée philosophique ». C'est ainsi que, après avoir décrit la représentation du corps morcelé dans l'*Iliade*[125], et puisque tout est spécifié selon son positionnement et son animation, Paul Feyerabend s'inscrit contre ce que l'on doit bien nommer des 'jeux de langage[126]', jeux dont la transposition dans le domaine des sciences était devenue (après Wittgenstein), et donc récemment, très 'tendance'. Notre titulaire de la croix de fer de l'armée allemande [F-auto p.62] y va de sa propre théorie du rêve [AM, p.243], où :

> « Ce qui est vécu par le rêveur n'est motivé non seulement par l'intervention des dieux, mais aussi par les sensations qu'ils procurent au lecteur ».

---

[124] Parry Milman, *L'Épithète traditionnelle chez Homère*, Paris, 1928.

[125] Ce morcellement doit avoir aujourd'hui une fonction érotique spécifique dans les films dit de 'charme' où, filmés de tout près, les ébats amoureux (ou supposés tels) ne permettent plus de savoir, au moment où on les observe, à quel partenaire appartiennent les morceaux de corps aperçus. Mêle-anges !

[126] Feyerabend dit avoir rencontré Wittgenstein, sans plus, alors qu'il a carrément évité Heidegger ([F-auto p.175]. Il dit aussi avoir connu à Fribourg « le neurophysiologiste Jung », sans que l'on sache si c'est bien de Carl-Gustav Jung qu'il s'agit.

C'est à se demander jusqu'à quel point Feyerabend a rêvé sa vie, vie qui a été une suite de déménagements et, heureusement, parfois le ciel lui vient en aide pour ce qu'il en est de s'orienter. C'est ainsi qu'il remarque qu'à Auckland, en Nouvelle-Zélande, dans la constellation du lion, ce dernier est sur le dos. L'autre côté des choses l'intéresse puisqu'il va jusqu'à chercher ce que dans la théorie de la relativité on nomme 'les variables cachées' [F-auto p.71 & 180]. Le pire c'est qu'il en a été une, puisqu'il dit : « moi qui ressemblais à un vagabond » [F-auto p.175]. Le polémiste qu'il fut s'entichait facilement de personnages éminents tels que Popper[127] ou Thomas Kuhn, qu'il s'empressait de vilipender par la suite, et c'est de ce côté excessif, dirais-je caractériel, qu'il y a lieu de tenir compte afin de tempérer ses jugements.

Je devrais continuer avec Thomas Kuhn et son livre majeur : *La structure des révolutions scientifique*s (chez Flammarion, 1970) et avec Karl Popper[128] aussi évidemment, mais surtout avec Imre Lakatos qui a piqué un titre à Popper : *Conjectures et réfutations* [C&R] (chez Payot, 1985) pour le transformer en *Proofs and Refutations*[129]). Il y est largement débattu du local et du global mais j'avoue que ses

---

[127] Ce qui lui a valu en retour (et donc de la part de Karl Popper, qui n'avait pas l'habitude de mâcher ses mots), des sorties du genre [F-auto p.185] : « Il n'est pas question que je lise vote diatribe ». Il n'est pas allé jusqu'à le menacer avec un tisonnier mais c'est tout comme.

[128] Karl Popper, à qui a été consacrée une 'décade de Cerisy' en 1981, où il aurait dû paraître en personne, ce à quoi il a renoncé à la dernière minute, à ma grande déception évidemment. En est issu un volume : *Karl Popper et la science aujourd'hui,* [KP.SA], Aubier édit. 1989. Renée Bouveresse y fit une intervention remarquée sous le titre « Une quête sans fin : le statut scientifique de la psychanalyse » (pp.343-376).

[129] Feyerabend *Paul, Proofs and Refutations* *[129]* [P&R] in John Worrall & Elie Zahar édit., Cambridge Univ. Press, 1979.

incursions dans la logique des polyèdres ne m'ont guère inspiré[130].

Je note que dans une intervention, ailleurs[131], Imre Lakatos, loin de servir de médiateur, jette parfois de l'huile sur le feu quand il écrit (p.93) :

> « Le clash entre Popper et Kuhn ne concerne pas un simple point technique d'épistémologie. Il touche à nos valeurs intellectuelles centrales /…/. Ainsi la position de Kuhn conteste sans doute, de manière non-intentionnelle le credo politique de base des maniaques religieux contemporains ('les révolutions estudiantines '). »

Toutefois, il ne manque certainement pas d'humour, et je me souviens d'une discussion entre lui et Kuhn où il disait : « Pourquoi voulez-vous que Dieu ait créé le monde à partir de son nom de quatre lettres alors qu'il aurait pu aussi bien en utiliser une série infinie ? ».

La notion de conjecture est d'un maniement difficile et, à une certaine époque, on a eu tendance à en attribuer à tout va. Il est vrai que Popper a assigné à la pensée scientifique trois modalités successives correspondant à trois périodes

---

[130] Dans son Introduction, Imre Lakatos note que : « /…/ Newton dut attendre quatre siècles jusqu'à ce que Peano, Russel et Quine l'aident à rejoindre le firmament (de la gloire) grâce à la formalisation du calcul. Dirac fut plus chanceux : Schwartz [l'homme des équations schwartziennes telles que nommées par Poincaré et que Lacan faillit citer lorsqu'il en fut empêché dans la salle Dussane de l'ENS de Paris par le jet d'une bulle puante] lui sauva la mise de son vivant ». Notons que Jacques Lacan a rencontré Quine au MIT le 2.12.1973 [cf. Jacques Lacan, Conférences et entretiens dans les universités nord-américaines, *Scilicet* 6/7, pp.53 ss.] Quine, qu'il a tore-*pillé* avec ses tore-*tillons*.

[131] Lacatos Imre: "Falsification and the Methodology of Scientific Research Programmes", in Imre Lakatos & Alan Musgrave : *Criticism and the growth of Knowledge,* Cambridge University Press, 1980, pp.91-196.

distinctes et c'est qu'ainsi que l'instrumentalisme a succédé à l'essentialisme et a été à son tour subverti par l'avènement des sciences conjecturales. Mais, la fatigue aidant, il finit par dire [C&R p.181] : « toutes les théories sont conjecturales, même si certaines le sont davantage que d'autres ». Ah bon ! Il aborde dans son Chapitre II les sciences sociales, telles que devant prendre en compte la tradition, et là il tombe pile poil sur la théorie du centre (ou du complot), avec l'inévitable « mythe du complot des Sages de Sion » [C&R p.188]. Il en est troublé au point de dire à la page suivante ceci ;

> « Tout individu qui cherche à vendre quelque chose fait toujours baisser la valeur marchande de l'objet à vendre ; tout individu qui désire acheter quelque chose fait monter la valeur marchande ».

Bonjour la bêtise ! Surtout que la suite de la phrase ne parvient pas à rattraper le coup quand il dit que : « C'est bien ce qui se passe dans le cadre d'une économie de marché. » Car ou bien il se situe sur le plan des désirs et des attentes des acteurs respectifs de la transaction, ou alors : il fait comme si précisément l'économie de marché n'existait pas, puisqu'aujourd'hui le premier des notaires serait capable d'évaluer ce que vaut réellement un bien. Sont-ce là ce que Popper désigne comme les 'effets imprévus'...de son discours ?

Isabelle Stengers, dans un essai sur la scientificité de la psychanalyse[132], salue la contribution de Thomas Kuhn à la promotion de la notion de paradigme [I.S, p.5] et le fait que les psychanalystes soient unanimes à se reconnaître 'de la scène primitive' [I.S, p.7], mais s'insurge contre le fait que ce paradigme de l'*Urscene* (dont nous avons vu par où il transite) puisse autoriser des abords divers, ce que Wallers-

---

132 Stengers Isabelle : *La volonté de faire science*, [I.S.] Collection Les empêcheurs de penser en rond, 1992.

tein R.S.,[133] président de l'I.P.A. avait proposé en son temps, et ce au nom de ce qu'il faudrait *éviter* de 'penser en rond', sauf que c'est bien là l'essence de la pensée, à quelques échappements près, qu'on leur affecte le nom d'évènement ou de miracle. Et encore, la plupart de ces évènements ne sont-ils pas des mirages, de simples 'retours à', retours à ce qu'une mémoire corporelle nous propose, par exemple, au titre de souvenirs (insituables) d'un passé intra-utérin, persuadée qu'elle est que [I.S, p.41] :

> « Nul n'a, en l'état actuel : les moyens de mettre en question les 'faits' ou 'théories' qu'elle [la psychanalyse] a établis » ?

Serait-elle sur le point de tenter de nous vendre « le sourire des flam*B*ands roses », le sien, peut-être, puisque Quine mentionne[134] que dans certaines îles les habitants parlent des pélicans comme de leurs frères ? Mais la question posée par le fait que la psychanalyse puisse être appréhendée différemment selon deux « écoutants » quelconques n'est pas encore réglée, car il est des indéterminations quant à la nature des 'ondes' selon lesquelles se meut la pensée. L'expérience des 'deux trous de Young', que Jean-Pierre Vigier ressuscite à Cerisy, et qui fut au fond du débat entre Einstein et Bohr [KP.SA p.279] au congrès Solvay en1927, est intéressante vu ses résultats, à savoir que « le photon ne 'sait' vraiment pas par laquelle des deux fentes il passe car il n'existe pas en dehors de la mesure. » À transposer deux 'écoutants' à la place de ces deux trous, il est fort probable - lorsqu'ils entendent quelqu'un raconter son rêve - qu'ils aient le sentiment qu'il se soit produit une transmission de pensée, ou alors qu'on leur ait volé leur pensée (symptômes observables en psychiatrie, bien entendu) ; alors que pour Jacques Lacan le 'message' du rêve n'existe pas avant

---

[133] Wallerstein R.S., « One psychoanalysis or many?" in I.J.P. vol. 69, p.5-21, 1988.

[134] Quine Willard Van Orman, *Word & Object*, [WO] the M.I.T. Press édit. 1960, p.77.

d'être verbalisé, ce que Vigier commente en disant [KP.SA p.280]:

> « De là à parler (comme certains mystiques et physiciens modernes) de 'libre arbitre des particules', ou de dire (comme Wiener) que c'est la conscience qui crée la réalité, il y a cependant un pas que le vaste « centre » agnostique du monde scientifique refuse de franchir. »

Et puisque nous en sommes à Quine, voyons ce qu'il dit de Wittgenstein, étant donné que dans *Word & Object* (ouvrage que Quine dédie à Carnap) il le site à six reprises. En un premier temps Quine, citant Neurath [WO p.3], dit que la science c'est comme si, étant sur un bateau, on tentait de le modifier. Et il continue sa métaphore du bateau en y ajoutant celle de l'échelle :

> « Notre bateau reste à flot puisque à chaque modification nous veillons à ce que l'étanchéité subsiste. /... / Et pour substituer cette métaphore par celle du Wittgenstein, il nous appartient de repousser l'échelle d'un coup de pied, seulement après l'avoir montée ».

L'échelle, ou dispositif, est donc toujours scabreuse mais on fait avec. En effet, les propositions [*sentences*] scientifiques varient selon le dire. Ainsi [WO p.76] :

> « Les propositions [*sentences*] observationnelles grondent [*peel*] gentiment. Leur signification émerge /.../ du contexte verbal. /... / Les assertions [*sentences*] théoriques telles que 'Les neutrinos n'ont pas masse', ou 'la loi de l'entropie ', ou 'la constance de la vitesse de la lumière', sont à l'autre extrême. Ce sont de telles propositions [*sentences*] que vise en priorité le dire de Wittgenstein : 'Comprendre une proposition [*sentences*] signifie comprendre un langage'. »

Bref, il fut une période, de Frege à Popper, où le but de la 'manip' était clairement défini par ce dernier [C&R p.403] : « exclure la métaphysique de l'ensemble des expressions bien formées du langage de la science ». Et de souligner la contribution de Carnap[135] en ces termes [C&R p.402] :

> « 'Testability and Meaning'[136] est sans doute, dans le domaine de la philosophie des sciences empiriques, l'article le plus intéressant et le plus décisif de tous ceux qui ont été écrits entre le *Tractatus* de Wittgenstein et la parution de la version allemande de l'article de Tarski sur le concept de vérité. »

Il est clair que nos quatre mousquetaires de la pensée et du désir ont reçu les effluves du ragoût philosophique qui nous a été mijoté par ces positivistes, mais se sont-ils contentés de les reformuler en leurs recettes respectives ?

---

[135] Carnap qui a écrit : *Le dépassement de la métaphysique par l'analyse logique du langage.*

[136] La référence exacte de 'Testability and Meaning' [*Philosophy of Science*, Volumes 3 and 4 (1936 and 1937), reprinted by Whitlock's Inc. New Haven, Connecticut, 1950 ; see §§ 8-10.] est à retrouver dans : Rudolf Carnap, *Meaning and Necessity*, Phoenix Books, Chicago and London, 1967, p.228 n.13.

E) ALTÉRATIONS DE L'ALTERITE

1°. De quelques interrogations à propos de l'altérité

Ce qui suit est le fruit d'interrogations surgies dans un petit groupe suffisamment hétérogène de façon à fonctionner comme cartel. Que faire quand on est face à des enfants pour qui 'je', 'tu' et 'il' c'est la même chose et qui se caractérisent par une indistinction entre eux-mêmes et leur entourage. Je m'aperçois ici d'emblée de la difficulté de présenter le problème sans fioritures savantes et donc avec un choix de vocabulaire compréhension par tous.

L'altérité commence avec le troisième[137]. Moi, toi et le chat. Le chat a dit : « Il est neuf heures, l'heure d'aller au lit ! » « Moi, ajoute la maman, je fais la vaisselle et j'y vais aussi ».

Le chat a dit. Le chat c'est ni 'moi' ni 'toi' à moins qu'il ne soit pris à la fois comme attribut de l'un et de l'autre. « Et si nous n'allons pas au lit il va se fâcher et crier très fort », comme la grande girafe du petit Hans. Cette façon de faire exister le tiers et de lui conférer la fonction de garant de la règle suppose déjà que soit acquise par tous la règle du

---

[137] Ici je saute par-dessus ce qu'il en est du 'stade du miroir' comme 'fondateur du je' mais aussi de l'altérité. J'avais déjà abordé la question qui nous occupe aujourd'hui dans un texte intitulé « Ensembles délirants délirant ensemble ». (Journées de réflexion sur les psychoses à Bordeaux, janvier 1977. Inédit. Repris dans *Bôgues* I.) J'y avais mis en exergue : *Wo es (geschlagen) war soll Ich (geliebt) werden* (Qui aime bien chat(ou)ille bien), proposition dont les termes sont inverses dans le discours de la culpabilité.

« trois » (ce qui est loin d'être couru de nos jours). Il était une fois le trois. La monoparentalité c'est bien à condition de savoir s'en servir, avec des adjuvants du style : « Mon petit doigt m'a dit que tu n'es pas encore couché ! ». Cela, c'est faire preuve de doigté, faute de tiers, faute de 'chat', faute de *gatto*[138] de quoi alimenter le symbolique de la loi. Chatter n'est pas donné à tout le monde. On a son quant-à-soi, sa dignité : son narcissisme, dirait Freud. Car la règle « je vais au lit à neuf heures » vient de nulle part et pourtant doit s'appliquer à tous.

Dès qu'il y a 'couple' c'est tout simple : le dépositaire de la règle devient 'l'autre' du couple et donc 'l'autre' dans le couple. Maman gronde et papa sévit. Ici nous sommes dans l'ambiguïté. L'autre ici étant l'autre de l'autre, nous nageons dans le pareil-au-même auquel nous cherchions précisément à remédier ; d'où faire surgir un autre au-delà du couple, surtout si le couple en question se veut monolithique, ou pire : quand il applique solennellement à la lettre l'adage lacanien : « Il n'y a pas d'autre de l'autre. » Ici j'ai omis les majuscules supposées dans l'énonciation de cet adage par Lacan. Conférant au chat la fonction de 'tiers', je n'ai -tout au plus- fait que mettre des guillemets à cette fonction altière. Que se passe-t-il quand on fait usage de majuscules ? Eh bien, on essaie de conférer une certaine dignité à ce que l'on décore de majuscules. On sépare, on distingue, on promeut, on sanctuarise, bref on contrevient à l'exigence commune d'égalité entre tous.

[138] Vous avez reconnu là un *remake* du film “la Femme du Boulanger”, film français réalisé par Marcel Pagnol, sorti en 1938, adaptation d'un épisode du roman *Jean le Bleu* de Jean Giono.

2°. De l'aperception de l'altérité selon les modes d'adresse à l'autre

En 1968 on s'est insurgé contre les privilèges exorbitants des mandarins de l'Université ; on s'est mis à les tutoyer et à les rudoyer à tout crin. Quand on écrit une lettre - où quelque 'Un' est concerné nominalement-, on a le choix entre le 'Monsieur' ou le 'Madame' dès lors qu'on s'adresse à lui. Or, c'est ce qu'on avait pratiquement aboli lors de la séquence de 1968. Les signes de respect avaient foutu le camp. Allait-on (sauf le respect dû à l'*Alèthé* grec) supprimer du coup le : je, tu, il ? Quand même pas.

Sauf Luce Irigaray peut-être. Il paraît que chez elle, dans les montagnes basques, on ne vous appelle pas, on vous siffle. Bref, il y en a 'des' que l'usage de pronoms personnels chatouille mais pour d'autres raisons encore. On a donc continué à tu-il-er l'autre, sauf votre respect. Car lorsque l'enfant décide de sortir de l'indistinct, du magma, il a vite trouvé la place du maître, place qui lui tend les bras (*Quand l'enfant paraît !).* Aujourd'hui le Maître c'est par exemple : la vendeuse qui au supermarché vous assène un « Bonjour » tonitruant, au cas où vous auriez omis de la saluer. De même il y a de nos jours dans les chaumières pléthore d'enfants-rois dont on ne sait plus 'faire façon', au point qu'on se croit obligé de crier 'au secours' et de filer au plus vite chez le psychothérapeute pour se plaindre des excès du marmot ; professionnel qui se gardera bien de vous rappeler que la fessée est encore et toujours admise en France, et pas exclusivement pour ceux qui ne sont pas 'de souche française'. Il se contente pour l'instant de rameuter ses confrères afin d'ouvrir un « colloque » sur un état de choses qui « l'interpelle ».

De tout temps les correspondances écrites échangées témoignent des modes d'adresse à l'autre généralement convenus selon les époques, mais il en est de même dans certains débats, et c'est le hasard qui a voulu qu'il m'ait été donné de faire l'observation suivante. Ainsi, j'ouvre le volume intitulé *The Self and its Brain*[139], qui contient les échanges qui ont eu lieu entre Karl R. Popper et John Eccles à propos des liens entre le cerveau et le moi. En général, chacun à son tour dit ce qu'il a dire sans autre forme de procès, mais à quelques rares occasions il leur arrive d'interpeller leur interlocuteur par son prénom. Or, ce qui est intéressant c'est de voir ce à propos de quoi l'adresse à l'autre se trouve ainsi spécifiée. Ainsi, rompant la monotonie des échanges qui sont introduits par 'Vous' (vous ceci, vous cela), voici qu'Eccles interpelle Popper avec un « Karl » (p.464), suivi par quelque chose qui est de l'ordre de la confidence, puisqu'il avoue son peu de compétence dans le domaine de la mathématique, et qu'il préfère penser par le biais de diagrammes, alors que deux pages plus loin il dira que l'anatomie conduit à la géométrie. Est-ce involontaire ou par pur mimétisme ? À quelque distance dans ce dialogue, Popper s'adresse à Eccles, mais au lieu de dire 'John' il dit 'Jack' (p.469). Et il profère ceci : « À présent je pense que le commencement de l'imagination est presque certainement dû au langage ». Ceci ressemble bien à une interprétation (au sens psychanalytique) des propos de John Eccles au sujet de la géométrie et de sa façon d'en faire un *Jackpot*. La réponse d'Eccles fuse aussitôt sous forme d'un tétrahédron susceptible d'être perçu par un aveugle comme une banane. Et pan sur le bec ! « Tu peux te mettre ton 'langage' où je pense ». Les scènes de famille se règlent généralement à coups de rouleaux à pâtisserie. Sur le terrain universitaire on échange des misères sur parchemins.

[139] Karl R. Popper et John Eccles : *The Self and its Brain*, Springer International, 1977.

3°. Des modes d'inscription corporels de l'altérité

« Papa vient de rentrer. Gare à tes fesses ! »

Qu'est-ce qu'une fessée ? Eh bien, c'est ce pour quoi militaient de fait Deleuze et Guattari, à savoir qu'un signe ne s'inscrit pas dans le registre du signifiant mais dans celui de la chair. Une claque brute de décoffrage ne nécessite pas qu'on l'accompagne de paroles. Elle se suffit telle quelle. Non mais ! Pervers s'abstenir ! Car aujourd'hui ce genre s'inscription est versé au compte de la pédophilie. Il est vrai que l'on bascule aisément du symbolique vers le réel sur fond d'imaginaire, imaginaire censé faire office de consensus populaire, là où l'on s'entête à maintenir le couperet de la peine capitale.

Le respect, parlons-en. Ignorer les marques de l'altérité, c'est d'abord manquer de respect envers lalangue. Vu sous cet angle, vouloir restaurer le respect (le respect du professeur ou celui de 'la minute de silence', par exemple), c'est avoir le souci de l'être de lalangue. Il s'est perdu, ou est sur le point de l'être.

Promenez-vous dans certaines rues de la ville de Paris et vous penserez nécessairement à la « Tour de Babel » en tant que phénomène ambiant. On communique dans toutes les langues. Dans la Bible c'était un châtiment (voyez où le 'chat' se cache), une punition infligée à ceux qui voulaient péter plus haut que leur cul. Semer la discorde fut de la part de Dieu une stratégie payante puisque du coup il a assuré la promotion du « chacun pour soi » qui est un slogan éminemment politique et qui vise désormais à mondialiser le solipsisme des âmes. Les marxistes vous diront que le Capital (tout comme le Bon Dieu) divise pour régner. Ce dernier a des comparses évidemment, justement ceux qui se méfient des particularismes et récusent les communautarismes. Par là je remue des angoisses immémoriales mais dans le contexte actuel de conflit entre civilisations je risque d'être entendu au-delà de mes propos. Car il n'y a pas lieu de minimiser le fait qu'une religion c'est d'abord un mode de vie et qu'à la limite il est des modes de vie apparemment incompatibles. Programmer la coexistence des Totems est chose qu'on ne sait plus faire.

4°. Altérités régressives

Revenons à nos moutons.

Il s'agit de prendre en compte les retours de bâtons possibles dès lors que sont déjà acquises les marques de l'altérité. Que se passe-t-il quand dans un univers bien huilé (et donc je-tu-il-é) il se produit un coup de tonnerre qui momentanément (espérons-le) vient annihiler chez un sujet cette belle construction langagière et mentale que je viens d'évoquer et où « le 'je', le 'tu' et le 'il' » coexistaient, j'allais dire borroméennement ? On nommait cela jadis des moments de 'dépersonnalisation'. On dispose donc avec eux d'exemples cliniques. Depuis, on est passé à la 'désubjectivation'. C'est par exemple l'histoire de cet avocat américain[140] qui prétendait aboyer pour faire croire qu'on dirait : « Il n'y a personne ici, sauf peut-être un chien[141] ». C'est un cas que Lacan a commenté. L'avocat avait été particulièrement choqué par la vue de l'appareil génital d'une de ses partenaires es libido. S'agissant de sujets évaporés (momentanément ou définitivement), notre ami Daniel Cassini, qui est familier d'une certaine littérature délirante et des arts de l'asile, nous en conterait à la pelle, à l'appel du désir.

Tenez : prenons un classique, *L'Ombilic des Limbes* d'Antonin Artaud (Nrf/Poésie/Gallimard, 1968) et ouvrons-

[140] Stoïanoff-Nénoff S. 1979, À propos d'une morale d'avocat américain, *EFP-Est*, n°5, janvier 1979 (traduction du chapitre V, de *Dream analysis* [*Analyse des rêves*] d'Ella Sharpe, Hogarth Press, London, 1937). p.4-21.

[141] Peut-être appartenait-il déjà à l'Ordre des Mops ?

le à n'importe quelle page. À la p. 104, je tombe dans une section qui se nomme « Le pèse-nerf » et où l'auteur fait la démonstration dialoguée que 'je' *est* un autre :

> « Je me connais, et cela me suffit, et cela doit suffire, je me connais parce que je m'assiste, j'assiste à Antonin Artaud.
>
> - Tu te connais, mais nous te voyons, nous voyons bien ce que tu *fais*.
>
> - Oui mais vous ne voyez pas ma pensée.

Ici Artaud tente d'expliquer le trou dans sa « mécanique pensante » mais s'embrouille et finit pas dire que c'est « une pensée en intérieur ».

Laissons là Artaud à la contemplation de lui-même à l'aide de ce qu'il appelle (p.53) son 'œil mental' et voyons le genre de reproche que Mariette Viltard adresse à Lacan, suite aux innovations (« un vaste chantier sémiotique) qu'il a semble-t-il introduit dans sa théorie à partir de 1970, à quel elle n'est pas loin d'imputer quelque dérangement mental. Or, il est une chose sur laquelle Lacan n'a jamais varié c'est à savoir : la division subjective, et c'est ainsi qu'une année sur deux il prenait comme thème de son *Séminaire* soit le sujet soit l'objet. Ce n'est qu'au moment où le nouage borroméen est entré en jeu dans la théorie que le rapport de réversion d'un bord à l'autre de la fente subjective s'est fait sentir d'une telle manière que certains ont eu le sentiment que, pris d'une folie subite, Lacan avait viré de bord, et qu'il serait passé définitivement du versant transcendantal du sujet au versant immanent de l'objet, à quoi j'ai surenchéri quelque part en disant : *Wo Ich war soll $ werden* », constat qui a été vécu comme un véritable traumatisme par nombre de participants à son *Séminaire.*

5°. Du traumatisme psychique

De tels « traumas » sont évoqués par une Dame (qui vit, travaille et enseigne au Danemark et que j'ai rencontrée en chair et en os à Cerisy-la-Salle l'été dernier) dans un texte qui s'intitule (je traduis) : « Comme un caillou dans votre chaussure », et ce à partir de l'évocation de quelques scènes horribles vues dans deux films d'un certain Lars von Trier[142]. Elle se réfère au nœud borroméen de Lacan et évoque l'éventualité de sa désunion donnant lieu à une chimère : une réalisation du Symbolique (rS) hors Imaginaire, effets source d'*Unheimlich* qui (selon elle) seraient recherchés par Joyce. C'est bien vu. Mais est-ce dire qu'inversement l'instauration borroméenne (avec le fonctionnement harmonieux qu'on lui prête) devrait passer d'abord par un tel trauma, ce que soutient un Jean Laplanche, par exemple ?

J'ai insisté ci-dessus sur la tiersité et voici que le caillou vient faire fonction de tiers. Une étendue de cailloux (avec un X, SVP) cela fait grève. Or, dès qu'un caillou cesse de faire grève et quitte l'espace 'social' qui lui est imparti, il se retrouve dans votre chaussure. Il arrive aussi que la grève en question vienne à se déliter par l'effet d'une houle ou d'une inondation catastrophique, et les cailloux sont alors dispersés sous forme d'isolats. On appelle cela aujourd'hui des camps de regroupement ou des écoles de psychanalyse.

En clair, cela voudrait-il dire que le tu-il-âge d'un individu nécessiterait le passage par une épreuve où c'est la mort du père (rS) qui serait aux commandes ? Il est impossible en effet de lire *Totem et tabou* sans évoquer le passage effectif, tout à fait attesté, de Sigmund Freud, par une initiation (celle

---

[142] Judy Gammelgaard, "Like a pebble in your shoe: A psychoanalytical study of Lars von Trier's Breaking the waves and Antichrist", *The International Journal of Psychoanalysis,* vol. 94, n°6, pp. 1215-1230, déc. 2013.

dispensée par le B'nai B'rith viennois), où le rituel s'appuie explicitement sur une légende où la perte puis les retrouvailles avec 'la parole' (le pacte entre les fils après le meurtre du père) jouent un rôle éminent. L'omission de cette péripétie du *curriculum vitae* de Freud est extrêmement préjudiciable à la compréhension de ce qu'il dit et a été la source d'imputations tout à fait fantaisistes qui lui ont été faites.

Bref, pour que 'mon petit doigt' (ou le caillou) puisse passer à la dignité d'un tiers (de '*Gestellt'* dira un Heidegger et de 'prêt-à-le-porter' (l'anneau du pacte hiérogamique, évidemment) traduira Lacan et s'imposer comme support de la loi ou du Non-du-Père, il faut qu'il soit tranché, sexuellement. Cela conditionne la mutation du signe au signifiant. Les bienpensants de la psychanalyse ont opiné à l'occasion que le remède à de tels désordres, à de telles extases, à de tels symptômes, serait de l'ordre d'une 'greffe' de signifiant. Lacan s'en serait-il souvenu lorsqu'il a préconisé par la suite la greffe d'un quatrième rond au nœud borroméen défaillant, ajout qu'il désigne comme 'sinthôme' ? Mais au fond s'agit-il d'un rajout ou au contraire d'une soustraction, au sens où il y aurait nécessité de fomenter un manque, au seul profit du psychanalyste ? Sale affaire.

6°. De la différence entre le signe et le signifiant

Dans une lettre récente à Mayette Viltard, j'essaie de répondre à la question qu'elle agite: « Quelle est la différence entre le signe et le signifiant » ?[143] Le signe nécessite d'être

[143] Dans *Freudaines* j'ai insisté sur la première partie de ce que Mariette Viltard résume par la phrase *: « le signifiant, c'est-à-dire ce qui se module dans la voix, n'a rien à faire avec l'écriture »*. La seconde partie est sensiblement antinomique avec cette autre phrase de Lacan citée par MV *: « Je vais tâcher de vous montrer dans la lettre cette essence du signifiant par où il se*

interprété alors que le maniement du signifiant est de l'ordre d'une traduction. « Bidoche veut dire viande » proposait Roman Jakobson, mais justement il y a viande et viande et ce n'est pas 'la même' pour un végétarien que pour un daltonien, par exemple, ce dernier étant susceptible de confondre la 'viande rouge' et la tarte à la rhubarbe. L'usage de la langue (la langue en tant que supposé *émet*teur et donc banquier du signifiant) n'a pas exactement pour visée la communication. Une langue cela se chante et c'est l'extrême variété des intonations et des affects que véhiculent les dialectes usités qui confère à lalangue la fonction insigne d'humaniser[144] l'animal humain, opération qui tend à le rendre autre qu'il n'est, exilé en poésie, par exemple.

Celui qui est sujet à de constants épisodes d'étourdissements, de désorientation, de trous de mémoire (bien connus chez les vieux mais surprenants chez les adultes jeunes) n'a de cesse de chercher ses repères, et ce qui l'aide (ou le perturbe) ce sont autant les flashes d'ordre mémoriel que le recours à la réflexion, nomination réelle ou nomination imaginaire, dira Lacan.

On se moque de ceux qui, à tout bout de champ, doivent s'inventer des moyens mnémotechniques pour retenir ce qui a périodiquement tendance à foutre le camp, et ici il convient de relire *Les Paradoxes de la conscience* de Raymond Ruyer, car on peut observer l'inverse. Au lieu que le signifiant tarde à venir à l'appel de la conscience, il y a des fois

---

distingue du signe ». André Rondepierre a insisté sur ce que de la lettre incrustée (latine notamment) prête, imprime comme modulations au dire (en français). Les différentes réformes de l'orthographe jouent en sens contraire, comme un appauvrissement.

[144] Ces temps derniers Julia Kristeva se répand (tant en Bulgarie qu'en France) en propos où le thème de l'humanisme vient en quelque sorte saturer son dire, ceci pour noter que ce faisant elle prend tous les risques.

où l'appareil mémoriel vient parasiter inopinément le discours à venir et de ce fait anticiper sur le cours de la pensée, sous la forme d'images ou de paroles qui semblent s'être échappées des rayonnages où ils devraient rester sagement à la disposition du sujet. Bref ces phénomènes parasitaires anticipent sur ce que le sujet aurait voulu dire, au point qu'il est en droit de se demander : 'Qui parle?' Quoi qu'il en soit, ou bien le sujet s'accommode de cette sorte de polyphonie[145] (sous la forme de productions poétiques et autres incises intercurrentes) ou bien il en souffre, au point de se croire sous influence.

Un mot concernant les quelques textes qu'il m'a été donné de faire éditer ces derniers temps, et tout spécialement un qui s'intitule : *Lacan logicien*[146] . Ne serait-ce qu'à partir des références que j'y accumule, il y aurait de quoi construire toute une thèse, à condition de remplir les espaces en blanc qu'ouvre mon propos, trous qu'il y aurait lieu de peupler par des données biographiques, conceptuelles et circonstancielles, souvent essentielles. Autant dire qu'en ce qui me concerne c'est une recherche qui se poursuit, parce qu'à force de recourir à la contextualité (notamment visant l'œuvre de Wittgenstein et celle de ses commentateurs) il m'apparaît que Lacan en a été stimulé tout au long de ses cogitations, qui, après-coup, m'apparaissent comme des 'réponses à …'.

À titre d'exemple, il s'est référé à une certaine époque à l'expression : « Ensembles qui ne se contiennent pas eux-mêmes ». On est en droit de se demander ce que tout cela vient faire dans le pastis, avec en prime ce seul bénéfice qui est de savoir que c'est Russel qui -sur ce point- est venu casser la baraque à Frege, alors que Lacan réduit cela à un jeu de langage, à un problème d'énonciation, comme celui

[145] Bénit soit le nom de Bakhtine, notre initiateur en la matière.

[146] Paru in *Le Portique*, n°35, 2015.

proposé par le 'paradoxe du menteur' (d'Épiméthée, chez les grecs). Or, à lire Wittgenstein, on s'aperçoit que primo : il écarte les objections de Russel et sa 'théorie des types' : et que secundo il définit le seul cas où il y a risque « qu'une fonction puisse être son propre argument… »[147], à savoir quand on tente d'écrire : F[F(x)], ce qui équivaudrait à prédiquer la propriété d'une autre propriété, c'est-à-dire à recourir à l'*imprédicable* disent ses commentateurs, d'où manifestement Lacan a extrait son : « Il n'y a pas d'autre de l'Autre », à ceci près qu'il en a tiré un universel : « Il n'y a pas d'acte sexuel qui ne s'inscrive en une structure. », sauf que là, d'une part, cela ne veut pas dire qu'un tel acte existe, et que, d'autre part, il conviendrait de retourner à Wittgenstein pour savoir ce qu'il dit de l'acte. En effet, son *Tractatus* s'ouvre avec la phrase : « Au commencement était l'acte » et il se clot avec un : « Ce qu'on ne peut pas dire (*l'imprédicable*), on le tait ».

À vos souhaits ! C'est tout pour aujourd'hui.

---

[147] Clavecin Maurice, « Elucidation philosophique et 'Ecriture conceptuelle' logique dans le Tractatus », in : *Wittgenstein et le problème d'une philosophie de la science*, CNRS, 1970, p.104-5. Répété p.107.

F) ALAIN DE LIBERA, ARCHÉOLOGIE DU SUJET

1°. Naissance du sujet : Introduction

Ne cherchez pas Alain de Libera, il est sous les jupes de sa grand-mère (Etienne Gilson). Qu'y(*i*) cherche-t-il ? Ici la magie de la langue (française) autorise deux réponses : à la fois un sujet et un objet, de fait, la fin et le commencement de tout, en insistant sur cet entre-deux dans l'histoire de la pensée, à savoir le Moyen-Âge, à situer entre l'âge dit classique et la modernité. Le choix du moment où notre essai voit le jour est important, vu qu'après la parution des trois premiers tomes de son *Archéologie du sujet* Dieu seul sait ce que Alain de Libera va nous pondre : le pire comme le meilleur. Car son couteau suisse dispose de plusieurs lames : l'équerre du Logos, la truelle de l'archéologue et le compas de la raison, sans oublier l'échauguette[148] de la quéquette et le merlin[149] des jours néfastes.

J'ai dû conclure à propos de Badiou par quelque chose qui était déjà une introduction à la suite de ce travail tel que désormais organisé autour du propos de Karl Popper dans *Conjectures et réfutation* [C&R p.403], qui est d'« exclure la métaphysique de l'ensemble des expressions bien formées du langage de la science. » Cette séparation était pour lui l'effet d'un 'critère de démarcation' ou de 'falsifiabilité' dont il nous a longuement entretenus dans son œuvre précé-

[148] Le mot *échauguette* viendrait de l'occitan : *eschaugard* (= veiller ou surveiller).

[149] Merlin : hache d'un côté, masse de l'autre.

dente : *La logique de la découverte scientifique* [LDS], où il ne nous dissimule pas les difficultés pour ce qu'il en est de l'appliquer. C'est ainsi qu'il écrit [LDS p.35] :

> « En effet, on ne peut dénier qu'à côté des idées métaphysiques qui ont fait obstacle au progrès scientifique, il y en eut d'autres, tel l'atomisme spéculatif, qui y ont contribué. Et, en considérant le sujet sous un angle psychologique, je suis enclin à penser que la découverte scientifique est impossible si l'on ne possède pas la foi en des idées purement spéculatives et parfois tout à fait imprécises, une foi que rien ne garantit d'un point de vue scientifique et qui est, dans cette mesure, 'métaphysique'. »

« L'atomisme spéculatif » c'est une pierre dans le jardin de Wittgenstein, et Galigaï et Galigaï. Voilà comment "Long est plus court que court " devient une supposition matérielle. Nous avons ainsi observé la foi dans l'instance du sexuel qu'animait Freud, le glissement des pensées de Wittgenstein du rail de la logique au clinamen du langage, la prise de Badiou, corps et âme, dans la glu de la mathématique, de la politique et de l'amour ; et enfin nous devons aborder à présent la foi d'Alain de Libera, foi de théologien et donc de celui qui, ayant fait le tour de toutes les hérésies, se retrouve dans l'appeau d'un agnostique.

Un « sujet agnostique ». Serait-ce là une contradiction dans les termes, un oxymoron ? Sujet qui partage avec Badiou au moins un messager, que dis-je un ange gardien, en la personne de Barbara Cassin, avec laquelle, à son tour, Libera a collaboré au *Vocabulaire européen des philosophies : dictionnaire des intraduisibles*[150]*;* devinez à propos de quel article ?

Libera est entré au Collège de France en 2012 après avoir longtemps enseigné à l'École des Hautes Études de Paris et, pour savoir ce dont il parle, il suffit de consulter la liste de

---

150 La table des abréviations (p.433) indique VEP = *Vocabulaire européen des philosophies*, Paris, Le Robert-Ed. du Seuil, 2004.

ses publications. Il n'y a pas lieu ici de détailler tous les culs-de-sac de la pensée auxquels il s'est intéressé mais de bien dégager certaines articulations.

D'ailleurs, l'actualité nous propose de telles embrouilles puisque, suite au référendum qui a eu lieu début juillet 2015 en Grèce, on voit mieux à quoi un Jacques Lacan veut en venir lorsqu'il profère : « Je te demande de me refuser ce que tu m'offres parce que c'est pas ça ! ».

L'étude des mythes nous instruit sur le fonctionnement d'une pensée affrontée -aux origines- à la puissance et à l'imprévisibilité des phénomènes naturels, car, tels les évangiles en images que sont les icônes, ils enseignent ce qu'il y a lieu de faire pour les apprivoiser. Et ce sont ainsi les météores qui dictent, selon les régions, les conduites à tenir, qui, une fois fixées, ont quelque difficulté à s'adapter aux modifications d'ordre climatique et donc environnemental qui ont pu se produire au cours des siècles[151]. La démographie aidant, il y eut lieu de préserver ces us et coutumes établis de la contagion inévitable avec ceux de peuples du voisinage, et ceci au moyen du renforcement des prescriptions alimentaires et de l'eugénisme, et au besoin par la guerre. Mais au sein d'une communauté surgit, suite à ces contraintes, la nécessité d'établir les règles d'un leadership, celles de la transmission du pouvoir de décision et c'est ainsi que Freud s'est donné le mal d'écrite *Totem et tabou*. Sous nos climats, il incombait à un père de famille, encore au début du XXe siècle, de gérer l'économie familiale, or aujourd'hui, vu sous cet angle, Sigmund Freud a mauvaise presse. Depuis, cette gestion s'étant individualisée, et pour une grande part féminisée, elle est désormais sous-traitée par une économie mondialisée, où l'ordre ancien n'a plus de

[151] Il a lieu d'évaluer l'évolution des mœurs et des idées, ainsi que de l'habitat, suite à la désertification progressive tant en Égypte qu'en Mésopotamie, y compris la naissance du monothéisme.

sens (pour le moment dans le cadre des sociétés dites occidentales).

Les sociétés soumises aux normes (tant économiques, juridiques que sociétales) de l'islam posent aujourd'hui problème aux Occidentaux, et nous voici renvoyés aux conditions de la subjectivité telle qu'elle émergeait, avec Thomas d'Aquin, au douzième siècle.

Or, savoir poser un problème avant de le résoudre et éventuellement le formaliser est une question de méthode. Au temps d'Averroès (✝ en 1198), et bien avant assurément, se posait en Islam la question du comment gérer les problèmes surgis dans la société dont la solution n'était pas prévue dans les textes fondateurs de l'islam. Or, la logique d'Aristote avec l'ensemble des casseroles accolées à son nom, du genre « l'éternité du monde » semblait contribuer (sinon suffire) à leur solution.

Or, cette question de la méthode idoine, certains disent épistémique, pour résoudre les difficultés engendrées par le surgissement de cas qui n'obéissent pas aux règles prescrites jusqu'alors, reste d'actualité, et pas seulement dans les sciences dites sociales. Des auteurs comme Imre Lakatos[152] se sont spécialisés dans l'art de soulever de tels lièvres.

---

[152] Imre Lakatos, in *Proofs and Refutations* (p.136), évoque le théorème de la convergence uniforme de Gauchy et à ce propos il dit : « De fait Seidel découvrit à la fois : le concept (*proof-generated*) de la convergence uniforme par la méthode des preuves et réfutations, et cette méthode en tant que telle. Il était pleinement conscient de sa découverte méthodologique. » Imre attribue à Seidel la découverte d'« hypothèses cachées » et donc la source des bizarreries observées sous la forme d'un lemme qui manquait à la théorie. Il note qu'avant lui les auteurs ont privilégié la méthode euclidienne traditionnelle, alors que celle de Pascal aurait mieux convenu. Plus loin Imre mentionne que, selon Abel, les séries divergentes seraient l'œuvre de Satan.

Qu'en dit grand-mère ? Dans son livre *La philosophie du Moyen-Âge*, (Petite Bibliothèque Payot, n° 274, 1976, p.143), Etienne Gilson écrit ceci:

> « Boèce[153] a donc transmis au moyen âge plus qu'une ample position du problème des universaux et la solution qu'il en proposait était bien celle d'Aristote /... /. Toute la théorie aristotélicienne de l'intellect agent, qui donne son sens plein à la notion d'abstraction, parce qu'elle explique qu'on puisse penser à part ce qui n'existe pas à part, est absente du texte de Boèce. Il nous dit simplement que l'esprit prélève l'intelligible sur le sensible, *ut solet*, /…/.

« L'abstraction », comme il y va ! Ça pue son intello à des verstes ! Et puis il cause latin ! Le '*ut solet'* lui sort comme ça d'entre les jambes comme si nous étions sous ses jupes ! Papa Google consulté nous renvoie à Ovide où figure l'exemple que voici (Ovide, *Ars Amatoria,* III, 133-148) :

> « /…/ Alterius crines umero iactentur utroque; talis es adsumpta, Phoebe canore, lyra. Altera succinctae religetur more Dianae, ut solet, attonitas cum petit illa feras. »

La traduction italienne[154] rate le *ut solet*, tandis que la française (par ailleurs épouvantable sur Google) le rend correctement par 'comme d'habitude', ce qui est à entendre 'comme aux temps homériques', telle une locution verbale.

Bref, la question de l'abstraction reste un os (à écrire en grec : *ώσ*) que des générations de philosophes vont tenter de ronger. Il nous reste à examiner comment Libera s'en débrouille. Ce qu'il a retenu des propos de son maître, c'est qu'il y a quelque chose à gagner à « serrer les choses d'un peu plus près », c'est ce qu'il ne cesse de faire pour notre plus grand embarras.

---

[153] Il ne s'agit pas de Boèce de Dacie.

[154] Potrà un'altra legarseli all'indietro, come Diana che insegue con la veste raccolta mute e immobili fiere.

2°. Subordination ou subjectivation

L'archéologie du sujet [AdS] d'Alain de Libera comporte un premier tome intitulé « Naissance du sujet ». L'impensable c'est de vouloir résumer les 400 pages de cet ouvrage, puis ceux des deux autres volumes déjà parus. Il nous suffira de veiller à ses hésitations et parfois à ses choix forcés.

Le sujet cela se dit *hypokeimenon* en grec, pour connoter une position de subordination au reste du discours, dans la mesure où 'il' y est tout au plus supposé. Je dis subordination parce que ce terme correspond à celui d'*Unterwerfung* en allemand que Libera emprunte à Heidegger[155] (lui cité ici à une cinquantaine de reprises).

Ayant parcouru ce monument d'érudition, que devons-nous privilégier pour une présentation un tant soit peu consistante ? Pour ma part, je m'attache à des détails tels que le nombre de références que l'auteur accorde à tel ou tel de ses prédécesseurs ou à des représentants des sciences cognitives qu'il cite, tel Geach[156], par exemple.

---

155 [AdS p.381, note 41*] « Cf. M. Heidegger, *Die Grundprobleme des Phänomenologie*, GA 24, p.192 : ‚Ich unterwerfe mich in der Achtung vor dem Gesetz mir selbst als dem freien Selbst. /... / Dem Gesetz mich unterwerfend, unterwerfe ich mich mir selbst als reinen Vernunft, d.h. aber in diesem mich mir mich Unterwerfen erhebe ich zu mir selbst als dem freien, mich selbst bestimmenden Wesen'. "

156 [Geach in AdS p.48] « Ricoeur /.../ a soigneusement distingué entre l'*agency* comme principe d'action et l'*agency* comme décentrement du sujet. /... / Les usages du terme, chez Hobbes et Hume, les modernes, chez Davidson et le courant (Anscombe, Geach, Kenny) qui fait intervenir le concept d'intention pour définir l'*agency*, en termes structuraux, par intentionnalité, mais aussi chez Austin /.../. » S'agissant d'intentionnalité, il convient de se rapporter aux pages où Franz Brentano est cité, à savoir pas moins d'une vingtaine dans [AdS].

Ceci pour bien ancrer l'idée que Libera ne se limite pas à ce que disent du 'sujet' les auteurs anciens, mais que les modernes y sont éminemment représentés.

Quelle théorie du sujet Libera viendra-t-il nous proposer ? Eh bien, après avoir mentionné dans son 'Avant-propos' qu'il a rencontré pour la première fois l'intitulé « la question du sujet » sous la plume de Paul Ricoeur, [AdSI p.11] il étudie la réponse d'Augustin [AdSI p.228] et d'emblée il est clair que ce dernier en propose deux au lieu d'une. Serions-nous en plein dans l'*Entzweiüung* du sujet freudien ? À première vue, l'une des thèses admet l'attributivisme et l'autre non. Qu'est-ce que attributivisme ? Inutile de chercher sur Google puisqu'on vous y renvoie dare-dare à l'attributionnisme [sic] de Libera. Or, le Chapitre III de [AdSI p.125] s'intitule en effet : « Les origines de l'attributivisme » (avec l'orthographe correcte semble-t-il) C'est donc que nous y étions déjà. Ouf ! Il s'agit d'une notion qui a eu une 'gestation' fort longue, qui a accompagné la contamination réciproque du modèle augustinien du sujet et celui aristotélico-averroïste qui lui a succédé. Je passe sur les raisons théologales qui, en même temps, ont présidé à l'émergence d'une conception trinitaire, voire 'pé-

---

[Geach in AdS p.348] : Ici je me trompe de page puisqu'à consulter la 248 je découvre ceci : « Qu'est-ce qui intéresse ici l'archéologue ? D'une part, l'absence du modèle périchorétique [borroméen selon Lacan] ou 'consubstantialiste' comme le diront certains médiévaux ; d'autre part /…/ l'immanence 'subjective' de l'âme à la Vérité ou raison » [thème mis en valeur par Badiou.] À la bonne page (p.348, là nous sommes après la 'Conclusion' du livre et donc dans les 'Notes complémentaires'), il est question de la 'querelle des pronoms', où L. Tesnière critique l'égologie de Ricoeur, égologie « qui ne doit pas se présenter comme une philosophie du Je mais comme une philosophie du moi. » Façon de résumer le conflit Ricoeur/Lacan à propos de la traduction de l'Ich freudien). Et de citer Geach [On Belief about Oneself, in *Logic Matters*, Oxford, Blackwell, 1972] parmi ceux qui ont cette opinion.

richorétique' de l'âme [AdS p.211], tout cela pour faire surgir d'on ne sait où un certain Pierre de Jean Olivi[157], qui aurait pondu un texte 'époqual' dans l'histoire médiévale de l'attributivisme, sauf qu'on ne sait toujours pas qui attribue quoi à qui. Ici de Libera fait état d'un double mouvement qui s'opère chez les auteurs du Moyen âge : une substitution du rapport '*ousia-hypostasis*' au rapport '*hypokeimenon-accidents*', puis la substitution de la 'persona' à 'l'hypostase'. Il est vrai que quiconque sort de la lecture du *De Anima* d'Aristote se trouve quelque peu désorienté lorsqu'il aborde le même sujet, mais vu sous l'angle de la scolastique. Il n'est pas étonnant que dans ce 'tourbillon', comme dit Libera, il y ait eu place pour des variantes telle 'l'hérésie quadrithéiste'. Tout tourne autour de la notion grecque d'*ousia*[158], qu'on traduit pas 'essence', mais dont on

[157] Nous retrouvons [AdSI p.223] Pierre de Jean Olivi [absent dans le lexique de l'ouvrage, tant à 'Jean' qu'à 'Olivi'] dont il est dit qu'il aurait joué sur la contamination des positions respectives d'Augustin (certitude de soi) et d'Aristote (subjectivité) pour proposer un compromis : « ayant donné naissance à la notion de 'sujet-agent' sans laquelle il n'y aurait pas de conception dite 'moderne ' du sujet ». Or, l'expression 'intellect-agent', circulait depuis quelque temps déjà.

[158] Nous sommes embarqués dans des problèmes de traduction dont voici un exemple [AdS p.212] : « La traduction latine de la formule μια *ούσία*-τρεΐσ ύποστασεΐσ par une *essentia-tres substantiae* posait de formidables problèmes pour une oreille latine, *a fortiori* pour une scolastique, à un sujet ou substrat porteur d'accidents, autrement dit à l'*ουσία* [sic] première d'Aristote, et donc à un *hypokeimenon* doté d'une unité numérique [sinon zéro ou rien] ». L'autre [problème] est que « le mot *essentia* renvoyait à une nature commune, autrement dit à l'*ουσία* seconde des *Catégories. /... /*». Bref nous sommes dans les enculades de mouches théologiques. À la p. 214 cela continue : « Augustin tire un énoncé de compromis, censé exprimer le mieux possible 'avec des mots ce qui se conçoit sans mots', à savoir : une *essentia-tres substantiae vel personae*, autrement dit le contraire, en tout cas une tension dans le discours, qui dirait : qu'il n'y a aucune

se demande si elle devrait être, ou pas, attribuée à l'âme. Lacan ayant opté pour la négative (à l'instar d'Augustin), et ceci à partir du principe hégélien *omnis deterninatio est negatio*, on voit le flottement qui règne désormais dans l'aperception de son objet petit 'a'.

Il y aurait lieu de rappeler ici la 'théorie du sujet' selon Badiou, la place du 'sujet transcendantal' dans l'œuvre de Michel Foucault (cité par Libera p.20 & 21 n.1), la thèse de Heidegger sur 'la genèse de la subjectivité' (p.25), la place de l''anti-sujet' et du 'cogito humilié' dans l'histoire récente du sujet (p.33), sans omettre l'article 'Sujet' d'Etienne Balibar dans VEP, ainsi que la substitution du 'ça pense' (p.35) au 'je pense' chez G.C. Lichtenberg, du 'es' au 'Ich' chez Nietzsche (p.40), etc., etc.

Sous le titre « Thèses et Principes » [AdS p.445], Libera nous propose une liste d'abréviations dont il use pour caractériser les positions diverses prises par certains auteurs sur le plan théorique, et il est vrai que nombre de ses livres sont particulièrement difficiles à déchiffrer en raison de l'accumulation de telles données. Il est impossible d'appliquer à ces thèses (souvent concurrentes) le 'critère de démarcation' de Karl Popper, car l'empirique y vient à tout bout de champ prêter main forte au théorétique. Il faudra l'effort entrepris par Frege dans son *Begriffschrift* pour que l'on ait l'amorce d'une élaboration d'un langage, où la part de l'approximation et de l'ambigu serait réduite au minimum et où les incompatibilités ne seraient pas mises sous le tapis des mots. Libera a le mérite de préparer une telle mise à plat des relations des mots aux choses.

---

différence entre (p v q) et p $\wedge$ (q v r). » Bravo ! Sauf qu'Aristote martelait que l'*ousia* n'a pas de contraire. Etc., etc.

3°. L'*Urscene* de Heidegger

Sur le point de passer à l'examen de « La quête de l'identité » et donc du second tome d'*Archéologie du Sujet*, où, au titre d'un *Who is Who* au Moyen Âge, je tirerai du texte d'Alain de Libera toute une somme de données sur l'un au moins des protagonistes de la célèbre 'Querelle des Universaux', j'ai nommé Henri de Gand : avant cela, j'ébauche donc, ci-dessous, un parallèle entre les façons respectives d'aborder l'œuvre, mais aussi la personne de Heidegger, par Badiou, d'une part, et par Libera, d'autre part. Badiou lui a consacré tout un séminaire et j'ai dit qu'il avait été un peu sec, vu la façon très 'idéologue' qu'il a d'aborder son sujet. Tel Destutt de Tracy, il a opposé une fin de non-recevoir muette à Mme Goetz, professeur d'histoire à Nancy et spécialiste des idéologues précisément, le jour où elle avait organisé (en collaboration avec Alain Trognon, professeur émérite de sociologie, toujours à Nancy) sa venue à Nancy, pour une conférence qui n'a jamais eu lieu.

Le nom de Heidegger figure au minimum une cinquantaine de fois dans le 'Lexique' au tome I de l'*Archéologie du Sujet*, avec 34 occurrences au tome II et 32 au tome III, soit un total de près de 130 citations. C'est considérable. Je laisserai de côté le tout-venant de ces remarques en ne gardant que celles censées éclairer un point de doctrine. Au tome I cela commence très fort puisque Libera subordonne l'essentiel de sa démarche aux acquis sur la question du sujet apportés par Martin Heidegger et par Michel Foucault. La première citation consiste à rendre à César ce qui est à César (p.12) :

> « Toute reconstruction supposant une déconstruction on en proposera ici une, courant d'un volume à l'autre, celle de la thèse de Heidegger affirmant que c'est avec Descartes que, pour la première fois, la *mens humana*, revendique exclusivement pour elle le nom de sujet de telle sorte que *subjectum*

> et *ego*, subjectivité et égoïté (*Ichheit*) acquièrent une signification identique[159]. »

Puis suit ceci (p.16) :

> « /…/ le travail engagé risque plus que jamais de se voir caractériser comme un exercice de scolastique heideggérienne greffé sur une histoire 'pratiquée à l'école de Michel Foucault' »

Ici s'introduit faussement l'idée qu'il y aurait une sorte de collaboration de Foucault avec Heidegger alors que dès la p. 7 il est question d'examiner comment l'un (Foucault avec : *Soi-même comme un autre*) s'y prend pour déconstruire les thèses de l'autre.

À la page suivante, se voit confirmé le rôle joué respectivement par Heidegger et Foucault dans la promotion de la notion actuelle de sujet :

> « Il me paraît plus pertinent de poser que la question du sujet est, entre toutes, celle où l'historien de la philosophie ne peut éviter de reprendre les deux types de questionnement et d'enquête portés problématiquement, sinon contradictoirement, par Heidegger et Foucault. En effet, il n'y aurait pas sans eux de *question du sujet.* »

Bien sûr qu'ainsi tout n'est pas dit et que (p. 20)

> « Il faudrait /…/ déterminer par quelles équivoques, quelles contagions, quelles redistributions, que l'on pourrait dire aussi bien *époquales* avec Heidegger et *épistémiques* avec Foucault. »

Les rôles des inventeurs de la question du sujet étant ainsi répartis, Libera note (p.20):

> « Faire l'expérience de soi-même comme sujet pensant, tel est l'unique jeu que l'on connaît ici : ce que Heidegger nomme *die Erfahrung des Denkens*. »

---

159 Heidegger M., „Die Metaphysik als Geschichte des Seins" in *Nietzsche*, t.II, Pfulligen, Neske, 1961, p.395.

C'est aller un peu vite en besogne. Car dans « l'expérience de la pensée » se pose la question : 'Qui pense?' suivie de près de celle-ci : « D'où viennent les pensées ? » Pour Lacan l'important était de s'entendre dire.

Plus loin (p.19) Libera fait cette remarque fort importante (mais imprudente par les temps qui courent puisque : d'une part, il fauche une priorité sous le pied de Heidegger, mais, d'autre part, il lui attribue une démarche a priori sympathique, ce qui lui sera reproché de divers côtés) :

> « Bien longtemps avant Heidegger, Maine de Biran a donc formulé le reproche que *Sein und Zeit* installe au centre de sa 'destruction du cartésianisme : l'objectivation, (chosification) du sujet[160]. »

Son Introduction s'achève (p. 30) sur l'annonce de la mise en œuvre dans ce qui suit de trois 'outils archéologiques', à savoir la 'subjectité' empruntée à Heidegger, l'attributivisme aristotélicien et un second attributivisme qui, lui, reste à 'forger'.

Il arrive que Libera doive, en bon historien, citer des auteurs dont il ne partage pas forcément l'avis, comme lorsqu'il signale en note (p.37 n.1) que Descombes stigmatise comme « agrammaticale » la notion heideggérienne de '*Dasein*'. À l'inverse, Lacan applaudit des deux mains. Le poncif « scénario de Heidegger » trouve son acmé à la p. 94 (et ce suite à deux allusions aux pp.40 & 77) et s'explicite comme suit (S&Z p.49):

> « Les origines dont dérive l'anthropologie structurale, c'est-à-dire : la définition grecque de l'homme et le principe conducteur issu de la théologie, montrent que la question de l'être de l'homme a été oubliée lorsqu'on s'est efforcé de déterminer l'essence de l'étant 'humain' /…/. Toute la scholas-

---

160 Thème repris en [AdS I, p.90] sous forme d'une citation de *Sein und Zeit* [S&Z] : « Die Person ist kein Ding, keine Substanz, kein Gegenstand », puis, en [AdS I, p.91, n.3]: „Niemals aber ist ein Akt auch ein Gegenstand /…/.“

tique a travaillé à déréifier l'hypostase pour penser le mystère de la trinité. »

Ainsi Heidegger est fondé à poursuivre en disant qu'une partie de la scolastique poursuivit cette déchosification sur le terrain de la *mens*, voire de la psyché (ψυχή).

Par la suite c'est le contraire qui a prévalu et ces deux thèses ensemble ont donné lieu à un compromis dans l'anthropologie moderne. On a fini par marier l'*hypokeimenon* avec l'hypostase, le S_1 avec le S_2 dirait Lacan.

Libera revient sur le rôle fondateur de l'*Urbild*, le 'scénario de Heidegger', au début du tome II lorsqu'il dit : [AdS II p.13]

> « Comment comprendre la question du sujet de la pensée si, comme le dit Heidegger, et mieux encore Brentano, 'sujet' et 'objet' avaient au Moyen Âge des significations opposées à celles qu'ils ont aujourd'hui (cf. infra p.416) ? »

Et puisqu'il nous y invite, allons-y [AdS II p.416] :

> « Le changement de valeur subi par le mot 'objectif' était au cœur des remarques de Brentano invitant à comprendre de manière non moderne ce qu'il entendait, lui, par objet. /.../. Contre ce malentendu Brentano fait valoir que la relation intentionnelle est essentiellement asymétrique, qu'elle est moins une relation qu'un 'quasi-relatif' ; que du point de vue de la réalité 'le sujet pensant est la seule condition du rapport psychique' /.../. »

Le malentendu persiste dans l'enseignement de Lacan puisque l'âme, sujet aristotélicien, y devient l'objet 'a'. Avec Libera cela continue à la page suivante :

> « Si le scénario heideggérien faisant partiellement reposer 'le bouleversement de fond', le 'changement fondamental du *Dasein*' intervenu avec Descartes, i.e. le passage du *Gegenstand* à l'*Objekt,* a la moindre pertinence, c'est sur la longue durée de l'aristotélisme qu'il doit être déployé, dans une histoire de *l'esse objective in anima* ».

Le problème rebondit au tome III dans le 'Chapitre premier' au paragraphe intitulé : « Heidegger : de l'idéa à la *Vorstellung* ». Aux pages 121-122 d'AdS III nous lisons :

> « Dans *Die Metaphysik als Geschichte des Seins,* le texte de 1941 systématisait la distinction entre *Subjectität et Subjektivität,* Heidegger place deux gestes théoriques au point de départ de la métaphysique : le premier accompli par Platon, attentif au *koinon* (commun), situe l'essence de l'être, l'*ousia*, 'l'être présent ou présentifié', dans l'*idéa* ; le second attentif au *tode ti* (particulier) effectué par Aristote, situe l'essence de l'être dans l'ἐνέργεια. »

Les deux piliers de la métaphysique ainsi établis, Heidegger introduit un vocabulaire nouveau :

> « Pour désigner les éléments de cette structure, Heidegger emploie deux termes dérivés du latin scolastique : la 'quiddité' (das Was-sein) pour l'ἰδέα, la 'quoddité' (das Daβ-sein) pour l'ἐνέργεία. La mutation complexe qui porte et accompagne le croisement sémantique du sujet et de l'objet, a lieu au Moyen Âge. »

À la page suivante, nous avons cette précision :

> « Le couple *Vorstellung* (représentation) –*Wirklichkeit,* est la guise moderne du rapport ἰδέα/ἐνέργεία. Telle est la donne historiale que Heidegger met à la base du tournant cartésien /…/ »

Ensuite Libera revient (p.123) sur le 'Tournant cartésien' = *Vorstellung/ Wirklichkeit* et finit par dire que : « dans le croisement sémantique du sujet et de l'objet au Moyen Âge 'Subjectité, objet et réflexion sont inséparables' ».

Toujours au troisième tome de l'*Archéologie du sujet* [AdS III, p.121 & ss], cette problématique est reprise puis développée sous le titre « Heidegger de l'ἰδέαà la *Vorstellung* », où Libera la reprend et la complète. Il commence par dire que, dans *Die Metaphysik als Geschichte des Seins* (1951), Heidegger distingue entre *Subjectität* et *Subjektivität*, puis 1) installe l'essence de l'Être (ousia) dans l'ἰδέα ; 2) situe l'essence de l'être dans l'ἐνέργεία.

La note n° 3 s'étend sur les pages 122-123 et on peut y lire ceci (tiré de « Science et méditation », in Heidegger : *Essais et Conférences*, Gallimard, 1958, p.49-79):

> « Le terme général pour la présence (*das Anvesen*) ἐνέργεία n'est traduit correctement par notre mot *Wirklichkeit* (réalité) que si, de notre côté, nous pensons *wirken* (œuvrer) à la grecque, au sens d'amener dans le non-caché, pro-duire dans –dans la présence de (*her ins Unverborgene, vor – ins Anwesen bringen-* /…/. *Wesen* (être) est le même mot que *Währen* (durer) demeurer (*bleiben*).

Dans la suite de son texte, Heidegger explicite la présence (*Anwesen*) « comme la permanence (*währen*) de ce qui, arrivé dans la non-occultation (*Unverborgenheit*), y demeure (*da verbleibt*). «

Cela sent le tour de bonneteau à plein nez mais respirons un grand coup et continuons. On sait par ailleurs que sous le terme *Unverborgenheit* il est question du dévoilement de la vérité. Or, la problématique de la vérité semble ici être évitée. Le terme de *Währung* invite à se pencher sur le cas du *Bewährung,* qui, en tant qu'équivalent à celui de 'falsification' chez Karl Popper, a donné lieu à une polémique avec Carnap, ce que Antonia Soulez nous détaille[161], p.168 :

> « Popper au chapitre X de *La logique de la découverte scientifique*, rappelle dans une note assez détaillée, que le terme de 'degré de corroboration' (*Grad der Bewährung*) qu'il fut le premier à introduire, s'est trouvé repris et traduit par Carnap sous l'expression de 'degré de confirmation ».

Popper mit un certain temps à réaliser que ce n'était pas équivalent, car, adepte du concept de vérité de Tarski, le mot *Wahr* (vrai) dans *Bewährung* disparaissait dans la traduction de Carnap.

---

[161] Soulez Antonia, « Le problème de la démarcation /…/ », in *Karl Popper et la science aujourd'hui* (Colloque de Cerisy, 1981), Aubier 1989, pp. 155-172.

Poursuivant l'analyse heideggérienne de la représentation chez Descartes, Libera note ([AdSIII] p.127) que :

> « Le représenter (*percipere, cogitare, representare in uno*) est un trait fondamental de tout comportement humain, même non-cognitif. /... / Tant que dure le 'représenter', l'ego cogito (se) représentant (quelque chose) est à chaque fois à proprement dans le représenter et 'pré-jacent à ce dernier ».

Ce que Libera commente en ces mots (sans craindre de se répéter) :

> « A /.../ la ci-devant ἰδεα platonicienne Heidegger ajoute un second trait, qui est l'ombre portée de l'ἐνέργέία aristotélicienne ».

On voit bien que cela se complique, mais le comble n'est pas loin d'être atteint lorsque Libera parle du *Wandel*, du chiasma historial que voici : (AdS III p.332) :

> « Le *Wandel* historial de la *Subiectität* à la *Subjektivität*, dont les trois moments ont été décrits par Heidegger[162], implique une référence à l'objet. Le premier est en effet marqué par la transformation de l'objet (*Gegenstand*) en ob-jet (*Ob-jekt*) ce qui littéralement suppose que l'homme devienne sujet (*Subjekt*) : il s'agit d'une co-naissance, d'une co-apparition : l'objet au sens de l'ob-jet /.../ ne se rencontre que là où l'homme devient sujet (*Subjekt*). »

Cela se complique lorsqu'il ajoute :

> « Mais le sujet lui-même (et c'est le deuxième moment) doit devenir moi (*Ich*), et le moi devenir *ego cogito* (troisième et dernier moment). »

On a souvent dit que Lacan était incompréhensible, mais là : Chapeau ! La chose serait-elle susceptible d'être formalisée comme suit ?

[162] Dépassement de la métaphysique, in *Essais et Conférences,* p.97.

Subiectität →Subjektivität

1) (*Gegenstand*) →(*Ob-jekt*) = homme

2) l'homme→ (*Subjekt*)

3) (*Subjekt*) →*(Ich)*

Il est clair que le terme 'homme' est présupposé, ou alors l'on est en droit de demander d'où il sort, du chapeau évidemment. Quand on dit : « Il n'est homme qui ne soit sage », c'est pareil, sauf que rien ne laisse supposer qu'un tel homme existe ! Et à partir du moment où aucune certitude n'est établie concernant son existence rien ne nous interdit d'ajouter qu'il pense.

Je crois avoir effectué ainsi le recensement minimal des thèmes que Libera emprunte à Heidegger. Mais comment rendre compte de la multitude d'auteurs qu'il convoque dans ses écrits ?

En AdS I (p.162), il se soucie du statut de la forme chez Aristote qui serait au centre du conflit entre les interprétations modernes du *De Anima.* Ainsi vient la question « L'âme peut-elle être à la fois sujet (substance) et forme ? » Bodéüs répond par un ni…ni, alors que H. Granger dit que c'est les deux à la fois, ce qui voudrait dire que la position d'Aristote serait incohérente. Elle serait le résultat d'une « erreur catégorielle ». Libera soutient que :

> « La combinaison de l'attributivisme et du substantialisme est dictée à Aristote par la nécessité de trouver un compromis entre les exigences contraires de son hylémorphisme et de la théorie causale de l'action ».

Il s'agit aussi de faire cohabiter des thèses comme : « on ne peut concevoir un acte sans son sujet[163] » et « les accidents dénomment leur sujet ».

---

[163] Le tournant cartésien, tel qu'interprété par Heidegger, est résumé par ces deux maximes (AdS I, p.172 n.1) : *Deinde recte dicit nos non posse concipere actum ullum sine subjecto suo ; exeo quod*

Ces thèses, nous les retrouvons au troisième tome de l'*Archéologie du sujet.* Cela avait commencé en (AdS I : p.124), où Libera note que, selon Heidegger, le re-représenter (*Vor-stellen*) doit être pensé « de façon métaphysique et non pas psychologique ». Il y dit que dans le second volume de [AdS II] il sera démontré que Brentano n'était pas tout à fait dans la psychologie, ce que Heidegger lui impute. Et il affirme que c'est aux prémices d'un tel équilibrage qu'est consacré le présent volume. » Serait-ce là l'annonce que par la suite (peut-être avec Jacques Lacan) un tel rééquilibrage (*Mind & Body*) sera réussi ?

4°. Henri de Gand vu par Libera

Encore un pari stupide : à force d'entendre Lacan dire que telle chose lui va comme un gant, qu'il se donne les gants pour ..., qu'il retourne le gant, etc. je parie qu'il cultive un certain rapport avec Henri de Gand. Qui est Henri de Gand ? Voici ce qu'on en dit (Wikipédia): « archidiacre de Tournai[3], philosophe scolastique, connu comme le *Doctor Solennis*, naquit en 1217 dans la région de Mude, près de Gand et mourut à Tournai (ou Paris) en 1293. » Puis on ajoute :

> « Il fit ses études à Gand puis à Cologne sous Albert le Grand. Après avoir obtenu le grade de docteur il revint à Gand et on dit qu'il y fut le premier à faire un cours public de philosophie et de théologie. Attiré à Paris par la gloire de l'université, il prit part aux nombreuses disputes entre les ordres et les prêtres séculiers, défendant chaleureusement ces derniers. Contemporain de Thomas d'Aquin, il s'opposa à plusieurs des théories qui dominaient alors et injecta une forte dose de platonisme aux doctrines aristotéliciennes de son temps. Il distinguait entre la connaissance des objets ré-

---

sum cogitans, seguitur, Ego sum, quia id quod cogitat non est nihil.

els et l'inspiration divine par laquelle nous connaissons l'être et l'existence de Dieu. /… /

C'est on ne peut plus succinct. Il est dit aussi qu'il défendit Platon contre la critique aristotélicienne de son temps et fit tout son possible pour montrer que les deux conceptions sont en harmonie. En tant que psychologue, son idée de l'union intime de l'âme et du corps est inédite : « il considère le corps comme faisant partie de la substance de l'âme, qui à travers cette union devient plus parfaite et plus complète. »

De fait, mon intérêt pour Henri de Gand prend sa source dans un ouvrage paru récemment (Jean Duns Scot, 2009, *La cause du vouloir*, suivi de *L'objet de la jouissance* ([CdV], Les Belles Lettres), où il est fait référence à lui dans un débat à propos du libre arbitre. Du coup je suis retourné voir ce qu'Alain de Libera en disait, notamment dans le second volume de *Archéologie du sujet* ** 'La quête de l'identité' ([AdSII] ou [QI], chez Vrin, édit. où les théologiens discutent de savoir 'qui est qui' lorsqu'on est en présence de frères siamois. Quand se présente un être tératologique à deux têtes, sur quels critères peut-on considérer, théologiquement, qu'on est en présence de deux individus ou d'un seul ? Henri de Gand propose le critère suivant (QI, p.204): « [là où] il n'y a pas plus d'un cœur, alors sans aucun doute, c'est qu'il n'y a là qu'une seule âme et qu'une seule personne, à laquelle il n'y a à donner qu'un seul nom.» En clair, nous sommes encore à l'époque où le siège de l'âme était le cœur. L'enjeu est évidemment de taille puisque tout nouveau-né se doit d'être baptisé. En matière de péché (ou dette), par exemple, il convient de savoir à qui attribuer la faute commise lorsqu'on est face à un corps muni de deux têtes. Les frères siamois ont-ils des vouloirs séparés, une sexualité distincte et des destins bien individualisés ?

Or, on ne s'improvise pas expert en la matière sans quelques antécédents. Ces questions se sont déjà posées à propos de l'être trinitaire, mais surtout à propos de Jésus, en tant que participant de deux substances, l'une divine, l'autre humaine. Aurait-il été animé par deux vouloirs, parfois divergents ? *In fine*, la question est évidemment de savoir comment, dans son approche de la subjectivité, Lacan s'oriente au beau milieu de ce tintouin ? Aurait-il trouvé dans la pensée d'Henri de Gand un modèle qui lui aille comme un gant ?

Dans ce qui suit, nous ferons d'Alain de Libera notre mentor, étant donné les parcours que nous avions préalablement effectués dans ses travaux. D'emblée, il met les pieds ($\Pi^{\in}$) dans le plat et repousse de la plante du pied ($\Pi^{\in}$) toute concession au politiquement correct lorsqu'il évoque ceci[164] (in : *Penser au Moyen Âge*, ψ méd, p.232) :

> « Faut-il rappeler que la question 15 du quatorzième *Quodlibet* d'Henri de Gand (disputée en 1290) pose le problème de savoir 'si un juif qui a profané une hostie consacrée, mais qui en voyant le sang couler, s'est converti et a reçu le baptême, doit ou non être puni par la justice pour ce crime ? »

Alain de Libera a aussi le culot de dire que le terme 'philosophes' au XIIe siècle ne vise que les auteurs arabo-musulmans et de critiquer Heidegger qui, lui, parle de philosophie judéo-chrétienne. Notons que c'est Henri de Gand, qui, en tant qu'un parmi les 16 membres de la commission inquisitoriale, « en 1277, avait imposé la condamnation de 219 thèses philosophiques gréco-arabes ». Libera précise : (ψ méd, p.416) :

> « [ils] ne s'attaquèrent pas seulement à l'aristotélisme arabe sous tous ses aspects /…/. Ils s'en prirent aussi sans le nommer à Thomas d'Aquin. /… / la doctrine de l'unité des formes substantielles, y étant explicitement interdite. »

---

[164] Libera (de) Alain : 1991, *Penser au Moyen Âge,* Essais/Points n°329, p.365 : repris dans La philosophie médiévale (ψ méd) 1993, PUF, édition de 2004.

Dans son ouvrage *Métaphysique et noétique* (M&N), Albert le Grand, (2005, Vrin édit.), Alain de Libera n'accorde qu'une place fort modeste à Henri de Gand puisque à chaque occurrence son nom est associé à celui d'autres théologiens qui opinent de telle ou telle manière. Il demeure dans l'ombre d'Albert le Grand dont il est dit :

> « Il reste dans l'histoire connu comme le 'Docteur universel', en compagnie du 'Docteur angélique' (son propre élève : saint Thomas d'Aquin), du « Docteur séraphique » (saint Bonaventure) et du « Docteur admirable » (le franciscain Roger Bacon, critique comme lui d'Aristote envers qui saint Thomas d'Aquin avait eu davantage d'indulgence). Ce qui /.../ donna naissance à l'idée selon laquelle la philosophie a consisté essentiellement en une rédaction de notes de bas de page dans l'œuvre d'Aristote' ».

La seule thèse qu'Alain de Libera y accorde en propre à Henri de Gand (outre celle dont hérite son pseudonyme) est relative à sa conception de la Trinité et tient en une phrase (NS., p.396-7) :

> « La véritable doctrine de Henri de Gand semble assez différente : de fait, dans la *Summa quæstionum ordinarium*, /.../ il ne s'écarte de la thèse dominante qu'en affirmant qu'à proprement parler, en Dieu, chaque personne à l'être en une autre, et tout entière en [l'autre] tout entière, mais qu'elle n'est pas par soi et à titre premier tout entière en [l'autre] tout entière' /.../. C'est donc par le seul *per se, sed non primo*, que roule la thèse du théologien belge. »

À supposer que ce *sed non primo* veuille dire qu'aucune des personnes divines ne saurait revendiquer quelque primauté que ce soit sur les autres, nous rejoindrions ainsi l'argument de l'a-cosmicité, argument lacanien que j'ai développé dans *Qu'en dira-t-on ?* (p.35-36). Cela voudrait dire qu'Henri de Gand homogénéise le nœud trinitaire ce qui le mettrait en porte-à-faux au regard du *filioque*.

Il se pourrait toutefois que Lacan ait emprunté au 'théologien belge' un pas que ce dernier n'avait fait qu'esquisser.

À bien y regarder, je ne vois que Valeria Sorge (*Gnosia e teleologia nel pensiero di Enrico di Gand.* Napoli, Loffredo, 1988) qui prenne le soin de nous introduire à la conception de l'âme chez Henri de Gand (compte-rendu de Dominique Poirel p.164) :

> « /…/ l'homme est constitué de deux formes substantielles, la première, 'forme corporelle' ordonne la matière en un corps et le dispose à recevoir la seconde, 'âme intellective' qui unifie le composé humain et l'établit dans son être personnel. /… / En ce sens, sa définition de l'âme obéit à deux exigences contraires, provenant l'une de platonicisme, l'autre de l'aristotélicisme : d'un côté, elle est une forme séparée indépendante du corps ; de l'autre, elle est la forme substantielle et unifiante du composé humain. »

Par ailleurs, « pour Henri la vérité se définit moins comme une adéquation de l'esprit et de la réalité que comme une participation de l'esprit à l'idée éternelle de la chose. » Ceci étant précisé, notons qu'avec un nom comme le sien il était difficile à Alain de Libera de disserter sur la liberté. (À consulter également : S.Brown *Godefrey of Fontaines et Henry of Ghent.*) Notre enquête passe à présent par le livre (CdV) consacré à Jean Duns Scot où nous assistons à une sorte de duel entre deux protagonistes, à savoir Godefroid de Fontaines et Henri de Gand. Dans son introduction (p. XI) à ce livre, Aymon de Lestrange met en place les pièces sur l'échiquier de Duns Scot :

> « Les traductions que nous proposons ici sont celles de textes qui mettent en œuvre la pensée scottienne de la volonté. Le premier, la distinction 25 du second livre du *Commentaire des Sentences* [de Pierre Lombard, référence tous azimuts en la matière], permet de situer la compréhension scottienne de la liberté dans sa différence radicale avec celle d'autres grands maîtres du XIIIe siècle, Gilles de Rome (1247-1316), Henri de Gand (1250-1309), et surtout de Godefroid de Fontaines (1250-1309). Le second, /…/ ouvre à la pensée de l'infinitisation de la pensée divine qui est au cœur de l'œuvre de Duns Scot (1266-1308).»

Plus loin il situe le centre du débat en ces termes (p.XX) :

> « En ce qui concerne la liberté de la volonté, on demande si la cause de l'acte de la volonté est par l'objet qui meut la volonté ou la volonté qui se meut elle-même. /… / A propos de cette distinction 25 on demande en premier lieu si la cause effective de l'acte de volonté est quelque chose d'autre que la volonté. »

Bref, Aymon de Lestrange voit en Duns Scot (suivi en cela par Henri de Gand et Pierre de Jean Olivi) un partisan de « l'auto motricité » de la volonté et l'oppose principalement à la thèse contraire de Godefroid, probablement inspirée par Averroès (p.XXXIX).

Passons sur les coordonnées de Godefroid, alors qu'une seule question se pose: s'agirait-il d'un débat entre seconds couteaux ou bien de celui de chefs de 'partis' rivaux se livrant bataille en suscitant par des inconnus des ballons d'essai ? Il est clair que Godefroid de Fontaines se mouille, mais au profit de qui ? Les enjeux collatéraux de la *disputatio* théologico-métaphysique étant ainsi supposés, voyons quelles sont les thèses en présence.

La référence dernière du débat s'enracine dans le *De anima* d'Aristote, et on sait que Lacan en a tiré l'aphorisme : « l'homme pense avec son âme ». Il a dit aussi : « Je ne parle jamais de liberté » ce qui est déjà une position en retrait par rapport au débat de fond qui est de savoir si l'homme est libre de penser ou s'il est branché sur le vouloir divin, ainsi que le suggère Averroès (revu et corrigé par Siger de Brabant, susnommé).

Jean Duns Scot, notre rapporteur du débat (CdV p.70), prête à Godefroid de Fontaines l'opinion:

> « Que la volonté est la cause efficiente de la volition dans la volonté. »

Et ceci en vertu de ce qu'

> « il est nécessaire que le moteur et le mû aient des sujets différents, mais dans la partie intellective de l'âme, il n'y a rien qui puisse avoir un sujet différent de celui de la volonté. Rien ne se meut donc soi-même dans la partie intellective de l'âme. Il faut donc qu'il y ait quelque chose d'autre que la volonté ou intellect qui soit extérieur à la partie intellective de l'âme, et il soutient que c'est le phantasme. »

Ce qui est censé mériter l'attention d'un praticien de la psychanalyse, c'est évidemment le terme de phantasme. Encore faudrait-il s'assurer, dans le *Vocabulaire Européen des philosophies,* du sens qu'a ce mot à l'époque considérée. Notons d'emblée que dans la phrase : « Rien ne se meut donc soi-même dans la partie intellective de l'âme » Lacan ne semble retenir que la première partie lorsqu'il pose l'axiome : « un signifiant ne saurait se signifier lui-même. », façon de s'exprimer qui n'aurait eu aucun sens au XIIIe siècle puisqu'en ces temps-là il n'y avait apparemment pas plus de théorie du signifiant que de beurre en broche. Tout au plus aurait-t-on évoqué un *nous* qui se penserait soi-même. Il est vrai que le discours de Lacan cause à certains un Godefroid dans le dos.

Il ne nous reste qu'à consulter les différentes occurrences du terme 'phantasme' dans le texte de Duns Scot. Passons sur la difficulté qu'il y a à suivre les thèses et antithèses que développent les protagonistes du débat auxquelles se mêlent les opinions propres à Duns Scot. Toujours est-il que les uns et les autres ont bien en vue le cas de celui qui se trouve empêché de réaliser sa volonté en acte et qui, par exemple, saisi par la procrastination, hésite indéfiniment à prendre une décision. La question qui s'impose sur le plan de la clinique psychanalytique est de savoir en quoi consiste cet empêchement. Ici Duns Scot envisage deux positions (CDV p.75) :

a) Côté pile, il y a d'abord celle qui consiste à dire que si la meute des chiens a cessé de suivre la piste du cerf c'est que cette piste a été croisée par celle d'un sanglier, proie jugée plus appétissante. Ce constat illustre le mode opératoire du fantasme (CDV p.72) :

> « Cette opinion affirme donc que ni l'intellect agent, ni l'intellect possible, ni la volonté ne meuvent à l'acte de vouloir, mais que le phantasme, irradié par l'intellect agent, meut immédiatement l'intellect possible, parce que quel que soit le lieu où se trouve le phantasme, l'intellect est dans la partie intellective de l'âme. Toutefois l'intellect est en un endroit où le phantasme n'est pas ».

Inversement, il y a lieu de dire que là où est le fantasme (disons avec Lacan : « l'être ») la pensée s'enfuit[165].

b) Côté face, Duns Scot impute à Henri de Gand l'explication suivante :

> « D'autres répondent à l'argument que l'objet se présente à l'intellect sous une double raison, à savoir : sous la raison d'illicite et sous la raison du délectable, comme c'est manifeste dans l'objet de la fornication. Il est alors au pouvoir de l'intellect d'affermir l'intellect dans les choses honteuses en affaiblissant la considération intellectuelle des choses honnêtes. L'élection mauvaise s'ensuit alors. »

« L'intellect qui affermit l'intellect », cela va loin. Le terme d'autosuggestion ne viendra dans le débat du libre arbitre que bien plus tard.

Ce qui compte dans toute cette logicisation des propositions, c'est la distinction entre les dimensions de l'Imaginaire, du Réel et du Symbolique qui s'opère tout au long de ce Moyen Âge tardif, et où Lacan trouve son bien. Il reste qu'ici tout tourne autour de la conception de l'appétit, mais il est difficile aujourd'hui de saisir à quoi riment des propositions du genre (CdV p.75):

---

[165] On aperçoit où Lacan a pu puiser son « ou je ne pense pas, ou je ne suis pas », mais évidemment aussi ce qui suit ci-dessous.

« L'appétit intelligible meut de manière efficiente l'appétit intellectuel comme l'appétit sensible meut de manière efficiente l'appétit sensitif. »

Peut-être pourrions-nous y voir plus clair en nous transposant au chapitre du livre où Duns Scot traite du désir et de la jouissance. On sait que cette dernière est quantifiée chez Lacan, castration oblige. En clair, un mâle ne bande que dans certains intervalles de temps hors desquels il est quasi impuissant à prendre son $\Pi^{\in}$. Évidemment, ici il n'est pas question de l'érection obtenue par la magie des petites pilules bleues. La transition avec ce qui précède pourrait paraître un peu brutale mais il ne nous est pas interdit de voyager dans les sites où la transcendance flirte avec l'immanence : « Il faut jouir de tout ce qui satisfait la capacité [de l'âme] de jouir » (CdV p.99). Partant de ce précepte, Duns Scot opine que « l'objet de la jouissance n'est pas en soi une fin ultime », À savoir qu'on ne jouit pas que de Dieu (position restrictive d'Augustin : in livre I du *De la doctrine chrétienne,* c.1), ceci à partir de l'argumentaire suivant (CdV p.103) :

« L'âme est l'image de Dieu /…/ elle est capacité de Dieu /…/. Or, ce qui est capable de Dieu ne peut être satisfait par 'rien de moins que de Dieu'. De Dieu mais aussi de quelque chose de 'plus petit que Dieu'. »

Et il ajoute (CdV p.100): « Ce qu'il faut désirer pour soi-même est ce dont on peut jouir ». À ce propos il parle de « jouissance ordonnée » ['comme à sa fin'] et dont d'une 'jouis-sens' [166] bien ordonnée sur le modèle pervers, qui (CdV p.102) : « use de ce dont il faut jouir et jouit de ce dont il faut user, selon Augustin /…/. » De manière analogue, il est clair que, pour Lacan, le névrosé jouit de son fantasme (qui rend la jouissance apte au désir) et qu'ainsi le

---

[166] Qui donc aurait pensé que la 'jouis-sens', selon Lacan, serait une jouissance bien ordonnée, selon un sens prédéterminé ? Badiou parlant de cela en aurait été bien inspiré.

pervers jouit de l'objet dans son usage instrumental. Et Lacan d'ajouter que le psychanalyste s'autorise de Lui-même (Dieu) et de quelques autres, entendez : 'plus petit(s) que Dieu'. »

Par ailleurs, si une femme jouit de Dieu (la jouissance autre), elle n'en a pas moins accès à la jouissance phallique.

Je n'en ai pas fini avec Henri de Gand. Il y a lieu de prendre en considération ses démêlés avec son élève Gilles de Rome, dispute que certains mettent au compte de la question des universaux. Évidemment là nous retombons dans les filets d'Alain de Libera qui traite de cette matière dans *La querelle des universaux de Platon à la fin du Moyen Âge*, (QDU, 1996, Seuil).

Auparavant je vais consulter ce que la *Stanford Encyclopedia of Philosophy* (SEP) nous apprend sur les opinions de ces deux théologiens. L'article de la SEP (dont le contenu sera ici de part en part traduit ou commenté) rappelle que Gilles de Rome a été poursuivi par Etienne Tempier, l'évêque de Paris, pour ses positions aristotéliciennes hétérodoxes (relatives notamment à l'éternité du monde), ceci en marge du fameux décret du 7 mars 1277 impliquant un autre lot de théologiens, où Henri de Gand se situait du côté de l'accusation. Condamnée en 1277, la doctrine de Gilles de Rome est réexaminée en 1285 où il obtient l'autorisation d'enseigner. Puis sa carrière a bénéficié de l'élection du pape Boniface VIII qui l'a nommé archevêque de Bourges en 1295, mais a pâti de celle de Clément V, qui accéda à son tour au trône pontifical[167].

Gilles a été conduit à donner son verdict concernant l'orthodoxie des positions du franciscain Pierre de Jean Olivi qui, dans le Midi de la France, faisait déjà figure de mage,

---

167 On voit ici clairement que Gilles de Rome s'autorisait de 'Lui-même' mais aussi de 'quelques autres'.

ceci pour situer l'environnement sociojuridique dans lequel va se jouer la partie, d'autant qu'on est à l'époque où Philippe le Bel procède à la liquidation de l'Ordre du Temple. Le débat démarre sur la distinction entre "essence" et "existence" pour passer par « *the identity of 'esse' and 'creatio'* ». Gilles de Rome radicalise la doctrine de l'Aquinate sur 'la distinction réelle', qui dit que l'existence doit être conçue comme une "*res addita*" à l'essence. À ce propos, il faut consulter, *L'unité de l'intellect de Thomas d'Aquin* (2004, Vrin,) d'Alain de Libera qui cite abondamment Gilles de Rome. Bien que le résultat final de sa théorie ait pu être considéré comme plus proche des positions d'Avicenne que de celles de Thomas d'Aquin, Gilles de Rome n'en prend pas moins son départ à partir des positions de l'Aquinate. Pour en arriver au principe d'individuation, il doit passer par des considérations relatives à la quantification des objets célestes et sublunaires, anticipant en quelque sorte sur la notion moderne de masse. De l'individuation à l'identité, le débat fluctue *nec mergitur*.

Il semble que les positions de Henri de Gand s'ancrent plutôt du côté de Platon, mais réussissent l'exploit de concilier celles d'Aristote et d'Augustin, dans la mesure où pour ce dernier la vraie connaissance provient de l'illumination divine, illumination qui marque de son sceau (autopunitif, dira Lacan) la présence de la chose dans l'intellect humain, en tant qu'elle existe *ab aeterno* dans l'intellect divin. On entre par-là dans sa théorie de 'la double exemplarité', dans la mesure ou l'exemplaire divin agit sur le verbe constitué dans l'intellect au premier niveau de la connaissance, qui se trouve affinée et transformée en un second exemplaire, plus parfait, le verbe, en tant qu'il représente la vérité au niveau de la *sincera veritas*. Or, n'a-t-on pas chez Lacan cette sorte de diplopie, puisque dans un schéma célèbre il propose deux miroirs et donc deux exemplaires de l'objet à connaître ?

Ne quittons pas ici le débat entre Gilles de Rome et Henri de Gand et suivons ce dernier dans ses cogitations sur l'intention. Nous y sommes intéressés d'abord dans la mesure où Franz Brentano s'en est fait le chantre, puis par la place fondatrice que semble tenir aujourd'hui cette notion pour ce qu'il en est de l'intention de se perfectionner, supposée chez les candidats à l'initiation.

Ainsi l'extension du terme 'intention' se limite-t-elle ici à être le fruit de l'opération de l'intellect qui détecte la chose à laquelle l'intention elle-même appartient, opération inchoative, récurrente en quelque sorte, donnant lieu à une variété topologique digne de l'attention d'un Henri Poincaré. Question accessoire : Henri de Gand se prenait-il pour Henri Poincaré ? Poursuivons :

> « Les exemples les plus clairs sont à trouver dans *Quodl.* X, q. 7 où Henri répond plutôt sèchement aux perplexités soulevées par Gilles de Rome à propos du concept lui-même de distinction intentionnelle. 'Homme' et 'Animal raisonnable', le défini et la définition, diffèrent en un sens réel, puisqu'il s'agit de choses de natures différentes et non point de concepts ou d'intentions souchées sur la même *res*.

À présent, la question se pose : comment allons-nous envisager la différence entre 'rationnel' et 'animal' ? Pour Henri de Gand ce n'est pas une distinction de raison, puisque les deux termes ne sont pas dans une relation de définition à définir,

> « pas plus qu'il ne s'agit d'une distinction réelle, telle qu'entre substance et accident, puisque en ce cas les espèces engendrées par la conjonction d'animal et de rationnel ne sera pas un être par soi-même mais uniquement par accident. Par conséquent, nous ne pouvons faire appel qu'à une distinction intermédiaire, qui est précisément celle qu'Henri dit être intentionnelle. »

À partir de là Henri de Gand pointe deux niveaux de distinction intentionnelle puis différents modes jusqu'à ce qu'on dise : « La distinction entre être et essence appartient à ce dernier mode. » Mazette, une fois !

Sur ce point, comme sur un certain nombre d'autres, il m'incombe à présent de raccrocher ces wagons au T.G.V. d'Alain de Libera qui ne manque pas d'allure. Avec Boèce de Dacie (cité quelque part par Lacan en raison de son courage face à la censure), nous devons maintenant introduire une notion singulière, celle d'une essence indifférente au fait d'être dans ou hors de l'âme. Elle ne serait (1996, *La querelle des universaux de Platon à la fin du Moyen Âge*, Seuil. [QU, p.203]), « ni générale /…/ ni universelle /…/ mais elle n'est pas non plus particulière ou singulière, et elle n'est ni dans l'âme ni hors de l'âme ». Or, si mon souvenir est encore bon, à l'approche de l'objet 'a' (chez Jacques Lacan), l'essence s'évapore. Il convient aussi de savoir ce que devient l'ek-sistance suite à ce changement de phase. Toujours est-il qu'Henri de Gand intervient dans cette problématique de la différence entre l'être en soi et l'être en acte, qui surgit au tournant de cette 'indifférence de l'essence', pour rencontrer la théorie des universaux. Est-ce là l'amorce de ce qu'on nommera plus tard l'indifférentisme, à l'égard de la double vérité initiée par Occam, et qui se conclura, à l'époque moderne, par une séparation entre foi et science ?

Par ailleurs, la théorie de l'*esse essentiæ* rejoint là (QU, p.204) :

> « Le plus étonnant surgeon de l'avicennisme : la théorie des objets de Meinong. /… / En distinguant la métaphysique, science de ce qui existe, et la théorie des objets, qui l'englobe, Meinong prolonge la distinction de l'individu existant et de la « chose » /…/ Il fait un premier pas dans cette direction quand il pose que les objets idéaux n'existent pas (*existieren nicht*), ne sont pas réels (*wirklich*) mais sub-

sistent[168] (*bestehen*). Il rejoint Avicenne quand il formule le principe dit d'indépendance, affirmant l'indépendance de l'être-ainsi (*Sosein*) par rapport à l'être (*Sein*), et explique que le fait qu'un objet ait telle ou telle caractéristique est indépendant de son existence.»

Alain de Libera mentionne à différentes reprises Alexius von Meinong et lui a consacré une étude séparée en 1991[169]. Toutefois, j'ai rassemblé la récolte de tout ceci dans un écrit distinct (« Qu'essuie-je ? » inédit) et je n'y reviens donc pas.

Dans *La querelle des universaux* (QU, p.305), Alain de Libera évoque ce qu'il nomme « la révolution du XIVe siècle » et le projet d'Albert le Grand de « transmettre les philosophies grecque et arabe aux Latins. » Il s'agit d'une *translatio studiorum* d'une ampleur inconnue jusqu'alors. De surcroît :

> « Deux projets dominent le siècle : le scotiste et l'occamiste. L'historiographie a distribué les rôles : avec Scot, l'affirmation d'un réalisme métaphysique impénitent ; avec Occam, celle d'un empirisme logiciste où le criticisme et le scepticisme se donnent libre cours ».

Que devient Henri de Gand dans tout cela ? Patience !

À la suite de ceci Libera[170] écrit (QU p.308) :

> « Le problème central de la noétique d'Henri de Gand est d'insérer l'illumination divine selon Augustin dans la théorie

---

168 Si les 'objets idéaux' ne sont ni symboliques, ni réels, et qu'ils 'subsistent', cela autorise Lacan à situer dans l'imaginaire' la 'subsistance' de ses tores.

169 « Roger Bacon et la référence vide. Sur quelques antécédents médiévaux du paradoxe de Meinong », par Jolivet J., Kaluza Z., Libera A., 'éditeur', in : *Lectionum varietates. Hommage à Paul Vignaux,* 1904-1987, Vrin, pp.85-120.

170 Concernant les écrits de Henri de Gand, Libera se réfère à *Summæ Questionum Ordinarium,* Paris, 1520, réimprimé en 1953 en deux volumes, ainsi qu'à *Quodlibeta magistri Henrici, Goethals a Gandavo doctoris solemnis*, Paris, 1518, réimprimé en 1961 en deux volumes.

> de l'intellect selon Aristote. /… / sa doctrine de l'âme donne à la volonté une prééminence entière sur l'intellect. /… / car seule la volonté est 'forme de sa propre liberté', 'peut se mouvoir elle-même et s'éduire elle-même du vouloir en puissance au vouloir en acte.' /…/ »

Ici Henri oppose deux modes de connaissance : 'la connaissance rationnelle' /…/ et l'intellection proprement dite, « seule génératrice d'une 'science parfaite et d'une connaissance de la vérité pure' ».

Comment accède-t-on à cette connaissance qui permet une contemplation de Dieu sans intermédiaire ? Par deux étapes (que je résume): 1° une prise de connaissance de l'être universel sous la double condition : a) de la présence d'un fantasme dans la mémoire et b) de la lumière de l'intellect agent qui dépouille le fantasme de tous les traits d'individualisation dont il enveloppe la chose. 2° Une fois l'*esse universale* saisi, la seconde étape de la connaissance consiste, en effet, à 'composer et diviser' /…/. « Il s'agit de ranger la chose connue /…/ dans un genre et une espèce dernière, donc de la définir. »

Nous retrouvons là, en quelque sorte, la théorie de la double exemplarité, dont j'ai fait état plus haut, et une procédure dont l'objet ressemble certes beaucoup à celui de la psychanalyse. Lacan appelle cela un praticable qui s'articule à partir de la question de l'indifférence de l'essence. Il s'agit d'un tour de passe-passe, par lequel : de l'universel ($\forall$x) de la vérité (que véhicule l'illumination selon Henri de Gand), nous passons à la modalité du singulier ($\exists$x). Selon Libera (QU, p.312) : « Comme Thomas, Henri soutient que l'intellect ne connait pas directement le singulier [$\overline{\exists}$x]. » Par contraste Lacan mentionne quelque part (*'L'Éthique'*, p.343, Seuil) qu'une des caractéristiques de sa compagne d'alors était « l'extrême présence à l'unicité ».

Il aurait pu dire aussi : « Quand j'y suis (à la singularité) je ne pense pas ». Par là nous abordons le caractère aliénant de l'objet. Libera poursuit un peu plus loin :

> « L'impression sensible de la présence physique d'un objet 'a' est accompagnée de la formation d'un concept mental de cet objet : si l'objet 'a' est un homme, elle est accompagnée du concept mental 'homme' ; si c'est un cheval, du concept mental 'cheval'. La connaissance intellectuelle de 'a' est le résultat de l'acte par lequel l'esprit considère la relation entre l'impression sensible et le concept formé, l'espèce impresse et l'espèce expresse. »

À cette connaissance indirecte /…/ [universelle] Henri oppose une connaissance directe, intellectuelle et intuitive, du singulier, qu'il réserve à Dieu et aux anges. Cette notion de connaissance intellectuelle deviendra bientôt selon Alain de Libera la ligne de fracture entre l'ancienne scolastique du XIIIème siècle et la nouvelle επιστημη du XIVème».

C'est bien ce que je disais : primo une connaissance dans le miroir, puis, par rotation à 90° de ce dernier, un accès direct à l'objet 'a'. Il s'agit là d'un modèle dont héritera un Jacob Böhme, par exemple, sans qu'on y ait détecté par la suite quelque source cachée de l'inspiration lacanienne. Pourquoi ? En raison de l'impératif de réduire ladite fracture, au besoin en y collant le sparadrap de l'indifférence des essences. Car, ainsi que le stipule Meinong (QU p.321) : « il y a des objets (*Gegenstände*) dont il est vrai de dire qu'il n'y a pas de tels objets ». Et Libera de conclure : (QU p.321) :

> « C'est chez Duns Scot que les réflexions d'Henri de Gand et de Mathieu d'Aquasparta aboutissent à une synthèse qui donne sa configuration spécifique au XIVe siècle. »

Il ne nous reste plus qu'à faire cracher à Alain de Libera ce qu'il a à dire à propos des apports de Godefroid de Fontaines et de Gilles de Rome, puisque nous les avons d'emblée mis en parallèle avec la trajectoire métaphysique d'Henri de Gand.

Dans *L'art des généralités* ([AG], 1999, p.578, Aubier), Libera dit que d'une série de citations d'Aristote :

> « Les Latini ont tiré l'idée de *l'esse essentiale*. Certains 1° ont identifié cet *esse* à l'être des choses en Dieu ; d'autres 2° l'ont maintenu comme un mode d'être tiers, irréductible aussi bien à l'être intra mental qu'à l'être extra mental ; d'autres 3° l'ont réduit à un mode d'être purement intra mental (*esse in anima*), mais atténué ou incomplet. »

La première position est adoptée par Godefroid de Fontaines :

> « Quant à l'être d'existence /.../ la créature est rapportée à Dieu à partir du temps réel et comme à sa cause efficiente ; quant à l'être d'essence, elle lui est également rapportée réellement de toute éternité et comme à sa cause réelle exemplaire, puisque les idées exemplaires sont en Dieu de toute éternité. »

Il est probable que la seconde soit attribuable à Gilles de Rome tandis que la troisième (l'esse essentiale comme cause finale) serait plutôt celle d'Henri de Gand.

Dans la *La querelle des universaux* Libera rappelle que (QU p.347) :

> « Dans la psychologie aristotélicienne /.../ l'intellect agent agit sur l'espèce sensible pour la dématérialiser, c'est-à-dire, la 'dépouiller' de tous les accidents matériels, et ainsi l'intelligibiliser. Scot (qui prolonge ici un argument de Godefroi de Fontaines) rejette cette vision de l'activité de l'intellect. »

Son argument est du genre : « qui va chercher des poux en attrape ».

J'en ai donc terminé avec les références à Godefroid de Fontaines chez Libera, et je passe à celles relatives à Gilles de Rome.

Alain de Libera annonce d'abord que le grand adversaire de Siger de Brabant n'est pas Thomas d'Aquin, mais l'auteur du *De erroribus philosophorum*, Gilles de Rome, qui s'affiche, par conséquent, d'emblée comme non-dupe de la doctrine aristotélico-averroïste de l'abstraction (QU p.225) :

> « Pour lui les formes intelligibles n'ont pas besoin de l'abstraction. /... / Cette position, qui évoque la théorie farabienne de la cooccurrence, a chez Gilles de Rome un fondement précis, qu'al-Farabi n'avait pas su définir clairement. La thèse fondamentale de Gilles /.../ est que la même quiddité, qui est particulière dans les choses et dans les fantasmes, est universelle dans l'intellect. »

Cette position a pour corollaire : « L'identité de l'espèce dans l'imagination et dans l'intellect rend inutile l'intervention de l'intellect agent tel que l'entendent Averroès et Aristote ».

En clair : « Moi c'est Moi » et le non-spécularisable c'est de la couille. L'excès de cette formule mienne connote la souffrance de celui qui s'est mis dans la posture de devoir résumer la Création en quatre lettres et en six jours.

Voici un aperçu sur la façon dont Libera entend clore ce tome second de son *Archéologie du Sujet* (p.421) :

> « Les analyses proposées dans 'La Quête de l'identité', contrées sur Dext[171] ont rempli cette partie du programme. Mais elles ont largement permis de déceler l'existence du 'chiasme de la dénomination' et de préparer la réévaluation de la crise averroïste –ignorée par Heidegger-, à laquelle sera consacré le prochain volume. »

5°. La double Révolution

En ce qui concerne le volume II de *Archéologie du Sujet* j'ai choisi un des personnages de la saga scolastique, que Libera mentionne en divers contextes, ce qui nous a donné

[171] Dext : dénomination externe. Je vous ai fait grâce des concepts de ce genre qui pullulent chez Libera et dont la liste est dressée en fin de chaque volume.

l'occasion de mieux connaître Henri de Gand, tel que l'historien des religions nous le présente. Au troisième volume de cette série intitulée « La double Révolution », c'est l'épistémologue que nous interrogerons. D'emblée, il nous mène en bateau[172] une fois de plus afin de mieux nous révéler les continents de l'attributivisme et du substantialisme, dont voici enfin les définitions :

> « De attributivisme : (doctrine faisant de l'âme un 'attribut' ou 'disposition' du corps) ;
>
> L'attributivisme* : (doctrine interprétant les actes mentaux comme des 'attributs' ou 'prédicats' de l'âme), qui, sur l'échiquier mis en place dans *Naissance du sujet* (p.127-129) occupe la case 3. »

Attributivisme

substantialisme	1+	2-
attributivisme	3+	4-

Je ne sais pas si ce schéma vous éclaire mais ce n'est pas mon cas. Alain de Libera note tout de même ceci :

> « Le propre d'une substance est d'être permanente [sic]. La chose qui pense ne saurait ni être ni penser par intermittence. Une substance n'a pas de syncope. »

C'est là que cela coince car Jacques Lacan fait dire aux sorbonnards que précisément un sujet cela se situe dans le *vel* : « ou 'je pense' et 'je ne suis pas', ou 'je suis' et 'je ne pense pas' ».

À vue de nez, il s'agit là de choses que Lacan a tenté d'élaborer à propos de l'acte, où l'aliénation énonce que « la pensée est là ou l'être n'est pas ». Ici Lacan tombe comme les cheveux dans la soupe, mais pas tellement puisque Libe-

[172] S'agissant du 'bateau de Thésée' dont Hobbes nous propose la métaphore, puisque dans l'archéologie (du sujet) il importe de faire des fouilles sans détruire le substrat, de même ledit bateau était à renouveler de fond en comble sans le sortir de l'eau.

ra ouvre le bal de son troisième tome par une citation en exergue de Lacan précisément ou plutôt par une 'citation de citation' puisqu'il est dit : « Lhomme pense avec son âme ça veut dire que l'homme pense avec la pensée d'Aristote ». De surcroît, le chapitre V se nomme « Le sujet supposé s'avoir », et cela veut dire 'Lacan est le bienvenu chez nous, sauf si le diable l'emporte'.

De même lorsqu'on lit (CDV p.71) : « La relation du moteur au mobile est une relation réelle, mais il n'y a pas de relation réelle de soi à soi » Libera en apporte la preuve puisque : « dans une relation réelle, l'opposition des relatifs est une opposition réelle, mais les opposés ne peuvent revenir en même temps à la même chose. » Or, Lacan y insiste, les relatifs ce sont : le jour et la nuit, le Fort et le Da. Le fait qu'ils soient là, dans la synchronie (celle de la matrice d'une langue), ne prouve en rien qu'ils soient dans la simultanéité.

Il est vrai qu'au douzième siècle [AdS III p.35] on posait des questions du genre : « Un homme âgé est-il le même homme que celui qu'il était, étant jeune, ou un autre homme ? » C'est pertinent selon que l'on se situe du côté de l'impermanence, telle que principal souci dans les doctrines orientales, ou du besoin de régénération au XVIIIe siècle français. Si la conservation du même, au sens du 'moi-même' se pose de nos, jours ce serait suite à des traitements chirurgicaux ou d'appareillages divers, ou alors au moment d'un contrôle par la gendarmerie où la question est : 'Suis-je le même après avoir absorbé deux pintes de bière?'

Bref, suis-je différent (ou différente) dès lors que je change de nom ? Il est vrai que de plus en plus on se soucie du propre tel que souligné par une allure (chose soulignée par Badiou), ou une marque tribale, sportive, ou familiale (tels les blasons des familles nobles jadis). Mais qu'en est-il d'une identité qui ne serait pas supportée par les sens ? Nous avons vu plus haut que Gilles de Rome argumentait contre cette éventualité et que pour lui « Moi c'est Moi et le non-spécularisable c'est de la couille ». S'agissant de la nomination 'personnelle', transposée depuis dans l'état civil, il en fut ainsi pendant des siècles, chacun étant désigné qui par une infirmité, qui par un exploit, qui par le type de travail dans lequel il était impliqué. Cela reste dans l'immanence du concret.

La question de dénomination est traitée au Chapitre VII de « La double Révolution » ou Libera distingue trois cas : une dénomination extrinsèque (Dext), une dénomination formelle et enfin une dénomination pensée, l'ensemble des trois couronné par ce qu'il appelle le chiasme de la dénomination.

Ayant jadis investi dans le cas Cajétan, je vais exposer ce que j'en avais perçu. Dans son tome II Libera traite [AdS II, p.326] de la « Dénomination formelle et dénomination extrinsèque selon Cajétan ». Qui est Cajétan ? C'est un contemporain de Luther et donc un personnage de la Renaissance. Voici un extrait de Wikipédia à son sujet:

> « C'est à son entrée en 1484 chez les frères Dominicains du monastère de Gaète que Jacopo de Vio prend le nom de "frère Thomas". Il poursuit ses études de théologie et de philosophie à Naples, Bologne et Padoue. Professeur de théologie dans les universités de Pavie et Rome, il acquiert en ce domaine une renommée considérable à la suite d'un débat public avec Pic de la Mirandole à Ferrare en 1494. Nommé en 1507 procurateur général de l'ordre des Dominicains, il en devient général en 1508, fonction qu'il assure jusqu'en 1518. En 1511, il fait preuve d'un grand zèle dans la défense des droits du pape Jules II contre le concile de Pise, polémiquant avec Jacques Almain et publiant une série d'ouvrages qui seront condamnés par la Sorbonne et brûlés par ordre du roi Louis XII. »

Son exploit c'est d'avoir prononcé en 1534 la sentence définitive de validité du mariage d'Henri VIII et de Catherine d'Aragon, refusant le divorce au souverain anglais, avec les énormes conséquences que cette intransigeance a eues. Car le mariage est un sacrement accompagné d'une bénédiction qui est aussi une nomination, extrinsèque en ce qui concerne l'épouse puisqu'elle entre désormais dans le lignage de son mari. Annuler une bénédiction est de l'ordre d'une malédiction puisque cela revient pour l'Église à se dédire. Et c'est là le non-dit de l'argumentaire du prélat, non-dit qu'il passera sa vie à argumenter, argumentaire, par la bouche de Cajétan, que Libera nous propose en ces termes [AdS II, p.357] :

> « /…/ il y a deux sortes de dénomination : la dénomination intrinsèque et la dénomination extrinsèque. On parle de dénomination intrinsèque, quand la forme du dénominatif est dans ce qui est dénommé, comme c'est le cas pour blanc, de telle quantité etc. On parle de dénomination extrinsèque, quand la forme du dénominatif n'est pas dans le dénommé, comme c'est le cas pour en tel lieu, ayant telle mesure /…/.

Ici ma vue se brouille et je ne suis pas certain que la suite de ce texte m'éclairera :

> « Mais c'est de deux façons que quelque chose peut être dit tel ou tel par quelque chose d'extrinsèque, premièrement [$Dext^1$] quand la raison de la dénomination est la relation même à ce qui est extrinsèque, comme l'urine est dite saine, par la seule relation du signe à la santé ; deuxièmement [$Dext^2$], quand la raison de la dénomination n'est pas une relation de ressemblance, ou quoi que ce soit d'autre, mais la forme qui est le fondement de la relation de ressemblance avec cette réalité extrinsèque /…/ »

L'urine est saine, fichtre. On est dans le paraître car un excès de rhubarbe est susceptible de la colorer. Pour ma part, je me fierais plutôt à son goût mais passons sur le côté métonymique du procédé. Côté métaphore c'est pas mal non plus puisqu'il semble qu'un éclairage autre soit nécessaire pour en saisir le sens puisqu'il est dit :

> « Comme l'air est dans le translucide en vertu de la lumière solaire, dans la mesure où il participe par la forme de la lumière ».

Et puisque nous quittons le domaine des sensations pour celui des mots, venons-en à la question : pourquoi, Cajétan ? Parce qu'issu du monastère de Gaète, cela a le mérite d'être explicite, sauf qu'il conviendrait, suite à cela, d'examiner d'un point de vue conceptuel et épistémique ce que veulent dire les termes 'ressemblance', 'forme', 'réalité' etc. et l'on voit à quoi va nous mener un discours, qui a tout du coupeur de cheveux en quatre, tout cela pour justifier un 'je veux' et donc un vouloir ancré dans le doctrinal.

Tout ceci vaut diversion à l'égard de ce que Libera tente de faire entrer dans les cervelles (il n'est pas professeur pour rien) mais ici tous les chemins mènent au conflit entre Thomas d'Aquin et Averroès. Chemin faisant je me suis demandé à quoi servent dans son texte les notes en bas de page, ainsi que les notes complémentaires, elles, présentes exclusivement aux tomes I et II d'AdS. J'irai jusqu'à dire que les unes sont la sorte de purgatoire d'où les notions écartées risquent d'émerger à terme, alors que les autres sont l'enfer, lieu de l'inarticulable, sorte de troisième classe de pensées, dont il faut se résoudre à ce que le diable les emporte. C'est à peu près ce que Libera nous dit (en note : [AdS III, p.151 n.2] de l'amour :

> « C'est le mot *Liebe* qui, en fait, dans le texte du §3, condense toutes les appellations, comme Brentano l'explique lui-même un peu plus loin /…/ : 'Au lieu du simple mot amour, j'aurais dû désigner la troisième classe sous le double nom d'amour et de haine. »

Là nous entrons dans le « je t'aime moi non plus » qui sous-tend tous les conflits. Laissons à présent Libera nous éclairer sur ce qu'il propose suite à cette envolée sur l'hainamoration telle que soustraite du vocabulaire lacanien :

> « Et si j'ai abrégé en laissant tomber le terme de haine, c'est uniquement par analogie avec ce qui se pratique ailleurs : on dit 'tenir pour vrai' pour désigner l'acte de juger ; et l'on parle aussi de désir au sens élargi du mot en sous-entendant chaque fois le terme opposé /…/. »

Ou bien on passe pour des coupeurs de cheveux en quatre ou bien on se contente de poser des paires ordonnées de manière à ce que chaque fois que l'on évoque un des deux termes l'autre soit automatiquement compris. L'enfer des désirs implicites est pavé de sous-entendus. De l'aporie à l'oxymore c'est toujours le même problème : la poule, faut-il la plaindre ou dire que c'est bien fait pour sa gueule ?

Mais avant d'entrer dans les menées du maudit cadi[173], i.e. sa noétique, et puisque nous sommes entre deux chapitres d'AdS III (il est vrai qu'avec Libera nous naviguons toujours dans un 'entre-deux'), faisons un dernier tour dans le précédent où il est question du 'scénario de Reid' qui est ramené au grand jour, dans le 'non-caché', dans l'*Unverborgenheit* heideggérienne [AdS II, p.123 n.3] : le 'chiasma du sujet et de l 'objet'. [AdS II, p.134]. Le terme de chiasme s'appliquerait aussi bien à la relation entre Reid et Hamilton, l'un (le second) étant l'interprète de l'autre (tout comme la paire ordonnée : Avicenne-Al Ghazali). Bref, nous dirons qu'ils sont comme cul et chemise, façon seyante d'inscrire leur relation dans une proximité, voire une topologie. À la p. 131 Libera avait redit que Brentano (en usager) et Heidegger (en témoin) avaient déjà décrit le chiasma du sujet et de l'objet. Je ne sais pas pourquoi me revient un apologue que trimballait Jacques Lacan et où une boîte de sardines flottant sur l'eau adressait ce message à

[173] Averroès, ou Ibn Rouchid dans la tradition scholastique, est le commentateur (+) : d'Aristote, bien entendu, titre qu'il a en quelque sorte hérité d'Avicenne (+). Al-Ghazali commentant Avicenne était déjà le Commentateur du commentateur (+, +), d'où la transmission du savoir qui tend à s'effectuer selon le modèle : {[(+)] [(+) (+, +)]} → [(+)]*.

celui qui était là à l'observer de sa barque : « Tu ne me vois pas d'où je te regarde. » Je crois bien aussi que, longtemps avant Lacan, Nicolas de Cues avait formalisé cet entrecroisement sous la forme d'un schéma à retrouver dans ses *Œuvres Choisies*[174] (p.160) sous le titre' '*Figura paradigmatica trium mundo.*

Conclusions

Alain de Libera aura réussi à nous faire accomplir une fameuse balade dans le temps, chevauchée dont il convient à présent d'évaluer les enjeux. Bien des aspects de son travail sont restés ici dans l'ombre, notamment la controverse Averroès-Thomas d'Aquin, mais j'avoue avoir peiné à lire le livre qu'il avait déjà consacré à ce sujet, son *Tractatus de unitate intellectus contra averroistas*, en raison notamment des multiples thèses en présence, reprises d'ailleurs dans AdS III en fin de volume, comme, par exemple : « FCaj (Formule de Cajetan –Quand un objet devient pensé ou connu, ce n'est pas parce qu'il se produit en lui un changement réel, mais parce que quelque chose d'autre a changé ». » Ou alors : « PCAA –Principe de la connaissance de l'âme par ses actes », ou encore : « T2O –Première théorie brentanienne des deux objets : tout acte psychique a deux objets, un objet premier, ce sur quoi il porte ; et un objet secondaire : lui-même », etc.

C'est sa façon de 'serrer les choses de plus près' qui nous induit à penser qu'il viserait à une sorte d'exhaustion de l'espace scripturaire, sur le mode selon lequel on procèderait pour prospecter tous les poulaillers d'un quartier ou tous les

[174] Nicolas de Cues, *Œuvres Choisies,* traduction par Maurice de Gandillac, Aubier, 1942. Dans le lexique de l'AdS II, on trouvera les rubriques : 'chiasma de l'agence' et 'chiasme de la dénomination'. Dans les trois lexiques j'ai trouvé un Nicolas de Bar, mais pas de Nicolas de Cues (ni de Cusa).

points d'eau d'une région, avec parfois des sauts, des retours, des loopings, manière de vérifier si son propre GPS fonctionne encore ou s'il a déjà semé ses compagnons. Il est clair qu'au-delà de l'aréopage d'auteurs nombreux et attitrés qu'il cite il y a toute une troupe de personnes qu'il emploie afin de rechercher et traduire la cohorte d'ouvrages qu'il cite, sans compter les linguistes, les épistémologues et autre, philosophes qui lui mâchent la besogne. Bref, l'homme-orchestre qu'il est apparemment est *de facto* tout sauf 'un homme seul', alors que les trois autres que je lui ai associés en ce quatuor font plutôt figure de solistes.

J'ai donné quelque priorité à un de ses souffleurs, à savoir Martin Heidegger, peut-être parce que je le connais un peu mieux, mais surtout en vertu de la place qu'il tient dans les trois volumes de l'AdS. Évidemment l'ermite du Todtnauberg privilégiait le continent de la pensée hellénique, notamment celle des présocratiques, et ce n'est que par distraction qu'il est allé trainer ses guêtres du côté de l'archipel de la scolastique. Ce que Libera apporte est donc d'autant plus intéressant qu'il monte en épingle des aspects qui -pour certains- ont pu rester inaperçus. Lui-même n'aborde le continent judéo-chrétien qu'avec parcimonie (quelques références à Maïmonide, par-ci par-là), alors qu'au grand désagrément de certains il dévoile toute l'importance que prend aujourd'hui l'apport arabo-musulman à la philosophie, grâce au débat qu'Averroès mène avec l'Aquinate. Quant à la 'réception' d'Alain de Libera, en tant qu'auteur, il est peut-être trop tôt pour en dire quoi que ce soit de pertinent. Il reste que lui-même se lance semble-t-il dans la polémique du jour, ainsi qu'il en est question dans un article qu'on trouve sur Google et qui s'intitule « Le-médiéviste-et-les-nouveaux-inquisiteurs ». On peut y lire ceci :

> « La réplique d'Alain de Libera [au sujet du livre de Sylvain Guggenheim : *Aristote au Mont-Saint-Michel]*, où il est dit :

« je ne peux suivre Alain de Libera qui crédite l'Islam d'avoir effectué la « première confrontation de l'hellénisme et du monothéisme » - oubliant les Pères grecs ! »

Un professeur du Collège de France qui aurait oublié de mentionner quelque chose, c'est grave. C'est même insupportable, surtout lorsqu'il annonce encore trois tomes à venir à son *Archéologie du sujet.* Il aurait pu garder son sang-froid mais il est encore temps pour lui d'entreprendre une analyse. Bref Libera a cru nécessaire de répondre dans *Télérama* à son contradicteur. Et puisque je n'ai pas le droit de citer ce genre d'ouvrage (et bien d'autres), vous ne saurez rien de ce qu'il y a écrit. Non mais !

Libera serait donc prêt à bouffer du curé : je vous l'avais dit. Il reste que son insistance sur la *translatio studiorum* au quatorzième siècle est tout à fait méritoire et exemplaire.

G) CONCLUSIONS GÉNÉRALES SUR QUATUOR

On dit parfois d'un auteur qu'il domine son sujet. C'est loin d'être mon cas. Je me suis contenté de survoler certains thèmes, évoqués principalement par les quatre auteurs dont je me suis inquiété, dans la mesure où mon 'Maître', Jacques Lacan, avait déjà soulevé de tels lièvres, laissant à ses élèves le soin de remplir les trous de son discours en produisant les contextes d'où ce dernier aurait pu émerger. Lacan avait un frère dans les ordres et avec qui discuter le bout de gras. Parmi ses analysants, il y eut Claude Conté qui disposait dans sa bibliothèque, et je m'en demandais la raison, des œuvres complètes d'Augustin. À présent je sais le pourquoi de cette accumulation. Toutefois Claude Conté n'avait pas le charisme d'un Claude Lefort, ni le regard pimenté (ou pigmenté) que son analyste portait sur les choses. Son tempérament primesautier (ou bipolaire si vous préférez) a fait le reste, si bien qu'il n'a pas pu aller au bout de son mandat.

Aller au bout de son mandat ! Maxime heideggérienne s'il en fût. La figure de Heidegger, le fils du tonnelier, a inspiré (pour ne pas dire fasciné) tour à tour nos trois philosophes : Wittgenstein, Badiou et Libera (Freud étant exempté vu son âge), et, à mon avis, ils s'en sont faits (par ricochet en quelque sorte) les passeurs, puisque j'ai beaucoup appris auprès d'eux au sujet de Heidegger ; alors que je croyais presque tout savoir. Certains ont reproché à Martin Heidegger son manque de courage, n'ayant certainement pas aperçu ce que cette vertu comporte d'orgueil, de vanité et de leurre, en certaines circonstances ; et il est vrai qu'on ne mûrit politiquement et existentiellement qu'à condition d'avoir traversé certains épisodes tragiques de l'existence.

Bref, mon traité du caractère ne me permet pas de classer avec quelque once de pertinence chacun d'entre eux, mais je me suis permis à l'occasion de relever certains penchants (*homelike*) de leur pensée, mais aussi des points de friction à répétition, voire des conflits plus ou moins larvés avec leurs semblables, qui viennent perturber ou orienter leur action, et mobilisent leur énergie. Autant -pour Freud et Wittgenstein- nous disposons de témoignages de première main (lettres, interviews, confidences), autant pour les deux derniers de la série, Badiou et Libera, il est encore trop tôt pour faire l'inventaire de leurs fréquentations, de leurs têtes de Turc, de leurs favoris, sans compter leurs investissement respectifs dans les arts et les lettres. Cela viendra ; il suffira d'attendre. Ce n'était toutefois pas mon propos prioritaire. Mais dès à présent je suis en mesure d'épingler à tous les quatre l'étiquette de logiciens. Ont-ils pour autant le même sens du vrai ? J'en suis réduit à me fier à mon sentiment sachant pertinemment que le sentiment ment !

Ce n'est pas ravaler la philosophie que de la toiser sous l'angle de l'ésotérisme, façon de parler parfois fort poétique de ce qui reste en soi un mystère. Quel meilleur exemple d'action à distance, voire d'effet sans cause que : l'érection ? Le priapisme comme obsession, comme mandat ou damnation ! Sa quoddité dûment constatée, qu'en est-il de sa quiddité, de son mécanisme, de sa finalité, de sa concrétisation, des voies à suivre et des modes opératoires à connaître, afin d'en faire bénéficier la terre entière ou, plus restrictivement, quelques Parfaits ? En tant qu'événement espéré, la trique échappe à toute maîtrise, à toute martingale, à toute *co-naissance* et souffre de l'*invidia*, du mauvais œil ; maléfices que l'on tente de subvertir par d'autres exorcismes, d'où aussi l'émergence d'une classe de spécialistes, de devins, de mages, voire de marlous.

Hommes de désir, ai-je dit. Mais le désir de savoir les titille-t-il de la même manière ? C'est sur ce point que ma plume, telle la mule du prophète (non juif) Barnabé s'*ex-c(a)lame* et se bute: « *Vade retro Satanas !* »

La naissance du désir est un thème qui remonte à la plus haute Antiquité, mais il est important d'examiner la façon dont il est traité sur le plan pictural, notamment au temps de l'Antiquité grecque, dont nous avons plus qu'un simple aperçu dans l'ouvrage *Les Mythes dans l'art grec* (Thomas H. Carpenter, 1999, Éditions Thames & Hudson). Outre le fait qu'on apprend à connaître par leur nom un grand nombre de peintres de cette époque et les différents supports connus de ces œuvres (le fameux 'Vase de François' et le 'Coffre de Kypsélos'), il est clair qu'ils viennent compléter les sources littéraires, elles-mêmes souvent perdues ou insuffisantes pour établir les variantes de ces mythes, d'où l'idée de produire une fable, celle des quatre Juges des Enfers, où trouveront place les quatre auteurs dont je viens de m'occuper. La preuve que 'les mythes mènent à tout' tient à la rencontre (certes fortuite, mais quand peut-on en être assuré ?) que j'ai faite avec un personnage de l'Énéide : Didone, à qui l'on doit semble-t-il le « théorème isopérimétrique ». Sur Wikipédia on trouve un bref historique de la chose: « La connaissance de théorèmes isopérimétriques est ancienne, près de 3 000 ans. Le résultat essentiel de l'époque est l'œuvre de Zénodore, IIe siècle av. J.-C., qui démontre un résultat que l'on exprimerait maintenant de la manière suivante : s'il existe un polygone à *n* côtés de surface maximale à périmètre donné, alors il est régulier[2]. Cette partie de l'histoire est traitée dans l'article « Isopérimétrie ». Les études des théorèmes isopérimétriques datant de l'Antiquité se fondent exclusivement sur la géométrie du triangle. Ces méthodes, assez élémentaires, ne permettent pas d'aller beaucoup plus loin. Par exemple, démontrer l'existence d'une solution est hors de portée. Il faut attendre près de 2 000 ans pour que l'étude de cette question soit enrichie à l'aide d'apports théoriques de nature différente. »

La validation de ce théorème isopérimétrique a demandé plusieurs étapes qui passent par l'évocation d'un univers où chaque point serait une surface et le fait que « Une première démonstration de l'existence d'une solution en dimension 3 est l'œuvre de H. A. Schwarz en 1884 ». Or, ce sont ces théories schwarziennes que Lacan avait tenté d'aborder à un certain moment de son enseignement, ainsi que je l'ai relaté plus haut, et le nom d'Henri Poincaré est resté en rade, alors que c'est lui qui intervient dans l'affaire avec sa 'conjecture'. Bref une généralisation du théorème isopérimétrique montre par exemple que le disque est, à périmètre donné, la figure ayant la plus grande aire. Laissons de côté le Séminaire sur « La Lettre volée » (dans les *Ecrits*, p.11 et suivantes), où il est question de disques noirs et blancs, et voyons dans le Livre II de son *Séminaire*, ce qu'il dit à la séance du 15.12.1955 :

> « 'Dans trois mille ans, combien d'hommes sauront' ce qu'il y a au niveau de ce cercle tracé ? Je me suis permis, dans ma propre calligraphie, de répondre : 'Dans trois mille ans, bien avant, les hommes sauront'. 'Bien avant trois mille ans, et après tout, ça peut commencer aujourd'hui, les hommes sauront, ils se souviendront peut-être que le sens de cette trace mérite de s'inscrire ainsi'. Malgré la différence apparente, c'est topologiquement la même chose. Supposez que ceci soit rond, que ce que j'ai appelé cercle soit un disque. Ce qu'ici, j'ai tracé de ma main, est aussi un disque bien que sous la forme de deux lobes dont l'un recouvre l'autre, la surface est d'un seul tenant, elle est limitée par un bord qui, par déformation continue peut se développer de façon à ce que l'un des bords recouvre l'autre, l'homéomorphie topologique est évidente. Que signifie alors que je l'aie tracé d'une façon différente et que ce soit là-dessus que j'aie maintenant à attirer votre attention ? Un tracé que j'ai appelé un cercle et

non pas un disque laisse en suspens la question de ce qu'il limite. »

Cette question du disque se continue à la séance du 15.1.1966 où il dit (Leçon du 5 janvier 1966) :

« Mais l'existence de ce disque est déterminée par sa fonction dans la troisième dimension ou plus exactement dans le Réel où elle existe. Le disque, je vous le démontrerai, se trouve en position de traverser nécessairement, lui comme réel, cette figure qui est celle de la bande de Moebius en tant qu'elle nous rend possible le sujet. Cette traversée de la bande sans endroit ni envers nous permet de donner une figuration suffisante du sujet comme divisé, cette traversée, c'est précisément la division du sujet lui-même. Au centre, au cœur du sujet, il y a ce point qui n'est pas un point, qui n'est pas sans laisser un objet central, soulignez ce 'pas sans' qui est le même que celui dont je me suis servi pour la genèse de l'angoisse. »

Plus loin, dans cette même séance, le débat se poursuit :

« Mais si nous en faisons un concentrique au premier trou et concentrique également au second, là, ce trou-là, n'a aucune chance d'évasion qui lui permette de se réduire à un point. Il est irréductible, qu'on le rétrécisse ou qu'on l'élargisse, il rencontrera la limite du bord constitué par deux trous. Je le répète, je dis bord au singulier pour dire que, à une étape suivante de l'expérience dans la sphère, j'ai défini deux trous et c'est ça que j'appelle le bord. Ce qui veut dire quoi ? C'est qu'une surface qui est ici dessinée, qu'il vous est facile de reconnaître même si ça vous semble - puisqu'on peut l'appeler un disque – troué, voir quelque chose comme un jade chinois, vous pouvez voir qu'elle est exactement équivalente ici à ce qu'on appelle un cylindre. Avec le cylindre, nous entrons déjà dans une toute autre espèce surfacielle car je vous présente ici ma sphère à deux trous. Je vous ai dit tout à l'heure que c'était tout à fait équivalent que ces trous aient l'air ou n'aient pas l'air de se concentriser, si je puis dire /…/. »

Or, il est clair qu'une des premières illustrations de l'objet 'a' chez Lacan fut celle d'un disque.

Voici donc la fable que je vous avais promise :

Fable : Les Quatre Juges de l'Enfer

Il était une fois quatre moulins à vent hellènes. Par vent favorable il leur arrivait de moudre de la bonne farine et parfois de la moins bonne. Le son de leurs zèles s'harmonisait par instants lorsqu'ils rivalisaient d'optimisme : qui avec sa cithare, qui avec son cistre, qui avec ses cymbales. Munis de leurs *kèrykéions* ils parcouraient en songe les espaces éternels et délivraient leurs messages aux quatre coins du ciel. Lors de leurs voyages ils se faisaient portraiturer par les saules centenaires et chacun était reconnaissable par son outil ou attribut symbolique.

Derrière ces vénérables édicules (nous disons aujourd'hui 'éoliennes') se cachent donc quatre personnages mythologiques dont ce livre décrit les exploits, mais aussi les quatre cavaliers de l'Apocalypse selon une référence autre. Je puis d'ores et déjà donner à chacun une des couleurs de son cheval (entre parenthèses). Le premier se nomme Triptolème et il est quatrième juge aux Enfers, après Minos, Éaque et Rhadamanthe. Du coup vous savez déjà comment se nomment les quatre autres.

Le premier, Moulin chandelier assis par terre, Triptolème (Noir), Dieu psychopompe, armé du caducée, gardait jalousement son trépied (le Ça, le moi et le Surmoi) dans les caves de la Bergstrasse, mais en dépit de sa vigilance, un vilain coyote, son fils illégitime, le lui emprunta afin de le transmuer en quelque symbole hérétique (en transcription : RSI). Triptolème mit tout son talent à meuler les aspérités de son caractère mais, en vue d'un rajeunissement nécessaire à son franchissement de l'Achéron, il s'empressa d'empailler au passage quelques oies sauvages. Il fut nécessairement un enfant trouvé vu les différentes parentés qu'on lui accorde. Il est d'emblée représenté en sandwich entre deux femmes, ce qui n'augure rien de bon pour la suite. Après-coup notre psychopompe fait figure de jeune homme coiffé d'une pétasse et portant un sceptre et des épis de blé. Inventeur du culte d'Éleusis, il fait figure de civilisateur. Il est celui qui prête son trépied à la Pythie et l'on dit même qu'il lui soufflait parfois les réponses qu'elle faisait porter à ceux qui avaient eu maille à partir avec la sécurité sociale. Il se serait servi d'un pèse-nerf pour débarrasser les possédés de leurs démons mais -par la suite- il lui a été reproché ce genre de lobotomie. Il a enseigné à tout vent l'art et la manière de se servir de la baratte (la machine à battre le beurre) et c'est de là qu'on lui rend l'hommage dû à un théoricien de la libido et de la pulsion de mort. Menacé par l'intrusion (dans le paysage psychédélique) d'*Artemisia dracunculus* en *portnia thèron,* et donc en dompteuse de fauves, vêtue d'une peau de panthère et portant un carquois marqué d'une croix gammée, il fut soustrait in extremis à ses griffes par la fée Iris (Murdock ?) qui, revêtue d'une égide au gorgonéion hérissé de serpents, chevauchant un hippocampe nobélisé et, avec l'aide de ses bottes ailées (p.36), de son sceptre et de son flambeau d'éclaireuse du genre, le déposa sur l'île Éléphantine (ainsi nommée en raison de son blason), où il trouva enfin le repos mérité d'un grand déserteur devant l'Éternel.

Le second, Moulin à galerie ou moulin-blouse, Éaque, (Blême) de par la configuration de son site, se voyait en position de changer de pied à chaque caprice (à chaque 'jeu de langage') du vent, et du coup sa farine tourna au bleu, puis au brun. Et faute de parvenir à trouver l'or du Rhin, au fond de sa cornue, il se contenta de la lumière certifiée d'un bataillon de lucioles. Éaque est ainsi un autre 'Héros civilisateur' grec, célèbre pour avoir peuplé à deux reprises l'île d'Égine. Peu regardant envers la question posée à la fois par l'identité et par l'altérité, il l'a repeuplée à partir de colonies de fourmis. Éaque est réputé avoir fortifié l'île en question, et qu'il a même repéré (et donc annoncé) le point faible de sa *Bildthéorie*, dans son *Tractatus*, puisqu'après-coup il s'est avéré que c'est bien en ce point de faille que l'île a été réduite. Éaque est le favori des dieux de l'Académie et il est vrai que parfois ils ont pu lui demander d'arbitrer leurs querelles théoriques. Il a eu paraît-il une nombreuse postérité mais se pourrait-il qu'on se soit exprimé par antiphrase ? Il a produit en effet quantité de balustres mais peut-on pour autant parler à ce sujet de 'paternité' ? Bref, qu'arrive-t-il quand Éaque s'encroûte ? Dans ce cas il est réduit à son fantôme (tel Garuda pour Vishnou), à son insigne existence, au point d'inexister, d'autant que les Juges de l'enfer étaient trois et non pas quatre. Inexistant : donc antiphilosophe !

Le troisième, Moulin cavier, Minos, (Rouge) 'Roi des Enfers' certes mais perclus dans le labyrinthe de ses pensées, intimement persuadé que le cinéma c'est du faux mouvement, s'empressa d'introduire un lièvre (ou un groupe de manifestants à contre-courant) dans l'équation de sa propre cinématique, le faisant courir à contre-sens dans le labyrinthe des multiples, afin que le Spectateur (bénie soit sa présence) ait l'impression d'un 'progrès' sur la géodésique de l'histoire. D'évènement en évènement, ayant enfin réussi à écrire l'équation du mouvement immobile, du Monde et des mondes, il finit par échanger sa chlamyde de Magister contre un simple chiton d'artisan, et il fut bien aise de pouvoir enfin se moquer de la République. Mais à force de changer de pied (ou de sujet), il finit par confondre sa quiddité minoenne avec sa quoddité minotaurienne et, par-là, se prendre pour un Autre.

Le quatrième, Moulin tour, Rhadamanthe, (Blanc) l'être aux deux visages et aux trois regards, frère honni du précédent, « tenait sous sa domination de grandes îles et presque toutes les côtes de l'Asie qui s'étaient données volontairement à lui sur la réputation de sa probité. » Tous les neuf ans, « il se rendait à la caverne de Zeus et en rapportait une nouvelle série de lois ». Écartelé -tel Hippolyte- entre deux épouses : Antiope (l'histoire) et Phèdre (la philosophie), il s'attira l'ire des Amazones-à-risque, au point de perdre le fil d'Ariane (fille de Minos, son frère) entre la *stoa poïkilé* et la *Lesché des Cnidiens* à Delphes, où il rencontra, enfin, le fils illégitime de Triptolème, qui le remit sur la vraie Voie. Il a la chance de pouvoir tourner le dos, encore, à la bûche qui se consume à l'âtre.

Cf. ci-dessous : Rhadamanthe en train de filmer la séquence du départ de sa fille Idéa vers la planète Mars, alors que son fils, Energuéia, est en train de poser un engin en vue de faire sauter l'Acropole.

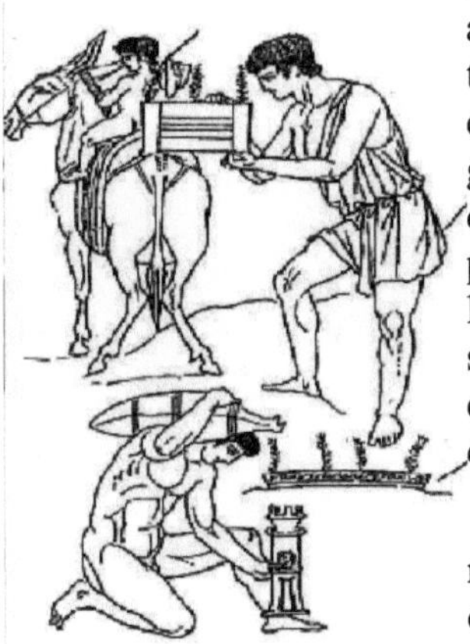

Selon Wikipédia : « La Stoa Poikilè (ἡποικίλη στοά, le « portique peint »), ou portique pœcile, ou simplement le Pœcile, est un monument de l'Athènes antique. Son surnom lui vient des peintures qui ornaient les galeries dont il était constitué. Le Pœcile est un ensemble de galeries couvertes, érigé sur l'Agora d'Athènes. Des colonnades et bancs de pierre servaient d'endroit de plaisance, et le lieu était connu pour sa fréquentation et ses réunions d'oisifs, jusqu'à ce que Zénon de Cition prenne pour coutume d'y donner ses cours

La Stoa Poikilè est ainsi à l'origine du nom de l'école philosophique stoïcienne, où le fondateur enseignait. Plutarque l'a décrite dans sa *Vie de Cimon,* et Pausanias en parle également dans sa Description de la Grèce. »

BIBLIOGRAPHIE DE QUATUOR...

Artaud Antonin : *L'Ombilic des Limbes*, Nrf/Poésie/ Gallimard, 1968.

Atlan H., *Entre le cristal et la fumée*, Paris, Seuil, 1979.

Augustin : *De la doctrine chrétienne,* livre I.

Aulagnier P., *La violence de l'interprétation,* PUF, 1975.

Azar Amine, Sarkis Antoine, *Freud... parties carrées,* 1994, Zéditions.

Badiou Alain :

- *Le concept de Modèle*, François Maspero édit. 1969.
- *Théorie de la contradiction,* François Maspero édit, 1975.
- *Théorie du sujet*, Le Seuil, Paris, 1982.
- *L'Être et l'Événement I,* Seuil, 1988.
- *Le Nombre et les nombres,* Seuil, 1990.
- « Entretien de Bruxelles », in : *Les Temps Modernes*, n° 526, mai 1990.
- *D'un désastre obscur*, éditions de l'Aube, 1991.
- *Conditions,* Seuil, 1992.
- *L'Ethique,* Hatier édit., 1993.
- *Petit manuel d'inesthétique*. 1998.
- « La scène du deux », in : *De l'amour,* Champs Flammarion, n° 118, 1999.
- « Dialectiques de la fable », in : *Matrix, machine philosophique*, pp.120-129, Ellipses édit. 2004.
- *L'Être et l'Événement II, Logiques des mondes,* Seuil, 2006.
- *Petit panthéon portatif*, La Fabrique édit. 2008.
- *Le fini et l'infini*, Bayard édit. 2010.
- *La République de Platon*, Fayard édit. 2011.

- *L'Éloge de l'amour*, Flammarion, 2009, et Champs essais n° 993, 2011.
- *L'aventure de la philosophie française*, 2012.
- *Lacan, L'antiphilosophie 3,* Fayard, 2013.
- *À la recherche du réel perdu*, Fayard, 2015.
- *L'Antiphilosophie de Wittgenstein*, Nous édit. 2009.
- *Le Séminaire*, Heidegger, L'être 3 - Figure du Retrait, (1986-87), Fayard, 2015. *Le Séminaire,* Malebranche, L'être 2 - Figure théologique, 1986, Fayard, 2013.

Badiou Alain, Cassin Barbara : *Heidegger, Le nazisme, les femmes, la politique*, Fayard, 2010.

Badiou Alain, Cassin Barbara : *Il n'y a pas d'acte sexuel. Deux leçons sur l'Etourdit de Lacan*, Fayard. 2010 »

Bailly Jacques & Longo Giuseppe : *Mathématiques et sciences de la nature* (La singularité physique du vivant), 2006, Hermann Édit.

Bakhtine M. : *Esthétique de la création verbale*, Paris, 1952/1979/1984, Gallimard.

Bartley William W. III : *Wittgenstein une vie*, Éditions Complexe, 1978.

Bellinghen van A. : « Gödel et la théorie lacanienne de la sexuation », inédit (texte présenté à la réunion commune de la Convention et des CCAF nov. 1986).

Bellinghen van A. : Psychanalyse des machines symboliques, *Cahiers de lectures freudiennes*, 1989, n° 15/16, 183-194.

Berrett : *Les Leçons de Wittgenstein sur l'esthétique.*

Bouveresse Renée : « Une quête sans fin : le statut scientifique de la psychanalyse », in : *Karl Popper et la science aujourd'hui*, [KP.SA], Aubier édit. 1989, pp.343-376.

Bouveresse Jacques: « L'Animal cérémoniel », in Ludwig Wittgenstein : *Remarques sur le Rameau d'or de Frazer*, l'Âge d'Homme, 1982.

Bouveresse Jacques: *Le philosophe et le réel*, Hachette édit., 1998.

Brown S.: *Godefrey of Fontaines and Henry of Ghent.*

Carpenter Thomas H., *Les Mythes dans l'art grec,* 1999, Éditions Thames & Hudson.

Charraud N. : « La place du sujet », *Cahiers de lectures freudiennes*, n° 15/16, Lysimaque, 1989.

Chauviré Christiane: *Ludwig Wittgenstein*, Seuil, 1989.

Chiesa Curzio: « Remarques sur le Cahier Bleu », in : *Wittgenstein analysé*, (pp.281-295), Jacqueline Chambon édit., 1993.

Chisholm Roderick M.: « Sur quoi portent les remarques sur les couleurs de Wittgenstein », in *Wittgenstein analysé*, (pp.99-125), Jacqueline Chambon édit., 1993.

Clavecin Maurice: « Élucidation philosophique et 'Écriture conceptuelle' logique dans le Tractatus », in : *Wittgenstein et le problème d'une philosophie de la science*, CNRS, 1970, p.104-5.

Cooper R. L.: *Language planning and social change,* Cambridge University Press, 1989.

Culioli A., Descles J.-P. : « Traitement formel des langues naturelles (1) Mise en place des concepts à partir d'exemples », *Mathématiques et sciences humaines*, 20, 1982, n° 77, 93-125.

Culioli A., Descles J.-P. : « Traitement formel des langues naturelles (2) Dérivations d'exemples », *Mathématiques et sciences humaines*, 20, 1982, n° 78, 5-31.

Dagognet François: « Sur Lavoisier », *Cahiers pour l'analyse*, n° 10, Cercle d'épistémologie de l'ENS, Seuil.

Damourette et Pichon : *Dictionnaire de la langue française.*

Delacampagne C. : « La fin d'une illusion », *Le Monde* du 13 juillet 1990, p.26.

Felden M. : *Le songe de Minerve*, Lieu commun, 1987.

Sigmund Freud :

- *Lettres à Wilhelm Fliess,* 1887-1902, PUF édit., 1956.
- *Sigmund Freud Lou Andreas-Salomé, Briefwechsel,* S. Fischer Verlag, 1966.
- *Correspondance Sigmund Freud Ludwig Binswanger* (1908-1938), Calmann-Lévy édit., 1995.

- *Lettres de famille de Sigmund Freud (1911-1938)*, PUF, 1996.
- *Lettres à ses enfants*, Aubier/Psychanalyse, 2012.
- *Freud-Ferenczi,* 1992, lettre n° F259, du 17 décembre 1911, p. 336-77.
- *Correspondance Sigmund Freud Max Eitingon* (1906-1939), Hachette littérature, 2009.
- *Correspondance: Sigmund Freud- Minna Bernays, (1882-1938),* Seuil édit., 2015
- *Correspondance Sigmund Freud-Otto Rank* (1907-1926), Campagne première édit. 2015.
-„Über die algemeine Erniederung des liebes Lebens“, *G.W.* VIII, 1908.
- *L'interprétation des rêves*, p.172, note 1, éd. PUF, 1967.
- L'Homme aux rats, *Les Cinq psychanalyses,* PUF.
- *La naissance de la psychanalyse*, PUF, 1956.

Ferenczi, Analytische Deutung und Behandlung der psychosexuellen Impotenz beim Manne, *Psychiat.-neurol, Wissenschaftschrift*, 1908.

Feyerabend Paul:
- *Against Method* [AM] (Wider Method; Contre la méthode, Shokenbooks, NY. 1978.
- *Tuer le temps,* Seuil, 1996.
- "Consolations for the Specialist", in: Imre Lakatos & Alan Musgrave: *Criticism and the growth of Knowledge*, Cambridge University Press, 1980, pp.197-230.
- *La tyrannie de la science*, Seuil, 2014.

Gammelgaard Judy: "Like a pebble in your shoe: A psychoanalytical study of Lars von Trier's Breaking the waves and Antichrist", *The International Journal of Psychoanalysis*, vol. 94, n°6, pp. 1215-1230, déc. 2013.

Gay Peter: *Freud, une vie*, Hachette, 1991.

Geach: "On Belief about Oneself", in: *Logic Matters*, Oxford, Blackwell, 1972.

Gilles de Rome: *De errobirus philosophorum.*

Gilson Etienne: *La philosophie du Moyen-Âge*, Petite Bibliothèque Payot, n° 274, 1976.

Goethe: „Das Märchen“ in: *Unterhaltungen deutscher Ausgewanderter von 1795*, (zuerst erscheinen in der von Schiller hrsg. Zeitschrift ›Die Horien‹).

Goethe: *Le Serpent vert*, traduit et commenté par Oswald Wirth, Dervy-Livres, 1935/54.

Granger Gilles-Gaston: *Invitation à la lecture de Wittgenstein*, Alina édit. 1990.

Green A. : « L'homme machinal », *Le temps de la Réflexion*, n° IV, Gallimard 1982.

Guennifey Y. : « Les robots ont-ils un QI » ? *Bulletin de Psychologie*, 38, 1985, n° 370, pp.571-573.

Haton J. -P., Haton M.-C. : *L'intelligence artificielle*, Que sais-je ? n° 444, PUF, 1989.

Heidegger M.: „Die Metaphysik als Geschichte des Seins“, in: *Nietzsche*, t.II, Pfulligen, Neske, 1961.

Heidegger Martin, « Science et méditation », in: *Essais et Conférences*, Gallimard, 1958, p.49-79.

Heidegger Martin: „Die Grundprobleme des Phänomenologie“, *Gesammtausgabe* 24.

Heidegger Martin: *L'être et le temps* (Sein und Zeit), 1964, nrf, Gallimard.

Henri de Gand: *Quodlibeta magistri Henrici Goethals a Gandavo doctoris solemnis.*

Henri de Gand: *Summœ Questionum Ordinarium*, Paris, 1520, réimprimé en 1953 en deux volumes.

Hertzog Suzy, Brun-Picard Christophe: *Biologie, physiopathologie humaine*, Castella édit., 1913.

Hoddis Jacob von: *Weltende.*

Hottois Gilbert: *La philosophie du langage de Ludwig Wittgenstein*, Vrin édit., 1976.

Janik Allan C. & Toulmin Stephen E.: *Wittgenstein, Vienne et la modernité,* PUF, 1978.

Jolivet J., Kaluza Z., Libera A., 'éditeur': « Roger Bacon et la référence vide. Sur quelques antécédents médiévaux du paradoxe de Meinong », in : *Lectionum varietates,* Hommage à Paul Vignaux, 1904-1987, Vrin, pp.85-120.

(collectif:) *Karl Popper et la science aujourd'hui*, Aubier édit. 1989.

Koyré Alexandre : *Paracelse.*

Kripke Saul : *Wittgenstein über Regeln und Privatsprache*, Suhrkamp, 1983.

Krüll Marianne: „Freud und sein Vater"; *Die Entstehung der Psychoanalyse und Freuds ungelöste Vaterbindung.* C.H. Beck Verlag, München 1979.

Kuhn Thomas : *La structure des révolutions scientifiques*, Flammarion, 1970.

Kuhn Thomas : "Logic and discovery or Psychology of Research ?" in: Imre Lakatos & Alan Musgrave : *Criticism and the growth of Knowledge*, Cambridge University Press, 1980, pp.1-24.

Lacan Jacques:

- *Le Séminaire*, Livre I, p.9. Seuil.
- *Le Séminaire*, Livre III, Leçon du 6.6.1956, p.303, (Seuil).
- *Le Séminaire*, Livre III, Leçon du 20 juin 1956. (Seuil).
- *Le Séminaire*, Livre VIII A, 'L'Éthique', Seuil.
- *Le Séminaire,* Livre XII, Leçon du 20.06.1966, (ALI).
- *Le Séminaire*, Livre XV, Leçon du 16.3.1968 p.271 (ALI).
- *Écrits*, Paris, Seuil, 1966.

Lagache Agnès: *La logique d'un Dieu*, Le Cerf édit., 1975.

Lakatos Imre: *Proofs and Refutations*, *John Worrall and Elie Zahar,* 1979, Cambridge University Press.

Lakatos Imre: "Falsification and the Methodology of Scientific Research Programmes", in: Imre Lakatos & Alan Musgrave: *Criticism and the growth of Knowledge*, Cambridge University Press, 1980, pp.91-196.

Leclaire Serge : *Psychanalyser,* Seuil. 1968.

Leclaire Serge : *Démasquer le réel*, Seuil, 1971.

Leyvraz J-P & Mulligan K. : *Wittgenstein analysé*, Jacqueline Chambon édit., 1993.

Libera (de) Alain :
-*Penser au Moyen Âge,* Essais/Points, 1991, n° 329.
- « La philosophie médiévale », in *Psychologie médicale*, 1993, PUF, 2004.
- *La querelle des universaux de Platon à la fin du Moyen Âge*, 1996, Seuil.
- *L'art des généralités*, 1999, Aubier.
- *L'unité de l'intellect de Thomas d'Aquin,* 2004, Vrin.
- *Archéologie du sujet,* tome I, « Naissance du sujet », 2007 ; tome II, « La quête de l'identité », 2008 ; tome III, « La double révolution », 2014 ; Vrin édit.
- *Vocabulaire européen des philosophies*, (en coll. avec Barbara Cassin) Paris, Le Robert-Ed. du Seuil, 2004.

Linard M. : « Machines à représenter, Vidéo et Ordinateurs », *Bulletin de Psychologie*, 42, 1990, n° 395, 592-602.

Marty Éric: *Une querelle avec Alain Badiou philosophe,* L'infini/Gallimard, 2007.

Maruani A., Thurin J.M. : « Psychanalyse, connexionnisme et modèles neuronaux ou : si Freud avait connu la calculette », *Psychiatries,* 1989/2, n° 87-88, p.50-58.

Milner J.-C., *Introduction à une science du langage*, Paris, Seuil, 1989.

Montrelay M., in : Audouard X., Casse M., Kipman D., Montrelay M., Nicolescu B., Solie P., Decant D. : *Le psychanalyste, le physicien et le réel*, Poiésis/Pavot, 1987.

Nicolas de Cues, *Œuvres Choisies,* traduction par Maurice de Candiac, Aubier, 1942.

Ohayon M. : « Intelligence artificielle et psychiatrie », *Rapport au congrès de psychiatrie et de neurologie de langue française,* LXXXVIIe - session, Montréal, 3-9 juillet 1989, Masson, 1990.

Papert S. : *Jaillissement de l'esprit*, Flammarion, 1980.

Parry Milman: *L'Épithète traditionnelle chez Homère*, Paris, 1928.

Poirier Nicolas (sous la direction de) : *Cornelius Castoriadis et Claude Lefort: L'expérience démocratique*, Le bord de l'eau édit, 2015.

Popper Karl R., Eccles John: *The Self and its Brain*, Springer International, 1977.

Popper Karl R. : *Conjectures et réfutation.* 1963/1985, Payot.

Popper Karl R., Lorenz Konrad: *Die Zukunft ist offen,* Serie Piper, 1985.

Pribram K. H., Gill M. M. : *Le « Projet de psychologie scientifique » de Freud, un nouveau regard*, PUF, 1986.

Prigogine I. : *Physique, temps, devenir*, Masson, 1980.

Rank Otto: *Le traumatisme de la naissance*, 1924.

Rhees Rush: „Gespräche über Freud, in Eberhard Bubser", in: *Vorlesungen und Gespräche über Ästhetik, Psychologie und Religion.*

Rhees Rush: *Discusions of Wittgenstein*, London, Routledge & Kegan Paul édit. 1970.

Rigal Élisabeth: « D'une philosophie à l'autre : la retouche de l'image », In *Acta du colloque Wittgenstein* (Collège International de philosophie, juin 1988), T.E.R., 1990,

Rudnytsky Peter : *Le Coq-héron,* 3/2003, n° 174, p. 42-49.

Sartre J.-P., 1965, *Esquisse d'une théorie des émotions*, Hermann.

Searles H. : *L'effort de rendre l'autre fou,* NRF/Gallimard, 1977.

Searles J. : « L'esprit est-il un programme d'ordinateur ? » *Pour la science*, 1990, n° 149, 38-44.

Sheppard Ruth: *Sigmund Freud, A la découverte de l'inconscient*, Larousse.

Snell Bruno: *The Discovery of the Mind.*

Sorge Valeria: *Gnosia e teleologia nel pensiero di Enrico di Gand*, Napoli, Loffredo, 1988.

Soulez Antonia, « Le problème de la démarcation » /.../, in *Karl Popper et la science aujourd'hui* (Colloque de Cerisy, 1981), Aubier 1989, pp. 155-172.

Stoïanoff-Nénoff S.,

- « Identification et vie communautaire », *Lettres de l'École Freudienne,* n° 21, 1978, p.200-209)
- « À propos d'une morale d'avocat américain », *EFP-Est,* n° 5, janvier 1979, p.4-21. (Traduction du chapitre V, de *Dream analysis [l'Analyse des rêves]* d'Ella Sharpe, Hogarth Press, London, 1937).
- « De la traversée du désert comme préalable à tout fondement d'une syntaxe sociale », *Littoral,* n°7/8, 1983, p.47-66.
- « Lacan au féminin », in: *Au lieu de l'hystérie* 2, CCAF (Congrès d'Avignon, 1/2 juin 1985), p.119-125.
- « L'aliénation au discours de la science », in *Freud: Le Voyage à Nancy,* Colloque (dans les locaux de l'IFRAS à Nancy, les 9 & 10 décembre 1989) sous la direction de Jacques Hassoun, Christiane Riboni, Paul-Elie Levy, Presses Universitaires de Nancy.
- « Passions du psychanalyste », in *Transmission de la psychanalyse,* P.U.N, 1992, pp.137-151.
- « Freud, sexe and Co », in: AFPEP *Les Etats-Limites,* 1993, pp. 153-162, Ed. Finakly.
- *Qu'en dira-t-on ? Une étude du Séminaire XII de Jacques Lacan,* L'Harmattan, 1996.
- « Motus... si l'âge... », *Séminaire de psychanalyse,* 2005-2006, n°11, « D'un Autre à l'autre (1968-1969) », Université de Nice Sophia-Antipolis, Faculté des Lettres et Sciences Humaine, – A.E.F.L., - École de Nice, pp.33-44.
- *Lacâneries,* L'Harmattan édit., 2014.
- « Lacan logicien », in : *Le Portique,* n° 35, 2015.

Swales Peter J.: "Freud, Minna Bernays, and the Conquest of Rome", in *New American Review.*

Sweetser E.: *From etymology to pragmatics* (*Metaphorical and cultural aspects of semantic langage*), Cambridge University Press, 1990.

Terray Emmanuel: « Badiou et Sartre », in *Autour d'Alain Badiou*, Germina édit. 2011.

Thomas d'Aquin : *La Trinité,* tome second, Éditions du Cerf, 1962, p.19-20.

Wallerstein R.S, "One psychoanalysis or many?" in *I.J.P.* vol. 69, p.5-21, 1988.

Wiener N., *Cybernétique et société,* Coll.10/18, 1954.

Winograd T., Flores F., *L'intelligence artificielle en question*, PUF, 1986

Wittgenstein Ludwig:

-*Tractatus logico-philosophicus,* Idées n° 264, Gallimard, 1961. Publié en langue allemande in : *Annalen der Naturphilosophie* en 1921.

-*Remarques sur les fondements des mathématiques,* Gallimard, 1956.

-*Philosophical Investigations (Recherches philosophiques),* Basic Blackwell Oxford, 1963.

- *Vorlesungen und Gespräche über Ästhetik, Psychologie und Religion,* Kleine Vanderhoeck-Reihe, 1968.

- *De la certitude,* Idées n° 344, Gallimard, 1976.

- *Remarques sur le Rameau d'or de Frazer*, l'Âge d'Homme, 1982.

- *Notes sur l'expérience privée et les sense data* T.E.R. bilingue, 1982.

Acta du colloque Wittgenstein (Collège International de philosophie, juin 1988), T.E.R., 1990.

Zvi Lothane: « The Sigmund Freud/Minna Bernays Romance: Fact or Fiction? » in *American* Imago, Volume 64, Number 1, Spring 2007, pp. 129-133.

Psychologie et psychanalyse

aux éditions L'Harmattan

Dernières parutions

DU BONHEUR À LA SANTÉ
La Rosa Emilio
Cet ouvrage apporte des explications sur les émotions négatives et positives, la mémoire et le fonctionnement du cerveau, permettant ainsi au lecteur de mieux comprendre les processus liés au bonheur et à la souffrance. Les émotions positives et négatives, et les souvenirs jouent un rôle de premier plan dans ces processus. En outre, nous décrivons les éléments qui favorisent et entravent le bonheur.
(19.00 euros, 188 p.)
ISBN : 978-2-343-07374-3, ISBN EBOOK : 978-2-336-39724-5

LA RECHERCHE DU SENS EN ANALYSE EXISTENTIELLE ET LOGOTHÉRAPIE
Abrami Léo Michel - Préface de Georges-Elia Sarfati
Voici l'un des rares livres de langue française consacrés à l'analyse existentielle. Cet ouvrage formule dans un langage clair une transmission située au plus près des fins de la thérapie. L'idée de thérapie est comprise ici au double sens antique du terme, il s'agit d'enrichir la relation d'aide d'un ensemble de vues inédites sur la conduite de l'analyse (sens clinique) et de donner des bases plus solides au dialogue axé sur l'expression de la vérité personnelle (au sens du soin de l'âme socratique).
(Coll. Quête du sens, 14.00 euros, 124 p.)
ISBN : 978-2-343-07968-4, ISBN EBOOK : 978-2-336-39712-2

FRONTIÈRES DU RÉEL OÙ L'ESPACE ESPACE
Salignon Bernard
Là où l'espace espace, c'est là où la source des vents passant entre les choses et les êtres décide de séparer ce qui ne serait que masse compacte, permettant ainsi, en même temps, de voir différemment les objets et le fond dont ils font monde. Ce livre, dans son écriture, trouve d'autres frontières entre esthétique, philosophie et psychanalyse, en les distribuant dans une unité plurielle et singulière.
(Coll. Eidos série Retina, 13.00 euros, 114 p.)
ISBN : 978-2-343-07688-1, ISBN EBOOK : 978-2-336-39815-0

L'ENFANT ET LA FÉMINITÉ DE SA MÈRE
Sous la direction d'Elisabet-Razavet, Georges Haberberg, Dominique Wintrebert
Avec la collaboration de Maryvonne Blouët-Bricoteaux et Laurent Dupont
Préface de François Ansermet
On lira ici comment l'enfant se dépêtre de la féminité de sa mère. Ce travail de recherche s'est forgé à travers des présentations de cas et leur commentaire. Il fait apparaître combien les différentes confrontations du sujet avec la castration et la féminité de sa mère, à différents temps contingents de son existence, sont décisives pour son destin d'« être pour le sexe ». La rencontre avec la castration maternelle conduit au cœur de la structure : il n'y a pas de signifiant pour dire la femme. Mais alors, entre mère et femme, comment l'enfant se débrouille-t-il ?
(Coll. Études Psychanalytiques, 20.00 euros, 182 p.)
ISBN : 978-2-343-07599-0, ISBN EBOOK : 978-2-336-39433-6

ÉLOGE DE NOS ANGOISSES
Essai
Lorin Claude
Stress, angoisses, tourments peuvent-ils être nos alliés ? Oui, répond l'auteur. Toutes sortes d'angoisses nous tenaillent et l'on a oublié qu'elles étaient bénéfiques quant à notre adaptation au monde. D'autres font partie de ce que l'on nomme « les épreuves de la vie ». Pour les surmonter et en faire bon usage, il faut libérer en nous ce que l'auteur nomme « la pulsion de création ». Tracas et tourments s'infléchissent alors sous la poussée intérieure de cette force qui conduit à la création et donne sens à nos vies.
(29.00 euros, 290 p.)
ISBN : 978-2-343-07262-3, ISBN EBOOK : 978-2-336-39523-4

HYPNOSE ET GESTION DE LA DOULEUR
Actes du 7e Congrès de l'Association européenne des praticiens d'hypnose
Sous la direction de Djayabala Varma
Cet ouvrage présente les applications de l'hypnose dans la prise en charge des personnes souffrant de : dysménorrhée fonctionnelle, syndrome de l'intestin irritable, migraine, algodystrophie, fibromyalgie, douleur fantôme et autres douleurs sans cause apparente. L'accompagnement de la femme enceinte et l'accouchement sans douleur par des techniques hypnotiques sont également traités dans ce livre.
(14.50 euros, 136 p.)
ISBN : 978-2-343-07528-0, ISBN EBOOK : 978-2-336-39644-6

DÉSERTS OU LA CRUAUTÉ DU SURMOI
Hurion Roseline
Déserts ou la cruauté du surmoi se veut le langage de ce moment où le surmoi devient le centre de la réalité psychique. Il libère ses forces centrifuges comme autant de points de tension secouant l'ensemble de cette réalité, l'expulsant et la ramenant vers le centre. Va-et-vient qui met le sujet face à ses pensées terrifiantes – les projections de sa peur. Dénonciation de la cruauté du surmoi dont les épiphénomènes gravitent autour de lui.
(15.50 euros, 146 p.)
ISBN : 978-2-343-07785-7, ISBN EBOOK : 978-2-336-39538-8

AU-DELÀ DE LA RÉPÉTITION, L'INVENTION
Transmettre ce que l'on cherche
Gutierrez Yvonne
Yvonne Gutierrez nous livre ses expériences d'analysante et d'analyste au sein des nombreuses institutions qu'elle a fréquentées. Sa critique sans concession et féconde, son questionnement vivifiant pour la pratique et la transmission d'une psychanalyse contemporaine « incarnée » sont au cœur de son ouvrage.
(Coll. Études Psychanalytiques, 20.50 euros, 198 p.)
ISBN : 978-2-343-07622-5, ISBN EBOOK : 978-2-336-39574-6

UNE PETITE HISTOIRE DE LA PSYCHÉ
Ou quelques reflets de l'âme dans le miroir de l'inconscient
Guillaume Jean-Claude
Dans cet ouvrage argumenté et cliniquement documenté, déroulant une conception personnelle de l'évolution psychique, l'auteur nous conduit dans un voyage à travers l'évolution et les diverses manifestations de la psyché humaine. Il s'appuie d'une part, sur l'expérience de sa clinique psychanalytique et, d'autre part, sur une sensibilité artistique et sur des connaissances poétiques vastes et éclairantes. L'appel au poète éclaire de nombreux concepts psychanalytiques et donne une dimension supplémentaire à de très nombreux référents théoriques.
(Coll. Psychologiques, 28.00 euros, 278 p.)
ISBN : 978-2-343-05959-4, ISBN EBOOK : 978-2-336-39525-8

PSYCHANALYSE ET ÉCRITURE
Rencontre avec Pascal Quignard
Sous la direction de Joseph Rouzel
Une magnifique journée de rencontre avec Pascal Quignard a permis à des cliniciens de (re)poser cette énigme : l'inconscient, ça s'écrit comment ? Réunis autour de Pascal Quignard et Joseph Rouzel on trouvera ici des textes de Françoise Wilder, Sylvie Bassot-Svetoslavsky, Thierry Azema, Isabelle Pignolet de Fresnes, Serge Bedère, Nicole Malinconi, Jacques Cabassut, Luc Diaz, Claude Allione.
(Coll. Études Psychanalytiques, 16.50 euros, 150 p.)
ISBN : 978-2-343-07698-0, ISBN EBOOK : 978-2-336-39600-2

LES MÉNINES
Ou l'art conceptuel de Diego Vélasquez
d'Hérouville Xavier
Lors du séminaire du 11 mai 1966 Jacques Lacan évoque *Les Ménines* de Vélasquez comme support iconographique de son cycle d'étude sur la remise en question du statut de l'objet par l'expérience analytique. Au cours du séminaire suivant, Michel Foucault qui vient de publier Les mots et les choses est son invité surprise. La confrontation des deux maîtres du structuralisme s'annonce comme une joute oratoire titanesque. Le surréaliste contre le constructiviste. Lacan contre Foucault. Quelle affiche !
(Coll. Ouverture Philosophique, série Esthétique, 14.50 euros, 132 p.)
ISBN : 978-2-343-07070-4, ISBN EBOOK : 978-2-336-39499-2

VIE DE COUPLES, ENSEMBLE POUR LA VIE
Jean-Yves Philippe
Thérèse et Gérard, Virginie et Benjamin, Camille et Olivier sont trois couples d'âges et de parcours différents qui se retrouvent au sein du mouvement des Équipes Notre-Dame. Chacun d'eux a ressenti à un moment donné le besoin de participer à ce réseau pour répondre aux questionnements sur la vie maritale et ses difficultés. Avec eux et les professionnels, religieux ou laïcs, qui composent les Équipes Notre-Dame, nous découvrons une forme de thérapie de couple.
(20 euros)
ISBN : 978-2-336-31059-6

CHIRURGIE ESTHÉTIQUE & FRONTIÈRES DE L'IDENTITÉ
Godefroy Michel - Préface de Gérard Flageul
La chirurgie esthétique permet-elle à un sujet de franchir les frontières de son identité ou bien de mieux les comprendre ? Quelle est, à la lumière d'une pratique psychiatrique et psychanalytique, la valeur psychologique profonde de l'acte de chirurgie plastique et esthétique ? L'étude de cas cliniques permet de mieux comprendre ce qu'il en est pour les acteurs en présence : l'entourage, le chirurgien, le psychiatre et le patient.
(Coll. Eidos série Retina, 15.50 euros, 148 p.)
ISBN : 978-2-343-07289-0, ISBN EBOOK : 978-2-336-39169-4

AUX BORDS DU DIVAN
Aspects cliniques du trauma
Sous la direction de Christine Loisel-Buet – Avec la participation de Hélène Avyn, Christelle Bouchire, Émeline Caret, Bertrand Drothiere, Isabelle Marlière et Catherine Weyrich
Les auteurs de cet ouvrage travaillent avec des patients dans différentes institutions ou en libéral. Ils ont tous la boussole analytique chevillée au corps. Ils écoutent, accueillent les silences et les trous de langage. Ils accompagnent tout au long d'un chemin parfois ardu qui oblige à faire preuve d'inventivité. La psychanalyse n'est ni un dogme ni une théorie dépassée. La clinique dite « du trauma » pousse à trouver des pratiques différentes, à élaborer chaque jour une clinique vivante.
(Coll. Psychologiques, 24.00 euros, 238 p.)
ISBN : 978-2-343-07004-9, ISBN EBOOK : 978-2-336-39257-8

ABORDS DU RÉEL
Une exploration de l'ombilic des rêves
Abibon Richard
Richard Abidon fait retour à la démarche de Freud qui inventa la psychanalyse en empruntant la voie royale de l'interprétation de ses rêves. L'auteur transcrit ici ses propres rêves et en fait l'analyse publiquement, seule transmission possible d'une expérience singulière au plus près de l'inconscient, aux « abords du réel ». Avec rigueur, humour et simplicité il nous entraîne irrésistiblement dans ce périple singulier qui touche en chacun de nous l'universel de la structure de l'inconscient.
(Coll. Psychanalyse et civilisations, 34.00 euros, 328 p.)
ISBN : 978-2-343-06603-5, ISBN EBOOK : 978-2-336-39399-5

L'HARMATTAN ITALIA
Via Degli Artisti 15; 10124 Torino
harmattan.italia@gmail.com

L'HARMATTAN HONGRIE
Könyvesbolt ; Kossuth L. u. 14-16
1053 Budapest

L'HARMATTAN KINSHASA
185, avenue Nyangwe
Commune de Lingwala
Kinshasa, R.D. Congo
(00243) 998697603 ou (00243) 999229662

L'HARMATTAN CONGO
67, av. E. P. Lumumba
Bât. – Congo Pharmacie (Bib. Nat.)
BP2874 Brazzaville
harmattan.congo@yahoo.fr

L'HARMATTAN GUINÉE
Almamya Rue KA 028, en face
du restaurant Le Cèdre
OKB agency BP 3470 Conakry
(00224) 657 20 85 08 / 664 28 91 96
harmattanguinee@yahoo.fr

L'HARMATTAN MALI
Rue 73, Porte 536, Niamakoro,
Cité Unicef, Bamako
Tél. 00 (223) 20205724 / +(223) 76378082
poudiougopaul@yahoo.fr
pp.harmattan@gmail.com

L'HARMATTAN CAMEROUN
BP 11486
Face à la SNI, immeuble Don Bosco
Yaoundé
(00237) 99 76 61 66
harmattancam@yahoo.fr

L'HARMATTAN CÔTE D'IVOIRE
Résidence Karl / cité des arts
Abidjan-Cocody 03 BP 1588 Abidjan 03
(00225) 05 77 87 31
etien_nda@yahoo.fr

L'HARMATTAN BURKINA
Penou Achille Some
Ouagadougou
(+226) 70 26 88 27

L'HARMATTAN SÉNÉGAL
10 VDN en face Mermoz, après le pont de Fann
BP 45034 Dakar Fann
33 825 98 58 / 33 860 9858
senharmattan@gmail.com / senlibraire@gmail.com
www.harmattansenegal.com

L'HARMATTAN BÉNIN
ISOR-BENIN
01 BP 359 COTONOU-RP
Quartier Gbèdjromèdé,
Rue Agbélenco, Lot 1247 I
Tél : 00 229 21 32 53 79
christian_dablaka123@yahoo.fr

Achevé d'imprimer par Corlet Numérique - 14110 Condé-sur-Noireau
N° d'Imprimeur : 130139 - Dépôt légal : juin 2016 - *Imprimé en France*